高中专学前教师教育教材

现代教育技术

XIANDAI JIAOYU JISHU

马振中 赵 放／主 编

覃朝晖／副主编

李晓铭／主 审

北京师范大学出版集团
BEIJING NORMAL UNIVERSITY PUBLISHING GROUP
北京师范大学出版社

图书在版编目(CIP)数据

现代教育技术／马振中，赵放主编.—北京：北京师范大学出版社，2012.8（2024.1重印）

ISBN 978-7-303-15292-6

Ⅰ.①现… Ⅱ.①马…②赵… Ⅲ.①教育技术学-师范大学-教材 Ⅳ.①G40-057

中国版本图书馆CIP数据核字（2012）第189485号

营销中心电话　010-58802755 58800035
北师大出版社职业教育分社网　http://zjfs.bnup.com
电　子　信　箱　zhijiao@bnupg.com

出版发行：北京师范大学出版社 www.bnupg.com
　　　　　北京市西城区新街口外大街12-3号
　　　　　邮政编码：100088
印　　刷：天津中印联印务有限公司
经　　销：全国新华书店
开　　本：730 mm×980 mm　1/16
印　　张：20.5
字　　数：370千字
版　　次：2012年9月第1版
印　　次：2024年1月第12次印刷
定　　价：32.00元

策划编辑：张丽娟　　　责任编辑：刘鲲翔　贺志强
美术编辑：高　霞　　　装帧设计：维构设计
责任校对：李　菡　　　责任印制：陈　涛

版权所有　侵权必究

编 委 会

▶ **高中专学前教师教育教材编写指导委员会**

主　　任：庞丽娟

副主任：郭亦勤　　刘占兰

▶ **三年制高专学前教师教育教材编委会**

总　　编：彭世华

副总编：皮军功　　陈　华　　袁　旭　　梁周全　　郭亦勤

　　　　袁　萍　　张祥华

编　　委：贺永琴　　占　峰　　王保林　　崔　建　　孙　杰

　　　　蔡　虹　　唐　敏　　尹宗利　　陈雅芳　　叶留青

　　　　罗　峰　　柴志高　　张根健　　卢新予　　周宗清

　　　　李晓慧　　周玉衡　　张建岁　　孔宝刚

序 言

学前教育是基础教育的奠基阶段，是国民教育体系的重要组成部分，它不仅对个体身心全面健康发展，而且对义务教育质量、国民素质整体提高和社会发展均具有极其重要的奠基性作用。近两年，在党中央、国务院的高度重视下，在《国家中长期教育改革和发展规划纲要（2010—2020年）》（以下简称《教育规划纲要》）、《国务院关于当前发展学前教育的若干意见》（以下简称"国十条"）和各地学前教育三年行动计划等政策的有力推动下，各省（区、市）政府纷纷把学前教育作为本地教育工作和改善民生的重要方面，大力发展学前教育，有力地促进了各地学前教育事业的发展。2010年，是近年我国学前教育发展最快的一年，全国学前三年毛入园率增至56.6%，比2009年（2009年为50.9%）提高了5.7个百分点。

同时，我们需要客观、冷静地看到，由于长期受经济、社会、文化、传统和教育等多方面因素的制约，目前我国学前教育在不少地区是低水平的普及，学前教师队伍整体素质不高，特别是城乡学前教师专业素质水平差距大，不少农村幼儿园教师缺乏基本的专业教育，教育质量较低。

《教育规划纲要》和"国十条"明确指出了我国未来中长期学前教育发展的战略方向是"基本普及学前教育"，到2020年全国要实现基本普及学前教育。这在我国学前教育发展史上是具有里程碑、突破性意义的。但当前，如何更好地全面贯彻落实《教育规划纲要》和"国十条"精神，保障我国学前教育既大普及大发展，同时又是有质量的发展，因而我们的普及是有意义的普及，给我们的孩子提供的教育是真正令人向往的、有价值的教育机会，这一问题仍然非常艰巨、突出！

我国政府、社会、家长等各方面都对此表示了极大的关注，专家、学者们为此进行着努力的思考、研究和探索。

无疑，要确保学前教育质量，必须要有高水平的学前教师作为基础和保障。政策和实践研究均表明，世界发达国家都十分重视学前教育阶段教师队伍的建设，在严格实施幼儿园教师资格制度和教师专业标准的同时，努力建构促进幼儿园教师专业发展的有效培养和支持体系，实现幼儿园教师培养的专业化和优质化。比如，美国、日本等国不仅基本实现了幼儿园教师培养的学士化，更值得关注的是，它们都非常注重幼儿园教师培养与培训教学资源的研发与优化，重视通过通识教育提高学生的人文和科学素养，注重通过深化专业课程设置、及时吸纳教育科学研究成果等培养学生对儿童的观察、理解与分析能力，教育教学实践能力及与儿童的有效互动和引导发展能力。

在我国，随着经济社会的快速发展，广大人民群众对学前教育规模和质量的要求越来越高，直接推动着我国学前教师教育的迅速发展。进入 21 世纪以来，包括幼儿师范学校和中职幼师班在内的中专层次的学前教师教育规模不断扩大，专科层次的初中起点五年制和高中起点三年制学前教师教育也迅速发展起来。迄今，全国已有独立设置的幼儿师范专科学校 15 所，今后几年数量还会急剧增长。然而，与此形势发展及其需求很不相适应的是，我国学前教师教育的教材建设却相对滞后，与学前教师教育规模、层次的发展速度与趋势很不相称。例如，初中起点五年制高专和高中起点三年制高专的教材还没有形成完善的体系，甚至可以说还是空白，教学中大量借用中专和本科教材；而三年制中专学前教师教育教材体系由于是在 20 世纪末期形成的，其时代性、先进性和适用性都急需加强；当前幼儿园教师在职培训、转岗培训、提升培训等的速度和规模迅速扩大，国家级培训已经覆盖全国，但其课程与教材建设却非常滞后，已经严重制约和影响培训的质量和效果。可见，要保障学前师资培养与培训的质量，必须要对学前教师教育的课程与教材体系进行新的系统建设。更为重要的是，去年国家教育部先后颁发了《教师教育课程标准(试行)》、《幼儿园教师专业标准(试行)》，对幼儿园教师的专业素养与能力以及学前教师教育的课程与教学等提出了明确的新要求，而这些新要求也急需通过建立一套新的更加完善的课程和教材才能更好地得到贯彻和落实。

适应事业发展形势的迫切需要，为了更好地贯彻落实《教育规划纲要》和"国十条"精神，促进学前教育大普及大发展的同时有质量地发展，有效推动我国学前教育事业的健康、可持续发展，在中国学前教育研究会的有力支持和领导下，教师发展专业委员会高职高专中职中专分会从成立伊始，即将促进当前教育改革发展背景下我国学前教师教育和教师队伍的质量提升作为自身义不容辞的历史使命和责任，着手策划和研发这套"全国高中专学前教师教育教材"。就当前我国学前教育特别是学前教师教育和教师队伍建设中的关键矛盾、主要问题进行了多次深入研讨；组织多次研讨会对各地各校已有课程改革探索与教材创新进行深度的交流与研讨，并分享进一步改革的思考与建议。在策划和研发过程中，我参与了若干次当前现状与需求、编审理念与重点、系列及其册本的设计、各册本主审专家的遴选等工作，深感这是我国学前教育事业发展和教师队伍建设中的一件大事，责任重大，任务艰巨。现经过全国上下学前各领域多方面专家学者、历时三年的努力工作后，这套教材终于要出版了，值得祝贺！

就总体而言，这套教材及其编写过程具有如下三个主要特点：

一是设计全面，体系比较完整。即其分别对五年制高专、三年制高专、三年制中专和培训四个系列（除政治科目以外）的所有科目教材进行了全面系统的成套建设。在编写各科目册本的具体内容之前，系统研制了各系列人才培养方案和各门课程的教学大纲，以此作为纲领，使各系列在人才培养目标与课程设置、课时安排、教学内容选取、教学考核要求等方面形成一个比较完整的体系。

二是内容、体例力求创新。从《教师教育课程标准（试行）》和《幼儿园教师专业标准（试行）》等文件征求意见稿开始，全体编写人员即对这些政策文件进行了多轮的认真研读，努力使教材编写体现新文件对幼儿园教师应秉持的基本理念、应具有的专业理念与师德、专业知识和专业能力等提出的新要求。同时，所编各科教材都力图反映本学科领域的最新研究与实践改革成果。特别是本套教材不局限于传统的"三学六法"，在此基础上新增了幼儿学习与发展、幼儿发展观察与评价、幼儿园教育环境创设等深化、创新和拓展性的教材。在体例上，这套教材也有诸多的创新之处，如各科目以章节为单元，在学习目标与要求、理论学习与实践以及课后阅读、思考与练习等方面进行完整设计，使学生的学习既具有阶段递进性又具有相对完整性。此外，还安排了大量的案例以增强课程和教学的实践取向和学生的实践性体验。

三是组织过程比较严谨规范。在编写程序上，从研制人才培养方案和各学科册本的计划，到各册本确定编写大纲、体例和样章，再到形成初稿、进行统稿和最后审稿等，每一个步骤均经过了起草、征求意见、论证修改等多个环节的不断反复。编、审队伍的遴选组织坚持了高标准严要求，编写者均是全国高中专学前教师教育骨干院校中有水平、有影响、有经验的教师，审稿专家均为全国有影响的本科院校和国家研究院所中本领域的知名专家教授。此外，所选择的出版单位也是全国有影响力、专业性强的出版社。这些严格的要求努力与复杂的操作过程，均为了实现一个目标——共同建设一套适应我国新时期学前教育发展需要的、具有较高质量的学前教师教育课程和教学资源体系。

　　总之，这套教材的编写出版是恰逢其时，相信将有利于促进我国学前教师教育工作的开展和质量的提高，并将有力促进我国学前教育事业高质量地、健康地、可持续地发展。同时，也希望通过这套教材的广泛使用进一步集结和吸纳更多高校一线教师的智慧与经验，使这套教材得到不断的发展和完善，从而不断推动我国学前教师教育教材的建设发展，并且积极服务和促进我国学前教育事业的发展。

庞丽娟

2012 年 6 月 26 日

于北京师范大学新主楼

目　录

第一章　现代教育技术理论概述

20世纪90年代以来，以计算机为代表的现代信息技术在教育领域的广泛应用，教学理论、学习理论、传播学、信息科学等相关理论的渗透与影响，促使教育技术的理论、实践和应用发生了深刻的变化。了解教育技术的理论与发展，对各级各类学校的教育教学改革有着十分重要的意义。在本章，我们主要学习现代教育技术的相关概念与理论，教育技术的功能与作用，教育技术学科建立的理论基础，教学设计的含义及一般模式，并指出教师必须具备的教育技术基本素养。

【本章学习目标】

1. 理解教育技术的基本概念、研究范畴、功能及作用；
2. 了解教育技术的产生与应用发展趋势；
3. 了解教育技术学科的理论基础；
4. 掌握教学系统设计的一般模式及要素分析；
5. 掌握教学系统设计的应用；
6. 了解幼儿教师需要具备的教育技术能力。

第一节　教育技术的概念

一、教育技术的含义

(一)技术

为了全面正确地理解教育技术的概念，首先我们必须清楚什么是技术，在此基础上再深入了解教育技术的内涵。技术起源于人类制造工具和使用工具的劳动，最初指的是与人的手工操作有关的工艺和技巧。随着历史与社会的发展，

"技术"一词的内涵也在不断演变。早期，人们很容易将技术局限于与物质相关的手段，这种认识在教育技术发展初期比较普遍。随着科学技术的进步，人们发现在解决具体问题时，不仅需要物质手段，更需要与人的智力相关的其他手段。

因此，在信息社会，技术是指人类在生产活动、社会发展和科学实验过程中，为了达到预期的目的而根据客观规律对自然、社会进行认识、调控和改造的物质工具、方法技能和知识经验等的综合体。在这里，"技术"一词的内涵得到了更全面、更深刻的阐释，它将技术分成两方面，即物质设备、工具手段等有形技术以及方法与技能等无形技术。在教育教学中，有形技术通常指黑板、粉笔、投影、计算机、网络等各种教学媒体；无形技术则往往体现为解决教育教学问题的过程中所运用的技巧、策略、方法以及其中蕴涵的教学思想与理论。

(二)教育技术

自从有了教育，教育者就在思考并利用一些工具和手段来提高教学效率，这就是教育技术产生的原因。可以说，从教育产生的第一天起，就有了教育技术。但教育技术作为一个科学名词，是在 1970 年由美国教育传播与技术协会(Association for Educational Communications and Technology，AECT)向美国国会递交的报告中首次提出的，经过 1972 年、1977 年和 1994 年三次修改后，形成了一个最为简洁、全面的概念。该定义具有高度的抽象性，在国际教育技术领域一直具有非常重要的影响，被称为 AECT 94 定义。关于教育技术的 AECT 94 定义全文如下：

Instructional Technology is the theory and practice of design, development, utilization, management, and evaluation of processes and resources for learning.

目前国内一般将上述定义译为：教育技术是关于学习过程和学习资源的设计、开发、运用、管理和评价的理论与实践。

根据上述定义，可以看出教育技术的内涵包括以下几点。

(1)"理论与实践"是教育技术的两种研究形态，它要求学习过程中采用先进技术手段时，也要重视现代教育理论的指导作用，做到理论与实践并重。

(2)学习过程与学习资源是教育技术的两个研究对象。学习过程是学习者通过与信息、环境的相互作用获取知识和掌握技能的认知过程，在教育技术中包括设计和传递过程；学习资源是支持学习者在学习过程中可被利用的一切要素，并能帮助和促进他们学习的信息、人员、教材、设备、技术和环境。

(3)教育技术的五个研究范畴包括设计、开发、运用、管理和评价。它们既是工作过程，也是工作方法；既相互独立，又相互联系和相互影响。具体内容如图 1-1 所示。

①设计：设计是详细说明学习条件的过程，其目的是生成策略或产品。从设计范畴的理论研究和实际探索出发，可以将设计范畴分为教学系统设计、信息设计、教学策略与学习者特征四个子领域。

②开发：开发是针对学习资源和学习过程，按照事先设计好的方案予以实施将其转化为物理形式的过程，其基础就是媒体的制作。从技术发展的历史过程来看，可以将开发范畴分为印刷技术、视听技术、基于计算机的技术和整合技术四个子领域。

③运用：运用是通过教与学的过程与资源的利用来促进学习者学习的过程。运用范畴包括媒体的利用、革新推广、实施和制度化、政策和法规四个子领域。

④管理：管理是通过计划、组装、协调和监督来控制教学。科学的管理是教育技术实施以及教育过程、教育效果最优化的保证。管理范畴分为项目管理、资源管理、传送系统管理和信息管理四个子领域。

⑤评价：评价是对一个事物的价值的确定。在教育技术领域中，它是对计划、产品、项目、过程、目标或课程智力、有效性或价值的正式确定。对于教育技术来说，既要注重对教育、教学系统的总结性评价，更要注重形成性评价并以此作为质量监控的主要措施。评价范畴包括问题分析、标准参照测量、形成性评价和总结性评价四个子领域。

教育技术的五个研究范畴既相互独立，又相互渗透，其中设计、开发、运用是教育技术研究中相对独立的内容或阶段，前者的输出是后者的输入，后者的输入是前者的输出。这五个范畴之间的关系不是一个线性的关系，它们都围绕"理论与实践"开展工作，并通过"理论与实践"相互作用、相互联系。如图 1-2 所示。

AECT 94 定义在我国教育技术界讨论了十几年，被认为是教育技术领域的基础定义，是讲授教育技术的出发点。但在 2005 年，AECT 正式发表了最新的教育技术定义，被称为 AECT 05 定义。该定义一经发表，立刻引起了国内外众多知名专家与学者的广泛讨论。AECT 05 定义原文如下：

Educational Technology is the study and ethical practice of facilitating learning and improving performance by creating, using, and managing appropriate technological processes and resources.

翻译为中文即：教育技术是通过创造、使用、管理适当的技术性的过程和资源，以促进学习和提高绩效的研究与符合伦理道德的实践。

与 AECT 94 定义不同的是，该定义明确指出了所有教育技术实践活动的参

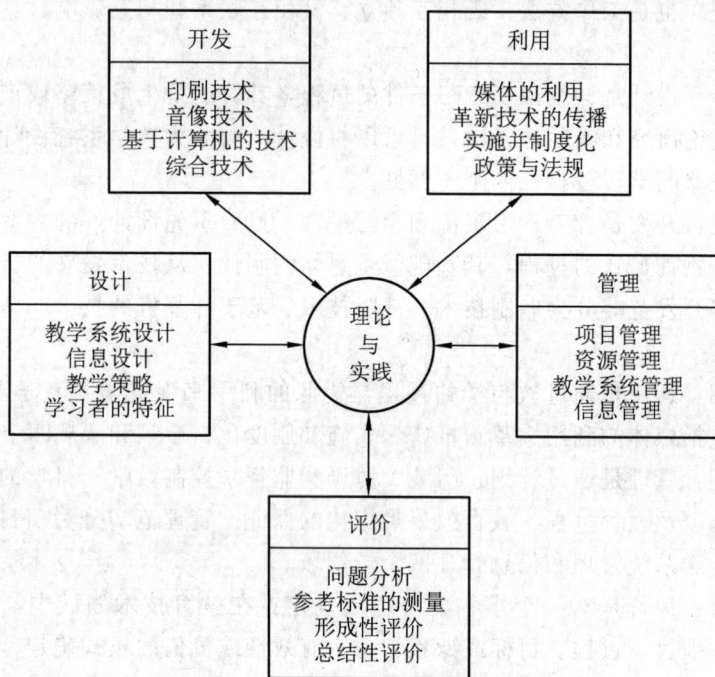

图 1-1　教育技术的五个研究范畴

与者都要遵守一定的道德规范，并将教育技术的目的扩展为"促进学习"与"提高绩效"，将教育技术的研究范围由教学领域扩展到企业绩效领域；同时把原来的五个研究范畴整合为三个，首次将"创造"作为研究范畴之一，强调了教育技术的创新性。目前，由 AECT 05 定义引发的种种问题和探讨，正受到许多专家学者的关注，如运用教育技术带来的伦理道德问题、学习绩效评估等。

(三)教育技术学

　　教育技术学是一门以教育技术为研究对象，研究教育技术的本质、概念、形成与发展以及类型的学科。它是以教育科学的教授理论、学习理论、传播理论和系统科学理论为基础，依据教学过程的客观性、可再现性、可测量性和可控制性，应用现代科学技术成果和系统科学的观点和方法，在既定的目标前提下探求提高教学效果的技术手段和教学过程优化的理论、规律与方法。

　　教育技术的目标就是优化教育，即为了提高教学效果，提升学习效率。这就是教育技术的本质。在不断追求这一目标的过程中，使得教育技术成了一门学科（教育技术学），一个领域（信息技术在教育领域的应用），一种能力（教师必须具

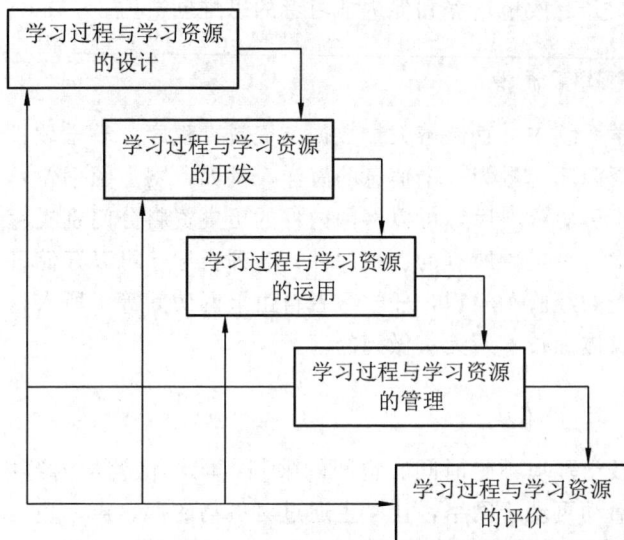

图 1-2　教育技术"五范"关系

有的教育技术应用能力），一项职业（专门的教育技术工作者）。

二、教育技术的功能和作用

随着现代科学技术的发展，电子音视频技术、计算机技术、网络通信技术的日趋成熟，使得多媒体技术、网络技术在教育技术领域全面普及，带来了教育思想、教育观念、教学手段等的深刻变化，现代教学的组织形式和教学模式也发生了根本性的变化，使教育出现了全新的面貌。

（一）教育技术的功能

1. 优化了教学媒体

多媒体技术是继文字、黑板、音像等教学媒体之后出现的又一种新的教学媒体。它可以通过声音、文本、图像、动画等媒体为学习者营造出形象、逼真的效果。它所具有的信息媒体多维化、集成化和交互性特征，极大地丰富了其表现力，多媒体教材以图文声像并茂的方式为学习者提供知识、示范和练习。虚拟现实技术，可以使学习者进行角色扮演的体会，使人的感官可以在同一时间内接受到同一信息源的信息。这些均能有效地提高学习者的趣味性和启发性，增大学习者视觉和听觉的传递信息比率，从而更加有效地提高工作效率，缩短学习时间，增强学习效果，并有效地培养和促进学习者的思维创造力。

2. 丰富了教育资源

在网络教学系统中，存储着大量数据、资料、程序、教学软件等，共同形成一个特大型的资源库，融为一个信息的海洋。例如，网上图书馆，可以包揽国内外的著名图书；历史资料库，可以将国内外的历史资料分门别类存于其中；课件系统，可以向学习者提供所有的上网课件；名师指导，可以存储各个学科国内外著名专家、教授的经验和学识，任学习者自由上网访问等。所有这一切，是其他任何一种教学媒体和技术所无法做到的。

3. 改善了教学环境

虚拟化的教学环境不受时间、空间的限制，能够将教学内容中涉及的事物、现象、过程、活动再现于网络，让学生通过对事物的形、声、色、变化等现象的观察，引起他们的兴趣；能够渲染气氛，创设立体情境，激活学生的思维，调动学生参与的积极性，让学生主动去获取知识，认识世界，从而促进学生的智能发展。这样不仅开阔了学生的视野，拓宽了知识面，又活跃了课堂气氛，更重要的是多媒体与网络为师生创造了更多共同的参与机会，沟通了师生情感，交流并反馈了教与学的信息，充分发挥了教师的主导作用和学生的主体作用。

4. 改进了教学管理

利用计算机管理教学(CMI)帮助教师在课堂教学中及时收集学生学习情况的反馈信息，可以迅速得出全班的学习情况数据。教师可根据这些信息了解学生的接受情况，估计学生的理解能力，以改进讲授内容和讲授方法。同时，CMI 也可以帮助教师合理安排学生的学习任务，监督学生的学习进度，为学生建立学习档案以便于诊断学生在学习中出现的问题等，大大提高了教师的工作效率。

(二)教育技术的作用

1. 促进对教学理念的变革

教育技术要求重视学生的素质培养，在充分发挥教师主导作用的同时，广泛地让学生主动参与学习，积极思考与亲自实践，培养学生的"协作意识"、"竞争意识"和"创新意识"，让学生在学习中掌握自主学习与协作学习的方法。

2. 促进对教学模式的变革

教育技术支持将传统的以教师为中心的课堂教学向以学生为中心的创新教学转变，以激发学生的学习兴趣，调动学生学习的积极性。教育技术以其特有的功能为学习的终身化、全民化和个性化提供了有效实施的途径、方式和方法，逐渐营造一个社会处处有教育、学习随时随地可进行的学习化社会。

3. 促进对教师角色的转变

教育技术要求教师的角色由知识的传授者转变为学生学习的引导者与帮促者，不再只做信息的传播者或知识的呈现者，而要充分发挥教师的专业素养，创设丰富的教学情境，引导学生更好地进入到学习中，帮助学生解决困难，实现知识与技能的迁移。

4. 促进对学生地位的转换

教育技术的广泛使用让学生能够通过电视、光盘、网络等媒体形式进行学习，学校、课堂、教师不再是学生获取知识、进行学习的基本途径。这就要求学生要增强自主学习的意识，培养个人发现学习的能力、问题解决的能力，促使自己全方位、多元化地发展。

三、教育技术的产生与发展趋势

（一）教育技术的产生与发展

由于教育和信息技术发展水平的差异，教育技术在不同的国家经历了不同的发展阶段。一般说来，发达国家的教育技术是在视觉教育、视听教育、教育传播的基础上发展起来的，而我国则是在电化教育的基础上发展起来的。从概念的本质上来看，"教育技术"、"教学技术"与"电化教育"都是相同的，都具有应用科学的属性，目的都是要取得最好的教育效果，实现教育最优化。但是从概念的涵盖面来看，教育技术的范围要比教学技术、电化教育广泛得多。因此，1993 年我国正式确定将"电化教育"专业更名为"教育技术学"专业，20 世纪 90 年代以来我国许多高校已将电化教育中心相继改为教育技术中心，中国电化教育协会也于2002 年 11 月更名为中国教育技术协会(China Association for Educational Technology)。

1. 国外教育技术的发展与名词演变

以美国为代表的发达国家的教育技术，大致经历了以下四个发展阶段。

①视觉教育阶段（20 世纪初至 30 年代）。

②视听教育阶段（20 世纪 30～50 年代）。

③视听传播阶段（20 世纪 50～60 年代）。

④教育技术阶段（20 世纪 70 年代至今）。

20 世纪 70 年代中期，微型计算机问世，计算机教育应用进入新的阶段。1970 年，美国教育传播和技术协会（AECT）成立，首次提出教育技术的概念并对其进行了定义。此后，AECT 又两次对定义进行修改，并在原有的传播理论、行为主义学习理论的基础上，把系统理论作为教育技术的理论基础。随着多媒体计算机、网络技术、远程通信、激光视盘等媒体技术的发展，教育技术的实践进一步深入，使教育技术的内涵不断丰富。上述发展也推动了教育技术理论的研究，并把认知主义学习理论、建构主义学习理论作为其理论基础。1994 年，AECT 再次对教育技术进行定义，从而使之更加科学与完善。

2. 我国教育技术的起步与发展

我国的教育技术萌芽于 20 世纪 20 年代，起步于 30 年代，至今已走过 80 多年的历程。20 世纪 70 年代，受"文化大革命"的影响，我国的教育技术几乎没有什么发展。十一届三中全会以后，我国的教育技术获得了长足发展。1995 年，中国教育科研网开通，标志着中国的网络教育应用的开端。2000 年，教育部制定了在中小学普及信息技术教育和实施"校校通"工程的战略目标。在教育技术的组织机构方面，从 1979 年开始，教育部成立了电化教育局和中央电教馆，负责全国的教育技术管理工作和业务工作。现在，中央和各省市都建立了电化教育馆，各级各类学校建立了专业性的教育技术机构。1991 年中国电化教育协会成立。

（二）教育技术的发展趋势

随着现代科学技术的发展和教育信息化建设步伐的加快，教育技术也将不断发展，其发展趋势主要体现在以下几个方面。

1. 教育技术作为交叉学科的特点将日益突出

教育技术是涉及教育、心理、信息技术等学科的一个交叉学科。教育技术需要技术，尤其是信息技术的支持。作为交叉学科，教育技术融合了多种思想和理论，它的理论基础包括教育理论、学习理论、传播学、系统理论等。在教育技术领域内，上述理论相互融合，以促进人的发展为目标而各尽其力。现在，教育技术研究不仅关注个别化学习，还对学生之间如何协同与合作进行系统的研究。此外，教育技术交叉学科的特性决定了其研究和实践主体的多元化，协作将成为教育技术发展的重要特色。包括教育、心理、教学设计、计算机技术、媒体理论等不同背景的专家和学者共同研究和实践，开放式的讨论与合作研究已成为教育技术学科的重要特色。

2. 教育技术将日益重视实践性和支持性研究

教育技术作为理论和实践并重的交叉学科，需要理论指导实践，在实践中进行理论研究。目前，教育技术研究最前沿的两个领域是信息技术与课程整合和网络教育，所有这些乃至终身教育体系的建立都强调对学习者学习的支持，即围绕如何促进学习展开所有工作。正因如此，人们将会越来越重视包括教师培训、教学资源建设、学习支持等在内的教育技术实践性和支持性研究。

3. 教育技术将日益关注技术环境下的学习心理研究

随着教育技术的发展，技术所支持的学习环境将真正体现出开放、共享、交互、协作等特点，因此，适应性学习和协作学习环境的创建将成为人们关注的重点。教育技术将更加关注技术环境下的学习心理研究，深入研究技术环境下人的学习行为特征、心理过程特征、影响学习者心理的因素。更加注重学习者内部情感等非智力因素，注重社会交互在学习中的作用。

4. 教育技术的手段将日益网络化、智能化、虚拟化

教育技术网络化的主要标志就是 Internet 应用的迅速发展。在信息社会中，Internet 是进行知识获取和信息交流的强有力工具，它将改变人们的学习、工作和生活方式。基于 Internet 的远程教育目前正在发挥着越来越重要的作用。

人工智能是一门研究运用计算机模拟和延伸人脑功能的综合性学科。与一般的信息处理技术相比，人工智能技术在求解策略和处理手段上都有其独特的风格。人工智能的一些成果，以及智能计算机辅助教育系统目前已在教育教学领域得到应用。

虚拟现实是继多媒体广泛应用后出现的更高层次的计算机接口技术，其根本目标就是通过视、听、触等方式达到真实体验和交互，它可以有效地被用在教

学、展示、设计等方面。虚拟现实技术支持下的学习环境将成为人们进行思维和创造的助手，以及对已有概念进行深化和获取新概念的有力工具。随着教育信息技术的发展，教育技术网络化、智能化、虚拟化的程度将日益提高，并对教学手段、教学方法和教学模式产生深远影响。

【问题辨析】

教育技术就是信息技术吗？

信息技术，即我们经常提到的 IT(Information Technology)。它有两个方面的意思，从信息学的角度来说，是指有关数据与信息的处理技术，其内容包括：数据与信息的采集、表示、处理、安全、传输、交换、显现、管理、组织、存储、检索等；从技术学的角度来说，是指利用计算机、传感技术、现代通信技术、智能控制技术等获取、传递、存储、显示和应用信息的技术。我们通常所指的以及本文所提的信息技术主要指后一种意思。

而教育技术，即 ET(Education Technology)，其定义前已详述。

从两者的定义来看，其区别是明显的。它们属于不同的学科，并有各自不同的研究对象和研究范畴。信息技术属于技术学科，其研究对象是与信息相关的技术，研究范畴是对信息的获取、存储、加工、传输与呈现；教育技术则属于教育学科，顾名思义，它关注的是技术在教育领域中的应用，其研究对象是教学过程与教学资源，研究范畴则是教学过程与教学资源的设计、开发、运用、管理与评价，即教育技术关注的是应用于教育教学过程或作为教学资源的技术。具体说来，教育技术是指运用各种理论及技术，通过对教与学过程及相关资源的设计、开发、运用、管理和评价，实现教育教学优化的理论与实践。而信息技术是指能够支持信息的获取、传递、加工、存储和呈现的一类技术。

如此看来，两者的区别似乎很明显了。但是，由于两者还有着密切的联系，人们常常将其混淆，甚至有教师还将两者画等号。

这是因为，教育技术处理的是教育信息，而教育信息是最常见的一类信息，所以现代教育技术中大量应用到了信息技术，如电子音像技术、卫星电视广播技术、多媒体计算机技术、人工智能技术、网络通信技术、仿真技术和虚拟现实技术等。可以说，现代教育技术是以信息技术为基础的。教育技术中很多研究是与信息技术相关的，所以教育技术课程中很多重现了信息技术(尤其是计算机技术)中的内容，这就是造成人们混淆信息技术与教育技术概念的原因。

教育技术主要是利用信息技术解决教学中的问题，信息技术是教育技术解决问题的一种手段和方法。但是，这只是教育技术研究中媒体应用的一个层面，教育技术的核心是教学设计，不应把信息技术等同于教育技术，教育技术更不只是关注信息技术，如影音技术、语言技术、印刷技术、实验技术、心理应用技术等，都是教育技术研究和借鉴的手段。同时，教育技术还要研究更重要的不包含实在媒体的相关方法、策略等教学技术，如根据不同的教学内容和学生特点选择使用相应的教学程序和方法，了解教学效果、学生学习情况的测验，绩效评估或测量技术等。

所以说，教育技术包括信息技术，借助信息技术，但不仅仅是信息技术。教育技术研究和借鉴的内容要比信息技术更为广泛。但信息技术涉猎的是基础技术，要比教育技术更"技术"。

第二节　教育技术的理论基础

教育技术学是一门综合性的应用学科，它涉及许多学科的理论，相互交叉，互相渗透，形成了教育技术学的理论基础。本节简要介绍对教育技术学发展有重要影响的有关理论。

一、学习理论

学习理论是阐述关于人类如何学习的理论，包括学习是怎样产生的，它经历怎样的过程、它的规律、如何才能进行有效学习等问题。

(一)行为主义

行为主义认为，学习是刺激与反应的联结，有机体接受外界的刺激，然后做出与此对应的反应，这种刺激与反应之间的联结(S-R)就是所谓的学习。早期的行为主义完全否认内部心理活动的作用，而且认为心理活动是无法进行研究的，因此被称为"暗箱"。行为主义理论早期的代表人物有桑代克(Edward. Thorndike)、华生(John Watson)，新行为主义的代表人物是斯金纳(B. F. Skinner)等。

1. 桑代克的学习联结说

桑代克是第一个依据对动物行为的实验研究而建立学习理论的人。桑代克认为，动物的基本学习方式是试误学习，人类的学习方式可能要复杂一些，但本质是一致的。他从动物学习研究中，试图揭示普遍适用于动物和人类学习的规律。根据实验的结果，桑代克提出了众多的学习律，其中主要有：

(1)准备律(law of readiness)。

(2)效果律(law of effect)。

(3)练习律(law of exercise)。

除了这三个主要学习律(其中最主要的是效果律)之外,桑代克还提出了其他一些规律,或称为学习原则。其中有多重反应(multiple responses)律、定势(set)律、选择性反应(selective response)律、同化(assimilation)律、联想性转换(associative shifting)律等。

尽管上述几个学习规律都是从动物学习中归纳出来的,但桑代克认为它们是解释一般学习所必需的主要事实。因为,"由动物学习所揭示的简单的、半机械的现象,也是人类学习的基本原理"。桑代克除了以动物为被试以外,还以人为被试对象做了大量的实验。他提出的另一条学习原理——所属性(belongingness)原理——便是从人的语言学习实验中概括出来的。他指出,如果学习者认识到两个项目在某一方面彼此具有相属关系,那么在它们之间就比较容易形成联结。

2. 华生的刺激—反应说

华生是美国的心理学家,他主张对心理学要进行完全客观的实验研究。华生对心理学中使用意识、感觉、知觉、激情、情绪和意义等术语感到不满,认为应该用"刺激与反应"和"习惯形成"等术语来表述。他提出:"心理学是自然科学的一个纯客观的实验分支。它的理论目标在于预见和控制行为。"心理学家主要应关注行为,而不是心和意识。"行为主义者力图获得动物反应的一个统一的模式,认为人与动物之间并无分界线。"因此,从研究方法上来讲,"应当把人与动物放在同样的实验条件下,而且越近似越好。"

华生建立行为主义心理学的出发点有二:第一,分析可观察到的事实,即分析人和动物是如何适应其环境的;第二,研究引起有机体做出反应的刺激,知道了反应就可以推测刺激,知道了刺激就可以预测反应。所以,应该把行为而不是把意识当做我们研究的客观对象,在心理学中应该抛弃所有有关心智(mental)的内容。

总之,学习是塑造外显的行为,而内部的心理状态是不可知的;学习是刺激—反应的联结,人的反应完全由客观刺激决定。

华生认为,当反应频繁发生时,最近的反应比较早的反应更容易得到加强。因为在每一次练习中,有效的反应总是最后一个反应,所以这种反应在下一次练习中必定更容易出现。由此,他把反应离成功的远近,作为解释一些反应被保留、另一些反应被淘汰的原则。在他看来,习惯反应必然是离成功时机最近出现的反应。

3. 斯金纳的程序教学法

斯金纳认为，一切行为都是由反射构成的，任何刺激——反应单元都应看做是反射。斯金纳将有机体的行为分为两类：应答性行为和操作性行为。应答性行为是由已知的刺激引起的，操作性行为是由人本身发出的。无条件反应是一种应答性行为，因为他们是由无条件刺激引起的。应答性行为包括所有的反射在内，如用针刺激一下手，手马上就会缩回来；当遇到强光时，眼睛马上就会收缩等。而操作性行为由于一开始不是与已知的刺激相联系，因而是自发的行为，如唱歌、开车、打电话及上网等，人类的大多数行为都是操作性行为。这两种行为具有不同的条件作用形成机制，即巴甫洛夫的经典式条件反射和操作性条件反射，操作性条件反射是不同于经典条件反射的另一种基本的学习机制。

斯金纳在条件反射理论中提出了"强化原则"，并认为立即强化优于延缓强化，部分强化优于连续强化。强化原则是斯金纳学习理论中最重要的部分，斯金纳运用操作强化原则设计和制造了一种教学机器，进行程序教学，为后来的计算机辅助教学奠定了理论基础。

行为主义学习理论的逻辑延伸，就是要形成塑造或矫正行为的方法。在教育方面，教师的职责就是要创设一种环境，尽可能在最大程度上强化学生的合适行为。对此，斯金纳的程序教学模式提供了一个典型的案例。

斯金纳程序教学的基本方法是：

积极反应：通过强化使学生处于积极的反应状态。

小步教学：教学内容分为小步，一步步呈现。

即时强化：反应后，使学生立刻知道正误，再反馈强化。

自定步调：根据个体需要自定学习进度。

低错误率：程序尽量不出现错误的可能，反应正确。

基本实施步骤是：先向学习者呈现一个小单元的信息(称为框面)作为刺激，学习者通过填空或回答的方式做出反应，然后由反馈系统对该反应做出评价。反应错误就告诉学习者错误的原因；反应正确就得到强化，学习者就可以进入第二个框面的学习。"刺激—反应—强化"的过程不断反复，直到学习者完成一个程序的学习。

斯金纳的学习理论推动了程序教学运动的发展，使行为科学和教育技术的结合进入了一个更为密切的阶段。在程序教学活动中出现的一些观点，如重视教学机器的作用，重视学习理论的基础与指导作用等，对教育技术的理论发展产生了重要的影响。除此之外，程序教学的思想在个别化教学、计算机辅助教学（CAI）等教学形式中也发挥了重要的作用。但斯金纳否定教师的主导作用，忽视了学习过程中人的主观能动性的发挥。因此，他的理论尚存在不足之处。

（二）认知主义

认知学派源于格式塔心理学，它的核心观点是学习并非是机械的、被动的刺激—反应的联结，学习要通过主体的主观作用来实现。瑞士心理学家皮亚杰（J. P. Piaget）提出的著名的"认知结构说"认为认识是主体转变客体过程中形成的结构性动作和活动，认识活动的目的在于取得主体对自然社会环境的适应，达到主体与环境之间的平衡，主体通过动作对客体的适应又推动认识的发展，强调认识过程中主体的能动作用，强调新知识与以前形成的知识结构相联系的过程，表明了只有学习者把外来刺激同化进原有的认知结构中去，人类学习才会发生。认知主义的主要代表人物有苛勒、皮亚杰、布鲁纳和加涅等。

认知主义学习理论的基本观点：

①认为学习的实质并非是一连串的刺激与反应的直接联结，而是知识的重新组织。

②学习过程不是渐进的尝试与错误的过程，而是突然顿悟和理解的过程。

③学习的外在强化并不是学习产生的必要因素，在没有外界强化的条件下也会出现学习。应该强调的是学习的内在动机与学习活动本身带来的内在强化作用，强调智慧理解作用、人的能动作用、人与环境相互作用。学习是智能的培养过程，是认识再认识的过程。

认知主义学习理论认为：学习个体本身作用于环境，人的大脑的活动过程可以转化为具体的信息加工过程。人既然生存在自然环境中，必然要与所处的环境进行信息交换；人作为认知的主体，相互之间也会不断交换信息。人总是以信息的寻求者、传递者、甚至信息的形成者的身份出现，人们的认知过程实际上就是一个信息加工过程。人们在对信息进行处理时，也像通信中的编码与解码一样，必须根据自身的需要进行转换和加工。认知主义学习理论促进了计算机辅助教学向智能教学系统的转化，人们通过对人类的思维过程和特征的研究，可以建立起人类认知思维活动的模型，而计算机的快速发展和应用更在一定程度上完成了人类教学专家的工作。

（三）建构主义

建构主义（constructivism）思想源自关于儿童认知发展的理论（认知加工学

说），其主要代表人物有维果斯基、皮亚杰和布鲁纳等。建构主义者认为，儿童是在与周围环境相互作用的过程中，逐步建构起关于外部世界的知识，从而使自身认知结构得到发展的。由于个体的认知发展与学习过程密切相关，因此利用建构主义可以较好地说明人类学习过程的认知规律，即能较好地说明学习如何发生、意义如何建构、概念如何形成，以及理想的学习环境应包含哪些主要因素等。

因此，在建构主义思想指导下形成了一套新的比较有效的认知学习理论——建构主义学习理论，并在此基础上实现较理想的建构主义学习环境。

建构主义学习理论是行为主义发展到认知主义以后的进一步发展，用乔纳生的话说，是向与客观主义（objectivism）更为对立的另一方向发展。

建构主义学习理论的基本内容可从"学习的含义"（即关于"什么是学习"）与"学习的方法"（即关于"如何进行学习"）这两个方面进行说明。

1. 建构主义对学习的基本解释

首先，学习是学习者主动地建构内部心理表征的过程，它不仅包括结构性知识，而且包括大量的非结构性的经验背景。

其次，学习过程同时包含两方面的建构：其一，对新知识的理解是通过运用已有的经验，超越所提供的信息而建构成的；其二，从记忆系统中所提取的信息本身，也要按具体情况进行建构，而不单是提取。建构既是对新知识意义的建构，同时又包含对原有经验的改造和重组。由建构而来的对知识的理解是丰富的、有着经验背景的，这种知识在未来新的情境下能够更多地发挥其灵活运用的指导价值。

最后，学习者以自己的方式建构对于事物的理解，从而不同的人看到的是事物的不同方面，不存在唯一标准的理解。然后，学习者据此展开的合作学习可以使理解更加丰富和全面。

由于学习者总是以个人独有的方式建构事物意义，因而对新知识的学习而言，学习者之间的相互合作正好能弥补知识理解的不足，从而使知识理解更加丰富、全面、深刻。

2. 建构主义对学习方法的认识

建构主义提倡在教师指导下的、以学习者为中心的学习。也就是说，既强调学习者的认知主体作用，又不忽视教师的指导作用，教师是意义建构的帮助者、促进者，而不是知识的传授者与灌输者。学生是信息加工的主体、是意义的主动建构者，而不是外部刺激的被动接受者和被灌输的对象。学生要成为意义的主动建构者，就要求学生在学习过程中从以下几个方面发挥主体作用：

①要用探索法、发现法去建构知识的意义；

②在建构意义过程中要求学生主动去搜集并分析有关的信息和资料，对所学习的问题要提出各种假设并努力加以验证；

③要把当前学习内容所反映的事物尽量和自己已经知道的事物相联系，并对这种联系加以认真的思考。"联系"与"思考"是意义构建的关键。如果能把联系与思考的过程与协作学习中的协商过程（即交流、讨论的过程）结合起来，则学生建构意义的效率会更高、质量会更好。协商有"自我协商"与"相互协商"（也叫"内部协商"与"社会协商"）两种，自我协商是指自己和自己争辩什么是正确的；相互协商则指学习小组内部相互之间的讨论与辩论。

3. 关于建构的几种途径

建构学习理论中学习者以自己的理解方式建构新知识意义的途径，主要有以下几种：

支架式建构：支架式建构即指当建构新材料 A 时，先有同性质的材料 B 的知识，将有助于 A 的学习。

抛锚式建构：抛锚式建构即指当建构新材料 A 时，先呈现一组概念，从而有助于 A 的学习。

引导式建构：引导式建构即指为了建构新材料 A，可以选用一种 B 的学习来引入 A 的学习，使材料 A 的意义在材料 B 的基础上更易理解。

(四)混合式学习

混合式学习（B-learning）是最近十年提出来的一种新的学习模式，是国际教育界对以美国为代表的"E-learning"实践进行深入反思之后提出的概念。他们认为，只有将传统学习与网络化学习结合起来，使两者优势互补，才能获得最佳的学习效果。这一观念已取得国际教育技术界的共识，各教育机构正在就此进行深入研究并实践。

在我国，混合式学习的概念则是 2003 年 12 月 9 日，北京师范大学何克抗教授在南京召开的第七届全球华人计算机教育应用大会上首次提出并获得认可的。何教授认为，所谓混合式学习就是要把传统学习方式的优势和网络化学习的优势结合起来，也就是说，既要发挥教师引导、启发、监控教学过程的主导作用，又要充分体现学生作为学习过程主体的主动性、积极性与创造性。

目前国际上普通认可的混合式学习的定义是：在"适当的"时间，通过应用"适当的"学习技术与"适当的"学习风格相契合，对"适当的"学习者传递"适当的"能力，从而取得最优化的学习效果的学习方式。

从教与学的角度来看，混合式学习就是将传统课堂中的面对面学习，和学习者基于某种网络教学平台，在助学者（教师）的指导下有组织、有计划、有明确学习目标的在线学习进行有机结合，实现两者优势互补的一种学习方式。无论是对全日制的在校学生学习，还是对远程接受培训的学员学习，这种学习方式是最为有效的。在这种学习方式中，学生是主体，教师是主导者的角色非常明确。

混合式学习模式的提出并应用凸现了现代教育技术的发展对人们学习行为、学习方式带来的影响。

二、教学理论

(一)赞可夫的发展教学理论

赞可夫(1901—1977)，苏联著名的教育家、心理学家。通过长期广泛的教学实验，赞可夫提出了发展教学理论的五条教学原则。

1. 以高难度进行教学的原则

教学要有一定的难度。赞可夫认为：这个概念的含义之一是指克服障碍；另一个含义是指学生的努力。"以高难度进行教学，能引起学生在掌握教材时产生一些特殊的心理活动过程。"教学内容要充分满足学生的求知欲和利用学生的认知的可能性，用稍高于学生原有水平的教学内容来教学生。"只有走在发展前面的教学才是最好的教学。"

2. 以高速度进行教学的原则

赞可夫认为教学进度太慢，大量的时间花在单调的重复讲授和练习上，阻碍了学生的发展。他主张从减少教材和教学过程中的重复中求得教学速度，从加快教学速度中求得知识的广度，从扩大知识广度中求得知识的深度。

3. 理论知识起主导作用的原则

赞可夫根据实验的观察材料指出：孩子"知识的获得、技巧的形成是在一般发展的基础上，在尽可能深刻理解有关概念、法则及其之间的依存性的基础上实现的"。掌握理论知识，对于事实材料和技能的规律能加深理解，使知识结构化、整体化，方便记忆；理论知识可以揭示事物内在联系，孩子掌握理论知识后能够把握事物规律，然后展开思想，实现知识迁移，调动思维积极性，促进一般发展。

4. 使学生理解学习过程的原则

这一原则要求学生在理解知识本身的同时，也理解知识是怎样学到的，也就是教材和教学过程都要着眼于学习活动的"内在"机制，教学生学会怎样学习。概括地说，要发展学生的认知能力，培养学生的自学能力，才有利于学生的发展。

5. 使全体学生都得到一般发展的原则

赞可夫认为：教学要面向全体学生，特别是要促进差生的发展，教材必须适合大多数学生的学习水平；教学要以实验为基础，多做实验，增强学生的感性认识，发展学生的观察能力；用知识本身来吸引学生使他们感到学习是一种乐趣，体会到克服学习困难后得到精神上的满足和喜悦，以此增强学生学习的内部诱因；教学中要注意设计好教与学的思路，重视知识的前后联系、融会贯通；启发思考，适时练习、及时反馈、矫正等。用这样一些方法，持之以恒，使全体学生都得到一般发展是可以做到的。

(二)布鲁纳的"结构—发现"教学理论

杰罗姆·布鲁纳是美国著名的心理学家、教育家。他认为学习是个体主动的认知过程，提倡发现学习。

1. "结构—发现"教学理论基本观点

要掌握一门学科，不但要掌握其基本结构，还要掌握这门学科的基本态度和方法。因为要真正有效地发展学生的智力，取决于合理的教学方法。布鲁纳强调，必须把教学材料与教学方法结合起来，提倡在学习学科基本结构时广泛使用发现法。教学过程就是在教师的引导下学生发现的过程。

2. "结构—发现"教学理论的要点

①"结构—发现"教学理论强调学习的过程。
②"结构—发现"教学理论强调直觉思维。
③"结构—发现"教学理论强调内在学习动机。
④"结构—发现"教学理论强调信息的提取。

(三)范例教学理论

范例教学理论代表人物是德国教育家瓦根舍因和克拉夫基。范例教学理论是指教师在教学中选择真正基础的、本质的知识作为教学内容，通过"范例"内容的讲授，使学生学到举一反三掌握同一类知识的规律的方法。运用此法的目的在于促使学生独立学习，而不是要学生复述式地掌握知识，要使学生所学的知识迁移到其他方面，进一步发展所学的知识，以改变学生的思维方法和行动的能力。

范例教学理论提出了实现其基本思想的各种教学原则，其中基本性、基础性和范例性原则是最重要的三条原则：

基本性原则：就是要求教师向学生传授一门学科的最基本的要素，包括基本概念、基本结构和基本科学规律。

基础性原则：是以学生的经验为基础，使学生在教学过程中获得更深化的新的经验，一种带有能照亮心灵的闪光点的经验，或者说使他们建立一种新的思维结构。

范例性原则：就是通过精选范例这一沟通学习者主观世界与教学内容这一客观世界的桥梁，来使教学达到基本性和基础性目标的原则。

三、教育传播学理论

(一)传播的概念和类型

1. 传播的概念

传播原指"通信、传达、联系"之意，后专指信息的交换与交流。传播是自然界和人类社会的普遍现象，从远古的生物进化，到当代形形色色的社会活动，无不涉及信息的传播和利用。广义的传播可理解为"大自然中一切信息的传送或交换"，包括植物、动物、机器、人所进行的信息传播。狭义的传播主要指人所进行的信息传播，而且又分为人的内在传播(或称自我传播)、人与人的传播。

2. 传播的类型

通常它包括内在传播、人际传播、组织传播和大众传播，如图 1-3 所示。

教育传播是一种特殊的人际传播模式，是由教育者按照一定的要求，选定合适的信息内容，通过有效的媒体通道，把知识、技能、思想、观念等传递给特定的教育对象的一种活动，是教育者和受教育者之间的信息交流活动。它的目的是促进学习者的全面发展，培养社会所需的各种人才。

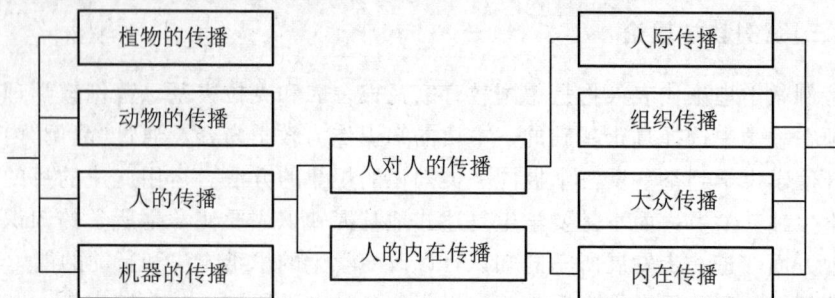

图 1-3　传播的类型

与其他传播活动相比，教育传播具有以下特点：

(1)明确的目的性。教育传播是以培养人才为目的的活动。

(2)内容的严格规定性。教育传播的内容是按照教学计划和教学大纲的要求严格规定的。

(3)受者的特定性。相对于大众传播的受众人多、复杂、分布散、隐匿的特点，教育传播的受众则是人少、单纯、集中、身份明确。

(4)媒体和传播通道的多样性。在教育传播中，教育者既可以充分发挥口语和形体语言的作用，又可以用板书、模型、幻灯、电视、多媒体网络等作为媒体；既可以是面对面的交流，又可以是远距离的传播。

(二)教育传播要素

在教育传播中，构成传播系统的要素包括教育者、教育信息、受教育者、媒体、通道、环境等。

1. 教育者

教育者是教育传播系统中具备教育教学活动能力的要素，是系统中教育信息的组织者、传播者和控制者，如学校中的教师、社团中的指导者、学生家长等。学校中直接面对学生进行教育教学活动的教师是最重要的教育者。教师的首要任务是发送教育信息，因此从这个意义上说，"教师"这一名称并不局限于上讲台的教师，还应包括教育管理者和教材编制者等，而且在特定条件下，教学机器也可以成为教师，即"电子教师"。在教育传播活动中，教师起着"把关人"的作用，传播什么内容，利用什么媒体，都是由教师决定的。因此，教师必须能实现教育传播系统的整体目标，使学生在德育、智育、体育、美育、劳动诸方面都得到和谐的发展。而要完成这一重任，教师必须做好设计、组织、传递、评价等工作。

2. 教育信息

信息是教育传播系统的主要要素之一，是指以物理形式出现的教育信息。教育传播过程是一个信息交流的过程，自始至终充满了教育信息的获取、传递、交换、加工、储存和输出。在教育信息传播过程中，主要的信息是教学目标信息、预测学生信息、教师传送信息、实践教学信息、家庭教育信息、大众传媒信息、人际交往信息、学生接受信息和学生反馈信息等。

3. 受教育者

受教育者是施教的对象，一般说就是接收教育信息的学生。在教育传播过程中，作为受者的学生，他首先要接收传播信号，如阅读教科书和参考书，认真听取教师的课堂讲授，视听其他多种教学媒体，视听大众传播媒体，参加教学实践与社会活动等。然后，要对所接收的信息进行加工与储存，即将接收到的信号转换为语言符号或非语言符号，再将这些符号和已有的经验进行比较、分析、判断，得到符号的信息本义。但在教育传播系统运行过程中，学生对教育信息的接收并不是机械的、被动的，在大多数情况下，学生是主动地接受教育信息，甚至是有选择地去接收与理解教育信息。

4. 媒体和通道

在教育传播通道中，教育传播媒体是必不可少的要素。教育传播媒体就是载有教育、教学信息的物体，是连接教育者与学习者双方的中介物，是人们用来传递和取得教育、教学信息的工具。各种教育、教学材料，如标本、直观教具、教科书、教学指导书、教学幻灯片、电影片、录音带、录像带、课件等，都属于教育传播媒体。

教育传播通道是教育信息传递的途径，教育信息只有经过一定的通道，才能完成传递任务，达到教育传播的目的。按传递的信号形式来分，通道包括图像通道、声音通道和文字通道。所谓教育传播通道，就是教育信息传递的途径。它的组成要素有各种教育媒体、教学环境、人的感觉器官、处理和传播信息的方式。通道也包括由一方传送到另一方所建立的联系方式。师生间面对面地进行教学是一种口耳相传的古老的联系方式。目前，除了印刷技术、光学影像技术外，通信技术、多媒体网络技术已为教育传播系统广泛采用，成为师生间重要的联系方式。

5．传播环境

教育传播环境是影响教育传播效果的重要因素，其内容是复杂的和多方面的。社会、经济、科技、文化背景、风俗习惯以及各种自然物、人工物等，都是教育传播环境中不可忽视的因素，其中影响较大较直接的有校园环境、教室环境、社会信息、人际关系、校风、班风等。

(三)教育传播过程

教育传播过程是一个由教育者借助教育媒体向受教育者传递与交换教育信息的过程。通过信息的控制，这些要素之间相互作用，形成一个连续的动态过程。这一过程可分为六个阶段：确定教育传播信息；选择教育传播媒体；通道传送；接收与解释；评价与反馈；调整再传送。

(四)教育传播模式

传播学者研究传播过程，都毫不例外把传播过程分解成若干个要素，然后用一定方式去研究这些要素之间的相互联系与相互作用，这样就构成了多种多样的研究传播过程的模式。几种有代表性的模式：

①拉斯威尔传播模式。
②香农-韦弗传播模式。
③贝罗传播模式。
④海曼-弗朗克传播模式。

(五)教育传播的基本方式

根据教育传播中传者与受传者的关系结构，可以将教育传播分为以下四种方式。

1．自学传播

自学传播是指没有专职教师当面传授的一种教育传播方式。自学者自定学习目标，从四周可能的环境中寻找合适的教师替身。平常较多的是选择自学的教材，即根据学习要求选购相应的书籍、录音带、录像带和课件等学习材料，自定步调学习。

2．个别传播

教育传播最早的时候即采取这种方式，是传播者与受传者单独面授知识和经验的一种教育传播方式。尽管这种教育传播方式相当古老，但因为它的效果显著而沿用至今。

3. 课堂传播

课堂传播是当前学校普遍采用的教育传播方式，学生的学习主要依据课本和教师的语言讲解，即主要通过语言和文字符号进行。这种传播方式有利于发挥教师的主导作用，教师能科学地组织教学过程，充分考虑情感因素在学习过程中的重要作用，学生能快速、有效地掌握知识技能，有利于培养学生的合作精神和竞争意识。

4. 远程传播

远程传播是非面对面的传播活动，又称远距离传播。远程教育传播方式一般认为经历了函授教育、电视教学、网络教育三个阶段。网络教育即现代远程教育，是利用网络技术、多媒体技术等现代信息技术手段开展的新型教育形式，是以利用现代网络为主要教学手段的教育，以面授教学、函授教学和广播电视（视听）教学为辅助，它以学习者为主体，学生和教师、学生和教育机构之间主要运用多种媒体和多种交互手段进行系统教学和通信联系。需要指出的是，随着现代通信技术的发展和变化，远程传播的手段和方式也在不断发展变化之中。

（六）教育传播的基本原理

教育传播的最终目的，是要取得良好的教育传播效果。须遵循一些原理。其中利用媒体进行传播的几个主要原理如下。

1. 共同经验原理

教育传播是一种信息传递与交换的活动，教师与学生的沟通必须建立在双方共同经验范围内。一方面，对学生缺乏直接经验的事物，要利用直观的教育媒体帮助学生获得间接的经验；另一方面，教育媒体的选择与设计必须充分考虑学生的经验。

2. 抽象层次原理

抽象层次高的符号，能简明地表达更多的具体意义。但抽象层次越高，理解便越难，引起误会的机会也越大。所以，在教育传播中，各种信息符号的抽象程度必须掌握在学生能明白的范围内，并且要在这范围内的各抽象层次上下移动。

3. 重复作用原理

重复作用是将一个概念在不同的场合或用不同的方式去重复呈现。它有两层含义：一是将一个概念在不同的场合重复呈现。如在几个不同的场合下接触某个外语生词，以达到长时记忆；二是将一个概念用不同的方式去重复呈现。如同时或先后用文字、声音、图像去呈现某一概念，以加深理解。

4. 信息来源原理

有权威、有信誉的人说的话，容易为对方所接受。资料来源直接影响传播的效果。因此，在教育传播中，作为教育信息主要来源之一的教师，应树立为学生认可的形象与权威。所用的教材与教学软件，其内容来源应该正确、真实、可靠。

四、系统科学理论

系统科学理论是系统论、信息论、控制论的统称，它既是现代自然科学、社会科学及思维科学发展综合的结果，又是一切科学领域的普通的科学方法。在系统科学理论思想的指导下形成的教育信息论、教育系统控制论、教育学、教育传播学以及教育技术的心理学基础构成现代教育技术理论。它成为现代教育理论的基础，是对学习过程和学习资源进行设计、开发、运用、管理和评价的理论依据。

信息论是美国数学家香农(Claude Shannon)创立的，他于1948年发表了《通讯的数学理论》一书，为信息论奠定了基础。信息论简要地说是关于各种系统中信息的计量、传递、变换、存储和使用的规律的科学，香农与维纳同时从不同的研究对象中导出关于传输最大信息量的公式，称为香农—维纳公式：

$$S = Bt\log_2(1 + p/N)$$

其中：S为信息量，单位为比特；B为传递信号的频带宽度；t为传递信号的时间；p为传递信号的平均功率；N为噪声的平均功率。此公式为教育信息的定量测试，特别是为现代教育技术的信息传递的增值率计算提供了重要依据。

教育信息论是研究教育过程中"人—人"关系系统(即师生间的教育关系系统)、信息如何传递、变换和反馈的理论。

控制论的主要创立者与奠基人是美国数学家维纳(N. Wiener)，他于1948年发表了《控制论》一书。

控制论在教育领域中应用所形成的理论称为教育控制论。它是研究教育系统中，运用信息反馈来控制和调节系统的行为，从而达到既定教学目标的理论。教育控制系统是以提高教学效果和教学质量为控制目标，以信息流为主要传输形式的系统。根据教育控制论，为了实现教学目标，首先要明确优化教学的五个指标：

- 时间(t)，进行教学所用的时间(一节课、一学期、一学年为所用的时间单位)。
- 教学信息量(u)，按信息量计算教学内容(如印刷符号、知识点等)。
- 负担量(c)，学生消化、理解教学信息所用的时间(包括预习、复习、作业等)。
- 成本(s)，为进行该教学活动所需要的经费。
- 成绩(w)，学生对所学的教学内容回答的正确率。

因此，教学优化(E)应该是上述五个指标的函数：

$$E = f(t, u, c, s, w)$$

即用较少的时间学较多的知识，而且学生不感到压力大、负担重，学习成绩好，素质和能力得到培养，教学成本合理，就表示教学最有效果。因此，要取得最好的效果，需要对教学目标、对教学内容、对教学形式、对学生、对教学手段、对教学结构、对教学程序和对教学质量实行全面系统的控制。

系统(system)是指在某一环境中相互联系的若干元素所组成的集合体。构成一个系统至少需要满足以下三个条件：①一定数量的元素；②一定的结构，即元素之间存在相互联系；③一定的环境。任何系统都处于一定的外界环境中，并与周围环境相互影响、相互作用。

系统论是由美籍奥地利生物学家贝塔朗峰(L. Von Bertalanffy)创立，他于1947年发布了《一般系统论》，为系统论奠定了基础。

系统论在教育实践中应用所形成的理论，称为教育系统论。教育系统论把教育视为一个系统，组成系统的要素是教师、学生、教育信息、环境、媒体等。教育系统论促使我们以系统的观点、综合的观点来考察教育教学过程与现象，运用系统的方法将整个教育体系看做由相互联系的部分组成的一个系统，对具体的教育过程进行系统分析和研究，来解决教育教学的问题。也就是从系统的观点出发，坚持在系统与部分之间、系统与外部环境之间的相互联系、相互作用、相互制约等关系中考察、研究系统，以求得对教育问题最优化的处理。

运用系统科学论和方法，特别是运用从中提炼和抽象出来的系统科学的基本原理即反馈原理、有序原理和整体原理，对研究现代教育技术和指导其实践有着重要的意义。

因此，优化的课堂教学十分重视从教学整体进行系统分析，综合考虑课堂教学过程中的各个要素，包括教学目标明确、教学模式方法的选择、教育媒体的选择组合和环境资源的利用、学生认知水平的评价等，并注意各要素之间的配合、协调，发挥系统的整体功能，从而达到优化教学的目的。

第三节　教学设计概述

一、教学设计的概念

教学设计是以获得优化的教学过程为目的，以传播理论、学习理论和教学理论为基础，运用系统方法分析教学问题、确定教学目标、建立解决教学问题的策略方案、试行解决方案、评价试行结果和修改方案的过程。

形象地说，教学设计是为教师在教学理论、学习理论与教学实践之间架设的一座桥梁，是把教学理论与学习理论转换为教学实践的一门桥梁科学。

教学设计具有以下基本特征：

教学设计是以系统方法和设计观为指导，探索解决教学问题的有效方案，目的是实现效果好、效率高和富有吸引力的教学，最终促进学习者的学习和个性化的发展。因此，教学设计活动是一种系统而非偶然的、随意的活动，需要考虑系统与要素、结构与功能、过程与状态之间的关系而进行综合设计。

教学设计是以关于教和学的科学理论为基础的。由于这种科学理论是对教学现实的假设性说明，因此教学设计的产物是一种规划，一种教学系统实施的方案或能实现预期功能的教学系统。

教学设计是一种产生学习经验和学习环境，提高学习者获得特定知识、技能的效率和兴趣的技术过程。在信息时代背景下，这一特征更加被凸现出来了。

教学设计是一种具有创造性、学科性、决策性的研究活动，它是背景范畴、经验范畴和组织化的知识范畴等方面综合作用的产物。教学设计既要遵循教学设计规律，又应具有创造性的特征，两者不可混为一谈。

教学设计具有非常强烈的社会交往性，它受到背景因素、社会因素、教学设计者、实施者、学习者等多方面的限制和制约。教学设计是一项系统工程，它的设计工程和设计产品是教学设计专业人员、学科教师、媒体制作人员等共同努力的结果。

二、教学设计的一般模式

所谓模式就是以一定的结构和顺序呈现或表述现实。教学设计过程模式的主要作用是确定教学设计的步骤，并对教学问题的解决提供特定的指导作用。如图 1-4 所示。

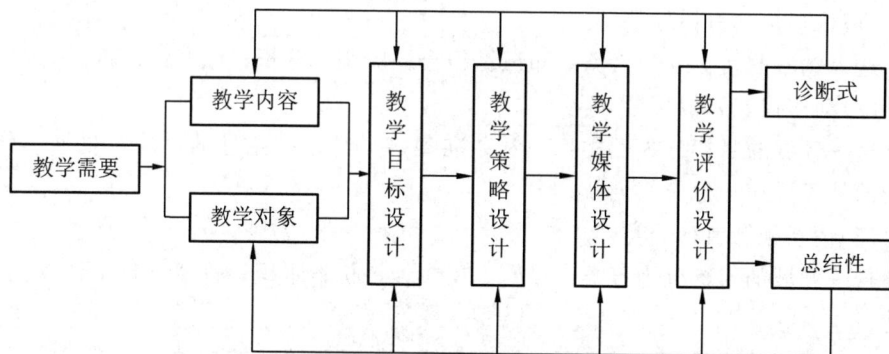

图 1-4　教学设计过程

(一)教学内容分析

教学内容分析是教师对教学基本材料进行认知加工的过程：

(1)教学内容的基本内容和表述结构。

(2)学习教学材料要达到的目标任务(知识的获得、技能的提高、态度的转变)。

(3)教学内容对学习类型的要求：简单的语义性知识的学习、复杂的程序性知识的学习、高级的策略性知识的学习。

(4)教学内容与前后教学内容的内在联系和逻辑必然。

(5)教学内容的已知与新知的确认。

(二)教学对象分析

(1)学习者年龄特征及思维方式分析。

(2)学习者学习风格分析。

(3)学习者信息素养分析。

(4)学习者与教学内容相关的已有知识经验水平的分析。

(三)教学目标设计

教学目标——通过教学活动，预期学生在知识获得、能力提高、情感态度转变上所产生的变化。

1. 教学目标领域目标分类和编写

(1)认知领域目标分类。

这一领域的目标分为六类：知识；领会；应用；分析；综合；评价。

(2)动作技能领域目标分类。

这一领域的目标分为七类：知觉；准备(定向)；有指导的反应；机械动作；复杂的外显反应；适应；创新。

(3)情感领域目标分类。

这一领域的目标分为五类：接受；反应；评价；组织；价值与价值体系的性格化。

一般采用行为术语的教学目标阐明方法。一般地说，按这种观点描述学习目标包括五项构成要素：①行为主体，是指需要完成行为的学生、学习者或教学对象。②实际行为，是学生通过学习所能够完成的特定而可观察的行为，这种行为要用严格的、清晰的动作动词来描述所要完成的行为，表1-1、表1-2、表1-3分别列出了认知领域、动作技能领域和情感领域教学目标可供选用的行为动词。

表 1-1　认知领域教学目标可供选用的行为动词

目标层次	目标特征	可供选用的行为动词
知道	对信息的回忆	为……下定义、列举、说出(写出)……的名称、复述、排列、背诵、辨认、回忆、选择、描述、了解、指明
领会	用自己的语言解释信息	分类、叙述、解释、鉴别、选择、转换、区别、估计、引申、归纳、理解、举例说明、猜测、摘要、改写
运用	将知识应用于新的情境	运用、计算、示范、改变、阐述、解释、说明、修改、制订计划、制定……方案、解答
分析	将知识分解，找出各部分之间的联系	分析、分类、比较、对照、图示、区别、检查、指出、评价
综合	将知识各部分重新组合，形成一个新的整体	编写、写作、创造、设计、提出、组织、计划、综合、归纳、总结
评价	根据一定标准进行判断	鉴别、比较、评定、判断、总结、证明、说出……的价值

表 1-2　动作技能领域教学目标可供选用的行为动词

目标层次	目标特征	可供选用的行为动词
知觉能力	根据环境刺激做出调节	旋转、屈身、保持平衡、接住(某物体)、踢、移动
体力	基本素质的提高	提高耐力、迅速反应、举重
技能动作	进行复杂的动作	演奏、使用、装配、操作、调节
有意交流	传递情感的动用	用动作表达感情、改变脸部表情、舞蹈

表 1-3　情感领域教学目标可供选用的行为动词

目标层次	目标特征	可供选用的行为动词
接受(或注意)	愿意注意某事件或活动	听讲、知道、看出、注意、接受、赞同、容忍
反应	乐意以某种方式加入某事，以示做出反应	陈述、回答、完成、选择、列举、遵守、记录、听从、称赞、欢呼、表现、帮助
价值判断	对现象或行为作价值判断，从而表示接受、追求某事，表现出一定的坚定性	接受、承认、参加、完成、决定、影响、支持、辩论、论证、判别、区别、解释、评价、继续
组织化	把许多不同的价值标准组成一个体系，并确定它们之间的相互关系，建立重要的和一般的价值	讨论、组织、判断、使联系、确定、建立、选择、比较、下定义、系统阐述、权衡、制订计划、决定
个性化	具有长期控制自己的行为以致发展个性化的价值体系	修正、改变、接受、判断、拒绝、相信、继续、解决、贯彻、要求、抵制、认为……一致、正规

2. 教学目标设计的基本要求

(1)教学目标全面性：在三个领域、三个维度上设计教学目标。

(2)教学目标的明确性：内隐与外显相结合表述教学目标。

(3)教学目标的适应性：与教学内容的一致性、与学生状态的适应性、与前后教学的连贯性。

3. 教学重点、难点的确认

(1)教学重点。与达成教学目标具有直接的、重要作用的教学内容是教学重点。常常表现为基本的概念、原理、规则、公式等；教学重点具有客观性，不受教学对象、教学条件等因素的影响；教学重点是把教材内容与教学目标综合起来认真思考的认识结果。

(2)教学难点。教学难点是学生通过教材的学习达成教学目标所产生的困难。常表现为已有的相关经验不足、教学内容过于抽象不好理解、微观或宏观的事物不易充分感知等；教学难点具有可变性，不同地域、不同文化背景下的学生学习同样的教材，达成同样的教学目标遇到的困难是不同的；确认教学难点应把教材内容、学生状态和教学目标综合起来加以思考。

(四)教学策略的设计

教学策略是对完成特定的教学目标而采用的教学活动程序、教学方法、教学组织形式和教学媒体等因素的总体思考。它主要是解决教师"如何教"的问题，是教学设计研究的重点。

1. 教学策略特点

(1)具有指示性和灵活性——指向具体的教学目标；不同的教学目标需要应用不同的教学策略。

(2)策略功能的复合性——没有任何单一的策略适用于所有的教学活动；教学目标的有效达成，是多种策略综合运用的结果。

(3)教学策略的多样性——最好的教学策略是在一定情况下达到特定目标的最有效的方法论体系。在教学实践中存在多种多样的教学策略。

2. 教学策略内容构成的三个层次

(1)影响教学处理的教育理念和价值观倾向。

(2)对达到特定目标的教学方式的一般性规则的认识。

(3)具体的教学手段和方法。

3. 设计教学程序的根据

教学策略是一种警示和宣言，是向盲目教学活动的警示，是向教书匠告别向研究型教师迈进的宣言。教学策略的提出意味着教师要从执行者转变为决策者。教学目标的不同，学生的学习方式的不同，所选择的教学策略也不相同。但作为教学活动，也有它一般的、共性的基本教学策略。安排教学程序的根据：

(1)学生认识活动的规律：生动的直观→抽象的思维→实践；

(2)达成教学目标的需要：达成几个维度的教学目标；

(3)学生的学习方式：接受式学习、启发式学习、研究性学习。

4. 教学方法的选择

(1)语言的方法——讲授、谈话、讨论。有利于在教师的启发引导、学生的思维想象中传播教学内容；有利于在反馈与评价中提高教学传播的针对性；有利于在智慧资源的整合与共享中理解和消化教学内容。

(2)直观的方法——演示、参观、见习。有利于向学生提供直观经验；有利于课堂教学与社会实践建立联系；有利于知识的学习与知识的应用建立联系。

(3)实践的方法——练习、实验、实习。有利于知识学习与应用的结合；有利于知识的验证与巩固；有利于能力的提高和技能、技巧的形成。

(五)教学媒体的设计

为了达到预期的教学目标，在丰富多彩、功能各异的教学媒体中选择哪些并如何组合才是最合适、最有效呢？大多数的研究者对这个问题都没有肯定的结论。而且，同一种媒体序列使用在不同教学目标的教学中，效果可能完全不同。因此，每一次教学设计都应考虑媒体的选择。媒体选择的注意事项：

(1)媒体选择要适当——根据目标、学生、教学内容选择媒体。

(2)媒体展示要适时——根据展示目的选择应用时机。

(3)媒体应用要适度——不能不用，不能全用。

关于教学媒体选择的详细内容将在第二章中阐述。

(六)教学设计结果的评价

评价是课堂教学设计过程的最后一个环节，对提高课堂教学的设计质量具有重要意义。

(1)诊断性评价：是设计过程中的评价，结合每一个设计环节进行，边设计边评价，发现问题解决问题；是对通过教学设计形成的教学预成方案的总体评价，把发现的问题反馈到前面的各个设计环节的修订中。

(2)总结性评价：是事后的评价，是把通过教学设计形成的教学预成方案，通过试用以后进行的评价，是在通过教学实践检验的基础上进行的评价，对提高课堂教学的设计质量具有重要作用。

三、信息技术与课程整合

(一)信息技术与课程整合概述

随着信息技术对教学的影响越来越深入，20 世纪末，国际上出现了信息技术与课程整合的教学思想，并成为了目前基础教育改革的趋势与潮流。信息技术与课程整合的教学思想，与学科教学有着密切的联系和继承性，同时又是具有相对独立性的新型教学结构类型。信息技术与课程整合，不是把信息技术仅仅作为辅助教或辅助学的工具，而是强调要把信息技术作为促进学生自主学习的认知工具和情感激励工具，利用信息技术所提供的自主探索、多重交互、合作学习、资源共享等学习环境，把学生的主动性、积极性充分调动起来，使学生的创新思维与实践能力在整合过程中得到有效锻炼，这正是创新人才培养所需要的。由此可见，信息技术与课程整合是改变传统教学结构、实施创新人才培养的一条有效途径。

(二)信息技术与课程整合的含义

信息技术与课程整合是指"信息技术"与"课程"的整合，而不是指"信息技术"与"课程整合"，这是我们理解其含义的关键。信息技术与课程整合的定义可以分为"大整合论"和"小整合论"两种。

"大整合论"所理解的课程是一个较大的概念。这种观点主要是将信息技术融入到课程的整体中去，改变课程内容和结构，变革整个课程体系。

"小整合论"则将课程等同于教学。这种观点将信息技术与课程整合等同于信息技术与学科教学整合。

我国教育技术界权威专家李克东教授认为：信息技术与课程整合是指在教学过程中把信息技术、信息资源、信息方法、人力资源和课程内容有机结合，共同完成课程教学任务的一种新型的教学方式。整合的三个基本点是：①要在多媒体和网络为基础的信息化环境中实施课程教学活动；②对课程教学内容进行信息化处理后成为学习者的学习资源；③利用信息化加工工具让学生进行知识重构。

何克抗教授认为：所谓信息技术与学科课程的整合，就是通过将信息技术有效融合于各学科的教学过程来营造一种新型教学环境，实现一种既能发挥教师主导作用又能充分体现学生主体地位的以"自主、探究、合作"为特征的教与学方式，从而把学生的主动性、积极性、创造性充分地发挥出来，使传统的以教师为中心的课堂教学结构发生根本性变革，使学生的创造精神与实践能力的培养真正落到实处。并得出"整合"的三个基本属性是：营造新型教学环境、实现新的教与学方式、变革传统教学结构。（注：以上内容源自"百度百科——信息技术和课程整合"）

(三)信息技术与课程整合对教学设计的影响

信息技术与课程整合对教学设计产生了巨大的影响，主要体现在以下三个方面。

1. 对教学设计理念的影响

信息技术与课程整合的提出及其目标本身就是对教学理念的改变，这种新的教学理念将是进行教学设计总的指导思想。新的教学思想要求：一方面，要求在教学中必须把信息技术应用到学科教学中，以有效地促进学生的学习；另一方面，教学已不再只是具有单纯的学科教学目标，即不再单纯是为学科知识而进行知识教学，应该有效整合相关的学科外的教学目标，如与学生的日常生活、与社会相融合的教育性教学目标，幼儿日常行为养成的养育目标等，更为重要的目标则是培养学生的学习能力，特别是终身学习的能力。

2. 对教学策略的影响

在新的教学思想指导下组织教学，就必须改变旧的教学策略，寻找新的教学策略。我们认为，基于信息技术和课程整合思想的教学策略肯定不会有一个统一的答案，符合这种教学思想的策略必定是多样的。但我们也认为，对于小学或幼儿园的教学来说，在教学中，实施信息技术与课程整合最基本的策略莫过于基于问题的学习策略或称任务驱动学习策略。通过创设一定的学习情境，让学生在情境中充分体验，并给出需要解决的问题，让学生通过自主探究、小组合作等方式来解决问题，通过这一过程达到掌握知识与技能，进而学会学习的教学目标，教师教学设计往往也是就此而展开的。在幼儿教学活动中，很多情况下都要先创设学习环境，让幼儿对问题产生兴趣，在教师的引导下，让幼儿在情境中充分自我体验，才会在幼儿心里产生深刻的印象，从而达到各项培养目标。

3. 对教学环节设计的影响

即使有了教学理念和教学策略上的改变，还不够，要实现培养目标，更重要的是教学实施环节的设计。显然，教学环节的设计更不会有统一的模式和方法。

可以借鉴的是，李克东教授等提出的"整合"课堂教学设计"五环节"：①分析教学内容，确定教学目标；②选择教学媒体，创设教学情境；③指导自主学习，组织协作活动；④确定教学要素关系，形成教学过程结构；⑤设计测量工具，进行学习评价。

第四节　教师教育技术素养

一、教师学习教育技术的必要性

教育部在 1998 年 12 月 24 日"面向 21 世纪教育振兴行动计划"中指出：在即将到来的 21 世纪，以高新技术为核心的知识经济占主导地位，国家的综合国力和国际竞争能力将越来越取决于教育发展、科学技术、知识创新的水平，教育始终处于优先发展的战略地位，现代信息技术在教育中广泛应用并将导致教育系统发生深刻的变化。

如今，信息技术已经渗透到社会的各个领域，它改变着社会经济的结构，也改变着人们的工作方式、学习方式、生活方式和思维方式，对教育领域产生了深远的影响。

以信息技术为核心的现代教育技术，是每一位教师必须掌握的专业技能，是教师成长为专业技术人员的标志之一。作为一名新时代的教师，如果不能掌握现代教育技术，就不可能在教学中有效利用和渗透信息技术手段，也就不能成为一名合格的教师。

幼儿教育是最基础的教育，学前教育已越来越受到社会各界的重视。为了进一步加强幼儿园的管理与教育活动，保证幼儿身心和谐发展，1996 年 3 月 9 日，当时的国家教委发布了《幼儿园工作规程》，在这个规程中，明确规定了幼儿教师的教育教学职责。作为最基础的教育专业人员，幼儿教师必须努力学习现代信息技术，掌握现代教育技术手段，才能有效从事教育教学工作，这是社会发展带来的新的要求。

因此，无论是哪个层面的教师，都必须学习、研究和应用教育技术的理论和实践。

二、中小学教师需要具备的教育技术能力

信息素养包含有技术和人文两个层面的意义：在技术层面上，信息素养反映

的是人们搜索、鉴别、筛选、利用信息的能力，以及有效地在教学过程中使用信息技术的能力；从人文层面上看，信息素养则反映了人们对于信息的情感、态度和价值观，它建立在技术层面的基础之上，涉及独立学习、协同工作、个人和社会责任等各个方面的内容。

为了加强对我国中小学教师教育技术应用能力的培养，促进教育技术在教育中的有效应用，教育部于 2004 年 12 月制定了《中小学教师教育技术能力标准（试行）》，该标准明确了教师教育技术能力要求。[①]

综合起来，可总结为如下两点：

（一）具有应用教育技术的意识，敢于创新

能够充分了解教育技术的有效应用对于推进教育信息化、促进教育改革和实施国家课程标准的重要性。能够认识到教育技术能力是教师专业素质的必要组成部分。认识到教育技术的有效应用对于优化教学过程、培养创新型人才的重要作用。有在教学中应用教育技术进行教学改革研究的自觉性，具有关注新理论、新技术的发展，运用教育技术不断丰富教育教学资源意识。

（二）了解和掌握教育技术的基本知识与技能

首先，了解教育技术基本概念。理解教育技术的主要理论基础。掌握教育技术理论的基本内容。了解基本的教育技术研究方法。

其次，掌握教育技术基本技能。掌握信息检索、加工与利用的方法。掌握常见教学媒体选择与开发的方法。掌握教学系统设计的一般方法。掌握教学资源管理、教学过程管理和项目管理的方法。掌握教学媒体、教学资源、教学过程与教学效果的评价方法……

三、幼儿教师需要具备的教育技术能力

进入 21 世纪以来，随着以信息技术为核心的教育技术的迅速发展，现代教育传播媒体被越来越广泛地应用于我国大中小学和幼儿教育领域中。例如，幼儿园都已经开始开设信息技术活动课。作为幼儿教师，除了具备普通教师所应有的教育技术能力外，还应该结合学前儿童身心发展的特点和幼儿园教育教学活动的

---

① 教育部. 中小学教师教育技术能力标准（试行）[EB/OL]. http://www.moe.edu.cn/publicfiles/business/htmlfiles/moe/moe-307/200505/7448.html.

具体情况，大胆创新，不断提高教育技术应用的能力，全面促进幼儿的身心发展。幼儿教师主要应具有如下教育技术应用能力。

(一)计算机基本操作和应用能力

现代教育技术是以计算机技术和网络技术为基础的，幼儿园的信息技术应用也大多以计算机技术为重点，所以，幼儿教师必须熟练掌握计算机的操作，并具有较强的应用能力。当然，这一能力的培养不是教育技术课程的任务。

(二)正确选择媒体的能力

教育技术为幼儿教育提供了丰富的教学手段。这些手段的应用能达到吸引幼儿注意力、激发幼儿兴趣、创设情景、激发幼儿想象力、培养思维能力、激发幼儿探索欲望、培养幼儿认知能力等作用。但同时要结合儿童的年龄特点、学科特点、教学活动形式等恰当选择媒体，才能达到良好的教学效果。

(三)课件制作能力

幼儿教学中要大量使用多媒体教学，必然要求幼儿教师能根据教学实际制作多媒体课件。因此必须掌握课件的制作技术。包括多媒体素材(例如，图像、视频、音频等)的收集、制作和合成技术。

(四)教育资源开发和应用的能力

幼儿教师在教育教学中必然会要用到大量的教学资源，这些资源有的已经存在，需要查找，有的待新创作或对已有资源进行改造，这就要求教师必须具有教育资源的开发和应用能力。

(五)应用网络、闭路电视、校园广播等现代媒体的能力

教育技术能营造良好、温馨的园本文化，不仅能为幼儿提供一个身心愉快、主动学习和全面发展的良好环境，培养及提高幼儿的个性、情感、认知、行为、思维等综合素质，而且对于幼儿园的健康持续发展也会起到巨大的推动作用。因此建立和整合校园网、广播站、闭路电视等信息平台实行联动教育，通过交互系统实现家园共育，教育资源共享，不仅能为家长和老师提供双向互动的便利渠道，而且对于培养幼儿的综合素质也能起到事半功倍的效果。幼儿教师应该努力提高网络和各种现代媒体等方面的应用能力。

【本章小结】

本章阐述了教育技术的概念和教育技术在教育改革中的作用，介绍了教育技术发展过程，教育技术的理论基础，以及教学设计的一般过程，指出了幼儿教师掌握教育技术的重要性和必要性，提出了幼儿教师必须具有的教育技术能力。了解这些知识对于我们认识教育技术、学习教育技术具有推动作用。

【思考与练习】

1. 教育技术的概念是什么？

2. 建构主义的要点是什么？

3. 什么是教学设计？结合某一个幼儿园教学活动内容写出一个教学设计案例。

4. 幼儿教师应具备的教育技术能力有哪些？

第二章　现代教学媒体及应用

【本章学习提示】

　　教学理论研究与实践表明：现代教学过程实质上是现代教育信息传播的过程，它包含传播者、信息、媒体与接受者四个要素。现代教学媒体是连接教育者、教学信息、学习者的重要工具，直接影响教学活动的过程与结果。了解与掌握现代教学媒体相关理论知识及操作技能，对于提高教学质量与效率，开展个性化、多样化教学有着十分重要的意义。因此，在本章我们主要学习常用现代教学媒体的特点，学习在教学中如何选择现代教学媒体。

【本章学习目标】

　　1. 了解现代教学媒体的相关概念、分类、特性及作用；

　　2. 掌握现代教学媒体的选用原则、依据及方法；

　　3. 了解常见视觉媒体的特点及教学应用；

　　4. 了解常见听觉媒体的特点及教学应用；

　　5. 了解常见视听觉媒体的特点及教学应用；

　　6. 了解计算机媒体的特点及教学应用。

第一节　现代教学媒体概述

一、现代教学媒体的概念

(一)媒体与教学媒体

　　在了解教学媒体前，我们先了解什么是媒体。"媒体"一词来源于拉丁语"Medium"，是英文"media"的译名，意思为"两者之间"。媒体也称为媒介，是指信息在传递过程中，从信息源到受信者之间承载并传递信息的载体或工具，也可以指实现信息从信息源传递到受信者的一切技术手段。媒体有两层含义：一是承载信息的载体；二是指存储和传递信息的实体。媒体突破了人的感官限制，延伸了人的感觉能力，提高了人认识与理解事物的能力。从书本、图片、报纸、杂志、电影、电视、电话、录音机到计算机、网络、通信卫星等，它们都属于媒体范畴。

在教与学过程中，当媒体用来存储和传递教学信息时，称为教学媒体。教学媒体是载有教学信息的媒体，是连接教育者与学习者双方的中介物，是人们用来传递与取得教学信息的工具。并不是所有的媒体都是教学媒体，只有当某种媒体被赋予明确的教学目的、教学内容和教学对象时才能称为教学媒体。如电影、电视，当其作为大众休闲、娱乐对象时只能称作媒体，而当其作为教学内容并有明确教学目的与教学对象被搬上荧屏时则为教学媒体。

(二)教学媒体的发展

教育史学研究者们认为，人类教育史上发生过三次重大的教育技术革命，现在正进行着第四次革命。第一次革命是将教育年轻人的责任从家族手中转移到专业教师手中，第二次革命是把书写作为与口语同样重要的教育工具。第三次是印刷术的发明和教科书的普遍使用。第四次就是电子技术、通信技术和信息处理技术飞跃发展所带来的结果，即电子传播媒体在教育领域的广泛应用。由此可见，一种新型媒体的出现与应用，必将导致教育史上的一场重大革命。这四场革命也确立了教学媒体的四个发展历史阶段，如图2-1所示。

二、现代教学媒体的分类、特性及作用

(一)现代教学媒体的分类

随着科学技术的进步，教学媒体的种类越来越多，性能也越来越好。究竟如何对某种媒体进行分门别类呢？由于着眼点不同，对媒体的分类方法也不尽一样。例如，按媒体的表达手段可分为口语媒体、印刷媒体和电子媒体；按信息传播方向可分为单向传播媒体(如电影、电视)和双向传播媒体(如网络聊天室、视频点播系统等)；按其运用现代科技成果的情况，可分为传统教学媒体与现代教学媒体。传统教学媒体包括语言、文字、印刷材料、图片、黑板、模型和实物教具以及教师的各种表情、体态等，这些媒体历史悠久，使用方便，一直是传递教育教学信息的重要媒体，在未来的教育教学活动中，仍将是不可或缺的工具。现代教学媒体是随着近代科学技术发展而产生的，本章主要探讨各种现代教学媒体

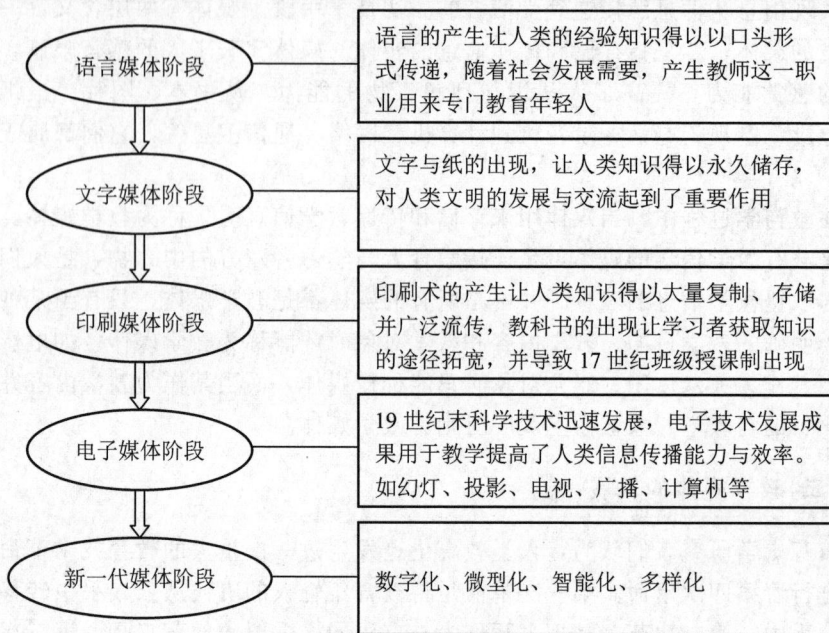

图 2-1　教学媒体的发展阶段

的基本特点及其在教学中的应用。

现代教学媒体按作用于人体感官及信息的流向可分为：

（1）视觉媒体。发出的信息主要作用于人的视觉器官的媒体，如幻灯、投影、普通光学照相机、视频实物展示台、大屏幕电子投影仪等设备以及相应的教学软件。

（2）听觉媒体。发出的信息主要作用于人的听觉器官的媒体，如收音机、录音机、CD 唱机、MP3 播放器、语言实验室等设备以及相应的教学软件。

（3）视听觉媒体。发出的信息主要作用于人的视听觉器官的媒体，如电视机、录像机、摄像机、无线电视系统、闭路电视系统等设备以及相应的教学软件。

（4）多媒体（综合媒体）。多功能、多方面、多方位作用于人感觉器官的媒体，且具有交互性，如多媒体教学系统、计算机网络教学系统、程序教学机、学习反应分析机等设备以及相应的教学软件。

现代教学媒体可以不受时间、空间的限制，逼真、系统地呈现各种动态事物，向学习者提供生动具体的事物形象。利用现代教学媒体不仅可以提供费用低、花时少、没有危险的模拟实验和丰富翔实的参考资料，还可以综合运用多种媒体，提高教学信息传输效率，达到事半功倍的效果。

(二)现代教学媒体的特性

教学媒体除了具备一般媒体的固定性、扩散性、重复性、组合性、工具性等共同特性之外，还有自己独有的个别特性。各种现代教学媒体承载信息的符号是不同的，因而对受信者产生不同的刺激，使其所表现的教学功能与特性各不相同。教学媒体主要有以下个性特征，参见表 2-1。

表 2-1　常见教学媒体个性特征

教学特性	媒体种类	录音	幻灯	电影	广播电视	电视录像	计算机
重现力	即时重现	√				√	√
	事后重现		√	√		√	√
表现力	空间特征		√	√	√	√	√
	时间特征	√		√	√	√	√
	运动特征			√	√	√	√
	声音特征	√		√	√	√	√
	颜色特征		√	√	√	√	√
传播力	无限接触				√		
	有限接触	√	√	√		√	√
参与性	感情参与	√		√	√		√
	行为参与		√				√
可控性	易控	√	√			√	√
	难控			√	√		

1. 重现力

指媒体不受时间、空间的限制，能将记录、存储的内容随时重新使用的能力。不同媒体的重现能力是不同的。如实时的广播与电视瞬间即逝，难以重现；录音、录像与电影媒体能将记录存储的信息反复重放使用；幻灯、投影与计算机课件也能根据教师与学习者的需求反复重现。

2. 表现力

指各类媒体表现客观事物的时间、空间、声音、颜色以及运动特征的能力。由于信息不是事物本身而是事物的表征，而不同媒体用不同的符号去表征或描述事物，因而对事物运动状态与规律具有不同的表现力。

3. 传播力

指媒体把各种符号形态的信息传递到一定空间范围内再现的能力。有无限接触和有限接触之分。如计算机网络和有线电视系统能将信息传送至较为广阔的范围，而幻灯、投影、录音、录像等只能在有限的教学场所播放等。

4. 参与性

指在应用媒体教学时，学习者参与活动的机会。它可分为行为参与和情感参与。如电影、电视、广播等媒体，具有较强的表现力与感染力，容易引起学生情感上的反映，从而激发学生情感上的参与；而多媒体计算机的交互作用，能使学习者在学习过程中根据本人的学习需要去控制学习进程。因此，它是一种行为与情感上参与程度较高的媒体。

5. 可控性

指使用者对媒体操纵控制的难易程度。像幻灯、投影、录音、录像及计算机媒体等比较容易操纵，并适合于个别化学习。而对于广播、电视，只能按电台播出的时间去视听，学习者的自主性不强，且不易操纵。

(三)现代教学媒体的作用

现代教学媒体在教学过程中发挥着重要的作用，主要表现在以下几方面：

1. 有利于形成生动、有趣的教学

现代教学媒体较传统媒体而言更能够吸引学生注意力，不仅能辅助教师更好地教，还能刺激学生积极地学，促进师生的教与学。例如，生动的形象、动画、特技效果、声音效果等，都会激发学生的学习兴趣，引起学习动机，促使学生积极思考，主动参与教学过程。

2. 有利于教学互动

以计算机网络教室、专题学习网站等为代表的现代教学媒体，能不受时间、

空间的限制实现师生、生生间的互动。教师不仅可以利用现代媒体来向学生传递信息，也可以利用现代媒体来分析、解答和纠正学生在学习中出现的问题，可以组织学生就同一问题进行商讨。

3. 有利于提高教学质量和教学效率

现代教学媒体可以在较短的时间内，向学习者呈现和传递丰富的信息，并调动学习者的各种感官，使学习者容易接受和理解。特别是应用精心设计的教学媒体软件进行教学，可以收到更好的教学效果，这对于提高教学质量和教学效率的作用是显而易见的。

4. 有利于个性化教学

个性化教学被认为是一项重要而有效的教育策略，现代教学媒体的发展促进了个性化教学的发展。以计算机和网络为核心的教学媒体能为所有学生提供适合于他们个人兴趣、能力和经验的学习材料，让他们自主选择学习的时间、地点、内容，这更符合因材施教的原则。

5. 有利于开展特殊教育

身体残疾的学生，由于其身体条件限制，应当接受特殊教育。选择使用适当的现代教学媒体，根据身残学生的特殊情况，将教学调整和设计到最佳状态，可以收到很好的教学效果。例如，使用专门设计的教学幻灯、投影教材来训练聋哑儿童说话，充分利用它们的视觉感官进行教学，可取得很好的效果；又如，盲童同外界交往主要靠听觉与触觉，可以通过加强他们的听力训练，提高其听力技能以便今后更好地学习与生活。

6. 有利于现代教学改革与研究

利用现代计算机网络通信技术、多媒体技术和虚拟现实技术等，根据不同的学习理论，可创设不同的学习条件和情境，探索和实现不同教学模式，更好地促进学生的学习。例如，Webquest 网络探究学习就是根据建构主义的学习理论，利用互联网，创设与提供探究学习需要的学习情境与学习资源，让学习者以小组学习的形式来开展学习。

三、现代教学媒体的选用原则、依据与方法

教学媒体选择是指在一定的教学要求和条件下，选出一种或一组适宜、可行

的教学媒体。现代教学媒体的选用原则及依据是什么？究竟如何选择合适的教学媒体？是我们要探讨的问题。

(一)现代教学媒体的选用原则

在教学系统设计过程中，选择和应用现代教学媒体时应遵循以下几方面原则。

1. 总体教学计划与具体教学设计相结合的原则

在教学设计过程中，有目的、有计划地将教学媒体的使用安排在重点、难点学习内容上，并依据教学目标选择不同的教学媒体。只有既契合教学大纲、适合教学对象，又结合教学实际条件，实现教学目标的教学设计方法才能达到预期的教学效果。

2. 教与学相结合的原则

在现代教学中，教师处于主导地位，他们要根据教学大纲的要求，制订教学计划，选择教学媒体，做出教学设计。但在此过程中，教师应分析与研究学习者的学习心理，充分调动学习者的学习兴趣，让学生积极参与教学过程中，发挥其主观能动性，做到教学相长。

3. 媒体优势选择原则

现代教学媒体种类繁多，各具特色。在具体的教学选择过程中，应本着低成本、高效益的原则，能用黑板加粉笔讲述的问题就不必用幻灯、多媒体课件，力求教学产出与教学投入之比的效益最大化。

4. 适时适量的原则

在教学设计及实施过程中，应根据教学要求与内容，科学掌握与合理安排现代教学媒体的使用时机与时间。如播放视频教学录像时，应把握播放的时机，即在讲述什么内容时应播放，还应控制播放时间的长短，能用 5 分钟解释清楚的问题就不需要播放 7 分钟。

5. 及时反馈的原则

目前大多的教学媒体都是单向信息传播(如录音、视频)，这就要求教师在教学过程中必须现场指导并及时收集学习者的学习反馈信息，并做出相应的教学调整。

(二)现代教学媒体的选用依据

为了达到预期的教学目标，在丰富多彩、功能各异的教学媒体中选择哪一种或哪几种的组合才最为合适、最为有效呢？下面是选择教学媒体所要考虑的几个基本依据。

1. 依据教学目标

教学目标是指导整个教学过程的基本思想。不同的教学目标不仅决定教师的教学活动内容和方式，还决定不同媒体类型和媒体内容的选择。如在外语教学中，往往通过文字讲解并辅以各种实例来帮助学生形成语法概念，达到让学生掌握语法规则的教学目标；而在相同学科的教学中往往通过反映实际情境的动画和语声使学生去掌握正确的言语技能这一教学目标。

2. 依据教学内容

学科的内容不同，适用的教学媒体会有区别，同一学科各章节的内容不同，对媒体的要求也不同。如在语文学科中，散文和小说体裁的文章的教学可以通过能提供活动影像的媒体来讲解，为学生创设情境，使学生有身临其境的感觉以加深对人物情节和主题思想的理解。在数理学科中，有很多定理和法则，由于概念比较抽象，就可以运用动画过程把事物的运动变化规律形象地展现出来以帮助学生对定理和规律的掌握。

3. 依据教学对象

不同年龄阶段的学生其认知结构有很大差别，教学媒体的选择必须与学生的年龄特征、他们的需要相适应，否则不会有理想的教学效果。比如，小学生的认知特点是以直观形象思维为主，注意力不容易持久集中，可多用幻灯、电影和录像这些能生动形象表达信息的内容的媒体，符合小学生的认知特点。

4. 依据教学条件

教学中能否选用某种媒体，还要看当时当地的具体条件，其中包括资源状况、经济能力、师生技能、使用环境、管理水平等因素。如计算机辅助教学前景看好，但需要投入资金和培训人员。即使传统的投影、幻灯，若教室不具备遮光设备这些条件，它们也都无法正常使用。

除了以上四点外，在实际的选择教学媒体过程中，还有一些因素需要考虑，如时间、地点、实际条件等，因此，在具体选择教学媒体时应全面考虑，合理运用。

归根到底，教学媒体的选择最根本的目的，是要在教学条件许可的情况下，选择或制作那些能获得最佳教学效果的媒体（一种或多种）。当然，对不同的学科、不同的知识点，媒体的选择肯定是会不同的。

（三）现代教学媒体的选用方法

为了在教学过程媒体的选择时做到更加合理，人们积累了一系列媒体选择方法，目前普遍使用的有以下几种。

1. 问题选择法

问题选择法实际上是列出一系列有关媒体选择的问题，引导选用者通过思考、回答，逐步发现适用于某种教学情境的媒体。如在应用中可以通过回答下列问题决定媒体的选择：

（1）你想通过媒体来为学生提供感性材料还是练习？你打算在课堂上使用还是课后使用？是用于集体讲授还是用于个别化学习？

（2）你所选择的媒体形式学生有能力使用或理解吗？

（3）教学内容需要借助于图形或图像表征吗？

（4）静止图像还是活动图像更适合于所选内容的学习？

（5）有现成的活动图像资源吗？

（6）设计一个动画，有助于突破教学难点吗？

……

问题表列出的问题根据实际情况可多可少；可按逻辑排序，也可不按逻辑排序，有些问题则需要根据前面问题的回答结果来确定。但最好按某种逻辑排序，以利于选用者较快的把挑选的目光趋向理想的教学媒体。问题选择法相对比较简单，它同时也是其他一些媒体选择法的基础。

2. 成效比计算法

这种方法是在媒体成本与所得到的教学效益之间，通过模糊数值计算来决定对媒体的选择。选择的基本原则就是用较小的成本得到较大的教学效益。美国传播学家 W·施拉姆提出媒体选择的计算公式是：

$$媒体选择的几率（P）＝产出的效益/媒体的成本$$

P 值越大，选择的几率就越高。这种方法的关键是成本和效益的核算，尤其是教学效益一般难以准确核算。

3. 矩阵选择法

矩阵选择法通常是以两维排列，如以教学方法为一维、媒体的技术水平为另一维，将适合使用的典型媒体列入表中，然后根据教学条件选择教学效果最优的媒体来进行教学设计。表 2-2 列举了常用课堂教学方法可选用的一些媒体，按媒体的技术性能(媒体整合性，内容结构性，行为互动性，用户接触面)可分为低技术、中技术和高技术三种。

当然，也以媒体的种类为一维，以教学目标或教学功能或其他考虑因素为另一维，然后用某种评判尺度反映两者之间的关系。评价尺度可用"低、中、高"的级别区分，也可用"适宜"与否(有利、较有利、一般、不利)来表示，也可以用数字和字母符号表示。表 2-3 表示的就是依据教学类型来选择教学媒体的实例图。其中，L 代表"低"，M 代表"中"，H 代表"高"。

表 2-2　常用教学方法的教学媒体选择

教学媒体 / 教学方法	低技术	中技术	高技术
讲解	印刷材料 黑板 录像/录音 实物展示台 书写白板 幻灯/投影	多媒体播放系统 电子讲稿(如 PPT) 概念地图 DVD 语言实验室 电子记录白板 视频广播 Web 资源	多媒体网络教室 虚拟教室 双向视频会议系统 数字语音室 卫星电视 Web 资源/主题资源 电子互动白板 视频流/音频流
演示	录音(如语言、音乐) 录像 幻灯/投影 实物展示台	多媒体播放系统 电子讲稿(如 PPT) 概念地图 模拟演示软件 DVD 音频会议系统 Web 资源	电子互动白板 虚拟现实软件 数字博物馆 双向视频会议系统 卫星电视

续表

教学媒体 教学方法	低技术	中技术	高技术
个别指导	印刷材料(如指导手册) 面谈 电话(课外)	超媒体课件 音频会议系统 语音邮件 Web 资源	个性化教学软件 数字语音室 即时聊天系统 桌面视频会议系统
操练与练习	印刷材料 录音 录像	DVD PC 课件 Web 资源 语音系统/语言实验室	数字语音室 Web 课件 桌面会议系统 音频流
自主学习	印刷材料 录音 录像 E-mail	DVD Web 资源 新闻组 电子图书馆	Web 课件 主题资源 网志(BLOG) 数字图书馆 桌面会议系统 双向视频会议系统
小组讨论	记事本 E-mail 录音	音频会议系统 语音邮件	虚拟学习社区 即时聊天系统 桌面会议系统 Web 电话
全班交流	黑板报/墙报 问答 口头汇报 幻灯/投影	电子小报 音频会议系统 新闻组 电子讲稿(如 PPT)	虚拟学习社区 BBS 电子表决系统 双向视频会议系统 桌面会议系统
合作学习	印刷材料 E-mail 电话	音频会议系统 FTP 传真 语音邮件	虚拟学习社区 桌面会议系统 即时聊天系统 Web 电话

表 2-3　依据教学类型来选择教学媒体实例

学习类别 教学媒体	学习真实信息	学习直观鉴别	学习原理、概念和规律	学习过程程序	完成技能的知觉，运动的运作	发展期望的态度，观点和动机
静止图像	M	H	M	M	L	L
电影	M	H	H	H	M	M
电视	M	M	H	M	L/M	M
三维物体	L/M	H	L	L	L	L
录音	M	L	L	M	L	L
程序教学	M	M	M	M	L	L
演示	L	M	L	H	M	M
印刷教材	M	L	M	M	L	L
口头表达	M	L	M	M	L	M

4. 流程图选择法

这种方法是在问卷选择法的基础上，先对教学过程进行剖析，然后把选择的问题按教学逻辑排成一定的序列（步骤）。每一步骤有一个问题，由选择者决策，决策后进行下一个问题分支。循序渐进，到回答最后一个问题时，就对一种或一组媒体完成了认定，即选定对特定教学目标适合的媒体是什么。根据不同的教学目标和教学策略，可以有不同的选择流程图。

【小知识】

多媒体教学①

多媒体教学是指在教学过程中，根据教学目标和教学对象的特点，通过教学设计，合理选择和运用现代教学媒体，并与传统教学手段有机组合，共同参与教学全过程，以多种媒体信息作用于学生，形成合理的教学过程结构，达到最优化的教学效果。

多媒体教学其实古已有之，教师一直在借助文本、声音、图片来进行教学。但是在 20 世纪 80 年代开始出现采用多种电子媒体如幻灯、投影、录音、录像等综合运用与课堂教学，这种教学技术又称多媒体组合教学或电化教学。20 世纪

---

① 多媒体教学[OB/OL]. http: //baike. baidu. com/new/439948. htm.

90 年代起，随着计算机技术的迅速发展和普及，多媒体计算机已经逐步取代了以往的多种教学媒体的综合使用地位。因此，现在我们通常所说的多媒体教学是特指运用多媒体计算机并借助于预先制作的多媒体教学软件来开展的教学活动过程。它又可以称为计算机辅助教学（Computer Assisted Instruction，CAI）。

第二节　现代视觉教学媒体及应用

一、现代视觉媒体

（一）视觉媒体

一般来说，承载、传输和控制教学信息的一切视觉材料和工具都是视觉教学媒体。视觉媒体是信息传递的重要媒介，许多研究结果表明：在人的所有感官中，视觉的感受能力最强，人们通过视觉获得约 83.5% 的知识。常见的视觉媒体有教材、图表、照片、标本、实物、模型等。

（二）视觉媒体的类型

目前在教学过程中经常使用的视觉教学媒体有两类：非投影型视觉媒体和投影型视觉媒体。非投影型视觉媒体就是不需要投影器材而直接就能观看、观察的那些视觉媒体，教学中普遍使用的是：黑板和粉笔、文字印刷材料、静止图片、模型和实物教具。投影型视觉媒体是指利用放映设备和光学原理将记录在被放映物体上的信息呈现出来并实施教学功能的一类视觉媒体，这类视觉媒体通常由硬件和软件两部分组成，主要包括幻灯机、投影机等。

二、非投影型视觉媒体的特性及使用

非投影型视觉媒体大多属于传统媒体，由于不需要用投影器材而可以直接观看，使用方便、灵活，被广泛应用于教学中，在现代科技媒体迅速发展的今天，已被一些人忽略或低估了在教学中的重要性。但非投影型视觉媒体拥有的特殊优势与作用，决定了它不会被现代教学媒体所替代。相反，在现代教学传播中将发挥越来越重要的作用，如粉笔与黑板、印刷材料、图示材料、模型与实物教具。它们的特性见表 2-4。需要说明的是，虽然粉笔与黑板等属于传统视觉媒体，但由于在现代教学传播中仍然发挥着重要作用，所以还是予以介绍。

表 2-4 几种常用非投影型视觉媒体特性

媒体类型	优势	局限性
粉笔、黑板	①以文字或图示传递信息，直观性强 ②简单、方便、成本低，普及广 ③板书清晰易于调动学生学习思路	①黑板面积有限，呈现内容不多 ②必须辅以教师讲解 ③粉笔灰影响健康
印刷材料	①具有系统的文字信息传递能力 ②不受时间、空间及设备条件限制 ③易获取、易保存、成本较低	①主要靠文字传递信息，比较抽象 ②出版周期较长，时效性不高
图示材料	①将抽象的概念具体化、形象化 ②来源广泛、使用方便且价格便宜	①二维图，缺乏立体感 ②静止的，无法表现运动 ③画面尺寸局限致使受教人数、场地受限
模型与实物教具	①表达实物三维特征，更形象具体 ②可拆装，培养学生实践操作能力	易分散学生学习注意力

三、投影型视觉媒体的特性及使用

投影型视觉媒体是采用光学原理在光线较暗的场合下将视觉材料展示在亮度较高的屏幕上，这种视觉媒体需要靠投影器材实现信息的传递。投影型视觉媒体由硬件和软件两部分构成，硬件指与传递教育信息相联系的各种教学机器，如幻灯机、数字投影仪、视频展示台、电子白板等。软件是已承载了教学信息的幻灯片、计算机课件等。目前常用的现代投影型视觉媒体包括：幻灯机、数字投影仪、视频实物展示台、数码照相机、电子白板等。

(一)幻灯机

幻灯机(见图 2-2)是最早应用于教学的一种视觉媒体，它是将幻灯片上的影像，通过光学系统放大投射到银幕上的一种教学设备。它在现代教学中曾发挥过非常重要的作用，现已逐渐被电子幻灯所取代。

幻灯机光源发出的光，经过反光镜反射和聚光镜汇聚，均匀照射幻灯片，透过幻灯片的光线再经过放映镜头的放大作用，使幻灯片上的影像在银幕上形成一个放大的、倒立的图像。

使用幻灯机时，通过调焦旋钮可使放映镜头沿光轴方向前后移动来调节焦距，以获得清晰的图像，为在银幕上获得幻灯片的正像，投射式幻灯机放映时，幻灯片应倒向放置，且正面朝向光源。幻灯机的亮度不高，白天在教室放映时应做遮光处理。

图 2-2　幻灯机

图 2-3　数字投影仪

(二)数字投影仪

多媒体数字投影仪(见图 2-3)作为一种新兴的数字显示设备，可以与录像机、摄像机、影碟机和多媒体计算机系统等多种信号输入设备相连，可将信号放大投影到 30～400 英寸的屏幕上，获得巨大、逼真的画面，可供多人观看，是计算机教学、演示汇报等活动的必备设备。

数字投影仪根据工作原理可分为 CRT 投影机：CRT(Cathode Ray Tube)阴极射线管；LCD 投影机：LCD(Liquid Crystal Display)液晶；DLP 投影机：DLP(Digital Light Processor)数码光学处理器。

(三)视频展示台

视频展示台又称实物展示台(见图 2-4)，可以展示各种透明胶片(正、负片幻灯片、投影片等)，也可展示印刷材料、图片、实物等，已逐渐将传统的光学投影仪和幻灯机取代。但是视频展示台只是一种图像采集设备，需要与外部显示设备连接才能将图像显示出来。

目前，主流视频展示台的分辨率为 50 万像素左右，清晰度可达 500 线以上。视频展示台还具有正负片反转、黑白彩色转换、镜像、冻结、图像放大缩小、自动聚焦、多辅助光源等功能。视频展示台可将外部录像机、VCD、DVD 的视音频信号输入，也可将视/音频信号输出到电视机、投影机、液晶显示器等设备。

图 2-4　视频展示台

图 2-5　数码照相机

（四）数码照相机

数码照相机（见图 2-5）是一种能够进行拍摄，并通过内部处理把拍摄到的景物转换成以数字格式存放的图像的特殊照相机。数码相机是集光学、机械、电子一体化的产品。它集成了影像信息的转换、存储和传输等部件，具有数字化存取模式，与电脑交互处理和实时拍摄等特点。光线通过镜头或者镜头组进入相机，通过成像元件转化为数字信号，数字信号通过影像运算芯片储存在存储设备中。数码相机的成像元件是 CCD 或者 CMOS，该成像元件的特点是光线通过时，能根据光线的不同转化为电子信号。

它具有如下几方面优点：①拍照之后可以立即看到图片，可以实现对不满意的作品的即时重拍，减少了遗憾的发生；②只需为那些想冲洗的照片付费，其他不需要的照片可以删除；③色彩还原和色彩范围不再依赖胶卷的质量；④感光度也不再因胶卷而固定，光电转换芯片能提供多种感光度选择。

（五）电子白板

电子白板（见图 2-6）是汇集了尖端电子技术、软件技术等多种高科技手段研发的高新技术产品。它通过应用电磁感应原理，结合计算机和投影机，可以实现无纸化办公及教学，它经历了复印式电子白板和交互式电子白板两个阶段。

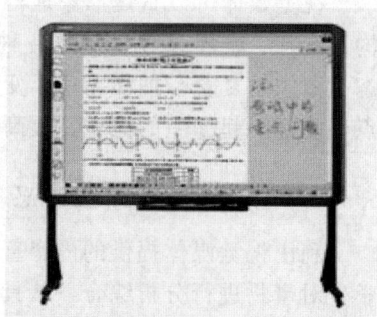

图 2-6　电子白板

1. 复印式电子白板

复印式电子白板又称"立式手写复印机"。

其功能在于可将白板上书写的内容进行扫描并打印出来，过程与普通的复印过程一样，首先由图像传感器件对书写内容进行采集，采集信号经过一定的图像处理后，用热敏、喷墨或其他打印方式输出。除了复印功能外，一些厂家还在此基础上添加了与电脑相连的功能，即可将白板的内容扫描到电脑中，功能表现上相当于一台扫描仪。

2. 交互式电子白板

交互式电子白板又称"数码触摸屏"。交互式电子白板可以与电脑进行信息通讯，将电子白板连接到 PC，并利用投影机将 PC 上的内容投影到电子白板屏幕上，在专门的应用程序的支持下，可以构造一个大屏幕、交互式的协作会议或教学环境。利用特定的定位笔代替鼠标在白板上进行操作，可以运行任何应用程序，可以对文件进行编辑、注释、保存等在计算机上利用键盘及鼠标实现的任何操作。

四、视觉媒体的教学应用

(一)视觉媒体在教学中的作用

视觉媒体在各科教学及各阶段教学过程中应用广泛，它们在教学中的作用主要表现在以下几点。

1. 能提高学生的学习兴趣

视觉媒体可以直观形象地再现学生难以看到或不易观察清楚的诸如事物的结构、形态、发展过程，以及各种现象和史料等。它所表现的自然景物、任务形态、图像的复合与抽动、色彩变化以及配音，具有生动性、趣味性和变化性的特点，能都引起学生的注意、提高学生的学习兴趣、增强学习效果。

2. 有利于发展学生的思维分析与问题解决能力

利用视觉媒体提供的内容直观形象，使认识的对象由抽象变为具体，有利于学生对事物进行分析综合，从具体形象中抽象出事物的本质属性。如在拆装实物模型活动过程中，通过设置问题，让学生主动地动手实践分析问题并解决问题，有利于学生思维分析能力与实践操作能力的培养。

3. 节约教学时间，提高教学效率

使用视觉媒体辅助课堂教学，可以缩短教学时间，提高单位时间的学习效果。如课堂上需要演示的复杂图形以及需要板书的文字，可事先制作成幻灯片，上课时，教师根据教学需要投影演示。这样既能加快学生的认知过程，又节省了教师课堂教学时间，提高了教学效率。

(二)利用视觉媒体教学的方法

利用视觉媒体教学，方法多种多样，常用的方法有以下几种。

1. 图示教授法

利用图片、图形或文字讲授教学内容是最基本、最常用的一种教学方法，图示讲授法需要教师在课前把教学素材准备好。

2. 实物实验演示法

把实物、投影教具或实物演示器及实验过程等投影到银幕上，都是边演示边讲解。实物实验演示法真实性强、可视范围大，但对演示物的厚度及实验演示器件的摆放有一定的要求。

3. 复合遮盖法

利用复合片、动感片辅助教学，可以根据需求采用逐层次增加或减少显示的方法，引导学生由简到繁、由局部到整体、由表及里地认识实物，理解教材内容。

第三节　现代听觉教学媒体及应用

在教学过程中，教学信息通过语言(声音)来传播占有很重要的地位。特别是在广播和录音技术产生之后，应用这些技术对利用听觉接受的信息进行记录、存储和传播，使教育信息的传播突破了时间和空间的限制，扩大了教育规模，丰富了教学方法，有力地促进了教学质量的提高。

一、现代听觉媒体

按媒体的定义，听觉媒体是除了承载声音信息的载体之外，还包括记录、播放声音的设备。如录音带、CD 唱片、MP3 文件是承载声音信息的载体，而录音机、CD、MP3 播放器则是录、放音的设备。

在教学中，听觉媒体具有下列几方面显著特征：

（1）时效性。能即时制作，即时播放，这为以最新的科技成果和社会动态来充实教学内容提供了方便。

（2）广泛性。广播主要使用的是中、短波和调频，传播范围广，可将录音教材用于广播远距离教学，扩大教学规模。由于收录机灵活、轻便和价廉，可以集成于很多移动设备终端，有利于随时随地学习，这就为普及教育奠定了基础。

（3）重现性。由于声音信号可随时记录，适时重放，长久保存，这就为学习资料的反复再现创造了条件。

（4）可控性。利用电声手段，可根据需要自主播放、自主录制各类教材，适合于个别化学习中自主控制教学进度。

（5）生动性。声音具有生动的直觉感，浓厚的感情色彩和艺术魅力，易引起听者的兴趣。

二、常见听觉媒体的特性及使用

随着现代科学技术的不断进步，大量最新媒体成果被广泛应用于教学中，目前在教学中普遍应用的现代听觉媒体包括：扬声器、扩音机、录音机、CD 唱机、MP3 等。

（一）扬声器与扩音机

扬声器又叫喇叭（见图 2-7），是把音频电能通过电磁、压电或静电效应，使其纸盆或膜片振动并与周围的空气产生共振（共鸣）而发出声音，是教学音响系统的终端部件。扬声器需要与扩音机配套使用或直接配置在一些机器设备上，如录音机、收音机的机内扬声器。扬声器分为内置扬声器（喇叭）和外置扬声器（音箱），它的主要性能

图 2-7　扬声器

参数指标有：灵敏度、频率响应、额定功率、额定阻抗、指向性以及失真度等。

扩音机又名音频功放器（见图2-8），简称功放，它是能将传声器、收音机、CD播放机等的微弱信号放大后推动扬声器发声的设备，是现代教学音响系统不可缺少的部分。功放的主要性能指标有输出功率、频率响应、失真度、信噪比、输出阻抗及阻尼系数等。

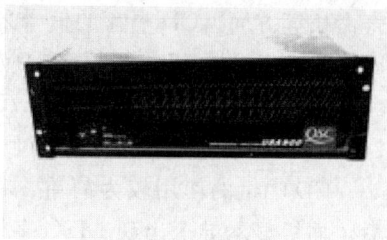

图2-8 扩音机

（二）录音机

录音机是把声音记录下来以便重放的机器，它以硬磁性材料为载体，利用磁性材料的剩磁特性将声音信号记录在载体，一般都具有重放功能，目前教学或家用录音机大多为盒式磁带录音机（见图2-9）。磁带录音机主要由机内话筒、磁带、录放磁头、放大电路、扬声器、传动机构等部分组成。

录音时，声音使话筒中产生随声音而变化的感应电流——音频电流，音频电流经放大电路放大后，进入录音磁头的线圈中，在磁头的缝隙处产生随音频电流变化的磁场。磁带紧贴着磁头缝隙移

图2-9 录音机

动，磁带上的磁粉层被磁化，在磁带上就记录下声音的磁信号。放音是录音的逆过程，放音时，磁带紧贴着放音磁头的缝隙通过，磁带上变化的磁场使放音磁头线圈中产生感应电流，感应电流的变化跟记录下的磁信号相同，所以线圈中产生的是音频电流，这个电流经放大电路放大后，送到扬声器，扬声器把音频电流还原成声音。在录音机里，录、放两种功能是合用一个磁头完成的，录音时磁头与话筒相连，放音时磁头与扬声器相连。

（三）CD唱机

CD（Compact Disc）唱机是一种数字型播放器（见图2-10），它不具备录制功能。它使用的信号载体是直径12 cm和8 cm的光盘。光盘信号面有按数字信号的1、0变化规律排列的凹凸信号坑。唱机中的拾音头发出一束激光，光束照射到盘面信号槽中，凹凸不平的表面形成不同的反射光线，唱机拾取这一反射光，并按强弱变化的规律还原数字信号中的1、0排列顺序，形成数字音频信号，经数模（D/A）转换，输出模拟音频信号。

CD唱机优越的性能，主要体现在频响宽、动态范围大、信噪比高、声道隔

离度大、失真度小以及光盘信息存储密度大、寿命长等方面。CD 唱盘的信号采样频率为 44.1 kHz，16 位量化位数，频率响应范围为 20～20 000 Hz。光盘最大存储容量为 780 MB，可存储 74 分钟的高质量双声道音频节目。

CD 唱机的使用较为简单：将电源开关打开后，面板显示屏上出现 DISC 字样，按唱盘仓开关键(open/close)打开盘仓，将光盘信号光面朝下放入仓内，关上仓盖，唱机进入读取目录状态几秒钟后，显示屏将列出盘中节目目录，按

图 2-10　CD 唱机

PLAY 键或相应序号数字键放音。按其他功能键可以进行跳转、选曲、暂停、停止等操作。CD 唱盘中的信号槽非常细微(间距 1.6 μm)，光盘表面有轻微的污垢或划痕都可能影响播放效果。所以要十分注意保持光盘表面的清洁和平滑，不可与硬物摩擦，挤压变形。平时应将光盘放在专用的封套或光盘盒中。

(四)MP3、WMA、MIDI 等数字音频

数字音频是一种利用数字化手段对声音进行录制、存放、编辑、压缩或播放的技术，它是随着数字信号处理技术、计算机技术、多媒体技术的发展而形成的一种全新的声音处理手段。数字音频计算机数据的存储是以 0、1 的形式存取的，数字声音和一般磁带、广播、电视中的声音相比，具有存储方便、存储成本低廉、存储和传输的过程中没有声音的失真、编辑和处理非常方便等特点。

MP3 采用了有损压缩的方法，利用心理声学编码技术结合人的听觉原理，通过使用先进的算法，在低采样率的条件下将某些人耳分辨不出的音频信号部分或全部剔除，从而可以实现高达 1：12 和 1：14 的压缩比。MP3 是目前最为流行的一种音乐文件，它可以通过网上下载或通过一些音乐格式转换软件获得，播放 MP3 的软件有 Winplay、WinDac、及 Windows 自带的媒体播放器。

WMA 是微软公司为了与 ReaINetworks 公司的 RA 以及 MP3 竞争而开发的新一代数字音频压缩技术。WMA 的全称是 Windows Media Audio，这种压缩技术的特点是同时兼顾了高保真度和网络传输需求。从压缩比来看，WMA 比 MP3 更优秀，同样音质的 WMA 文件的大小是 MP3 的一半或更少，所以 WMA 音频格式的文件既适合在网络上用于数字音频的实时播放，同时也适用于在本地电脑进行音乐的回放。WMA 格式的音乐文件使用 Windows 中自带的新版本媒体播放器(Windows MediaPlayer 7.0 以上)就可以播放。

MIDI 的全称是 Music Instrument Digital Interface，也就是音乐设备数字接口的意思，MIDI 的作用就是为电子乐器与电脑之间进行通信定义了一种通信标准，从而便于人们利用电脑和电子乐器进行乐曲的创作和编排。

三、听觉媒体的教学应用

（一）听觉媒体教学特点及应用

随着听觉媒体设备普及度与功能日益完善，利用录音教学得到了越来越广泛的应用。主要有以下几个方面。

1. 在课堂教学中的应用

听觉媒体在课堂教学中的应用，主要是辅助那些与声音有关的教学内容，如外语教学中的语音、语调、听力训练；语文教学中的朗读与讲演能力的培养；音乐课中的名曲介绍与欣赏等教学内容以及用声画同步形式进行的各种教学活动等。

录音教学方法在课堂中与传统教学方法配合，可以扬长避短，发挥积极作用。目前录音教学方法的应用主要包括：帮助教师示范、培养学生的外语听说能力、帮助学生自我反馈，提高口头表达能力、帮助教师讲授某些教学中的难点及配合幻灯解说。

2. 在课后活动中的应用

运用听觉媒体开展课后活动，是一种非常有意义的活动形式，它有利于发展学生的智力，培养学生的能力。如运用录音设备进行学生辩论会、歌咏、演讲、朗诵等活动的现场录音，既活跃了学生课后生活，又使学生在活动中学会了听觉媒体操作相关知识与技能。

3. 在学生思想品德教育与心理辅导中的应用

将有关英雄、模范人物的先进事迹及有关人员的奋斗历程等录音作为生动具体的教材，播放给广大师生听，大家会有一种亲切感，特别是当所讲内容是大家所关心的问题时，更能达到良好的教育效果。

4. 在各阶段教育中的应用

听觉媒体可以用于从幼儿到成年人的各种录音教材、函授教材等，对各个年龄阶段的人进行教育和教学。

5.在培养和提高师资水平方面的应用

可以用录音设备将优秀教师的讲课记录下来，除可供学生使用之外，还可供教师的培训和教学研究之用。利用录音还可以对教师进行现代思想观念和现代教育理论理念的培训，提高它们的教学能力。

(二)听觉媒体在教学中的使用方法

在教学活动中，使用录音进行教学的主要方法有：

(1)示范法：为学生提供规范性的听觉材料，便于学生的模仿与训练。

(2)比较法：为学生提供听觉的对比材料，分辨正误、加强练习。

(3)情境法：指导他们分析比较、区别异同，与其他媒体配合使用，为教学创设情境，增强教学效果。

(4)反馈法：听觉媒体即时录放的特点可以使学生真实、迅速地获得反馈信息，及时进行自我分析、评价，以利改进。

第四节　现代视听教学媒体及应用

一、现代视听媒体

对记忆力的研究表明，单用听觉，三小时左右能保持所获得知识的60％，三天后则下降为15％；单用视觉三小时能保持所获得知识的70％，三天后则为40％；如果视听觉并用，则三小时能保持所获得知识的90％，三天后则为75％。上述结果说明视听觉并用可获得更多的教学信息量，更长的记忆保持串，是最佳的信息获取方式。将视觉、听觉结合组合形成一种新的媒体，称为视听媒体。视听媒体同时作用于人的视觉、听觉两种器官，它将鲜明、直观的图像与生动的语言相结合，其营造的教学环境可使教学内容得到充分的表达，有利于激发学习者兴趣，促进其对信息的接受、理解和记忆。

视听媒体具有如下显著特点：

(1)不受时间、空间的限制。

(2)声画并茂、视听结合、图像鲜明生动。

(3)具有丰富的表现手法。

二、常见视听媒体的特性及使用

随着现代科技的进步，越来越多视听科技成果应用于教学，目前在教学中常用的视听媒体有电视机、摄像机、DVD 播放器等。

（一）电视机

电视机指利用电子技术及设备传送活动的图像画面和音频信号的电子设备，是重要的广播和视频通信。电视是用电的方法即时传送活动的视觉图像，它利用人眼的视觉残留效应显现一帧帧渐变的静止图像，形成视觉上的活动图像。电视按传输信号处理方式经历了模拟电视与数字电视两个阶段，数字电视是一个从节目采集、节目制作、节目传输直到用户端都以数字方式处理信号的端到端的系统，与模拟电视相比，数字电视具有图像质量高、节目容量大（是模拟电视传输通道节目容量的 10 倍以上）和伴音效果好的特点。电视在现代教学中主要用于播放视频教学片。表 2-5 列出的是常见不同形式的电视。

表 2-5　不同形式的电视

中文全称	中文别称	英文简称	运行网络	终端
网络电视		WebTV	互联网	电脑
数字电视		DTV	有线传输、卫星传输、无线传输	电视机
互联网电视	交互式网络电视	IPTV	宽带网	电视机、电脑
移动电视	手机电视、车载电视、舱室电视		无线通信网、无线传输	手机、显示屏
户外电视	电梯电视、卖场电视、楼宇电视		无线传输、硬盘、DVD	显示屏

（二）摄像机

彩色电视摄像机既是光的分解设备，又是光电转换设备。它利用三基色原理把彩色景物的光像分解为红、绿、蓝三种基色光像，由摄像管或 CCD 电子耦合器件完成光信号到电信号的转换，然后通过各种电路对信号的放入、加工、处理，最后编码形成符合一定规范的全电视信号（或视频信号）。摄像机（见图 2-11）主要由光学系统（包括变焦镜头、分色装置、色温滤色片等）、机身（包括光电转换器件——CCD 电子耦合器件、各种视频处理电路、编码器、辅助电路系统等）、寻像器、声音采集和传输系统等所组成。

图 2-11　摄影机

摄像机按质量档级可分为：广播级、业务级和家用级。广播级摄像机一般用于电视台和节目制作中心，图像质量最好，性能全面稳定，自动化程度最高；业务级摄像机一般常用于教育部门的多媒体教育及工业监视等系统中，图像质量较好；家用级摄像机是一种家庭文化娱乐用摄像机，自动控制功能强，操作简单。摄像机的主要性能指标有：信噪比、最低照度、灵敏度、解析力、几何失真与重合误差等。

(三)VCD、DVD 等

VCD、DVD（见图 2-12）充分利用了现代 Video（视频）技术、CD（数字音频激光唱盘）技术、精密度复式技术以及计算机软硬件技术等。它们的播放介质俗称光

图 2-12　DVD

盘，其制成原理是：利用激光的单色件和相干性，通过调制激光，把数据聚焦到记录介质上，使介质的光照区发生物理和化学变化，以实现写入。读出时，利用低功率密度的激光，扫描信息轨道，其反射光通过光电探测器检测和解调，从而获得所需要的信息。激光视盘的记录密度高，信息容量大，信息检索快，图像及音频指标高，可无损复制、无接触无磨损播收，抗干扰能力强，不怕尘埃，加工精度要求低，保存及使用寿命长等，VCD、DVD 是目前为止一种综合性能最理想的信息存储载体。

三、视听媒体的教学应用

现代视听媒体在教学中的应用主要表现在如下几方面。

(一)利用广播电视系统进行系统教学

系统教学是指利用录像、电视手段进行一门完整课程的教学。教学信息主要通过卫星广播电视、闭路（有线）电视、录像教学点三种播放形式进行传播，而教

师主要参与辅导、答疑、批改作业等。如我国的广播电视大学、继续教育学院主要采用这种教学形式，它不仅可以大面积地传播信息，提高教学效率，还可以解决师资不足的困难。

(二)利用插播教学片辅助课堂教学

教师根据教学内容及教学计划，在课堂教学中直接利用电视教材和播放设备，以穿插播放的形式进行辅助教学，及时解决教学中的重点和难点。因此，播放什么内容，何时播放，播放长度，播放次数，均可以由教师根据需要及实际情况选择和控制，这种教学方式使课堂教学更加灵活，更加有效地发挥教师的主观能动性，使学生的易受性大大增强。

(三)运用电视录像媒体进行示范教学

示范教学是指利用电视录像媒体为学生提供典型的示范材料，指导学生进行学习实践。在实验教学中，我们可以利用电视录像媒体将实验原理、实验步骤、实验方法形象、直观地再现于课堂，对学生进行实验前的指导教学。如实验前，学生通过观看实验演示录像，不仅亲眼目睹实验的全过程，还能通过不同角度拍摄的近景、特写等画面详细观察仪器设备的构造和细节，依照相应的解说和示范，准确高效地掌握实验操作步骤，同时，通过正误操作的比较吸取经验教训，避免类似错误的发生。另外，教师也可避免每次实验讲解的重复劳动，集中精力加强指导。所以，利用电视录像媒体可以优化教学，提高实验教学的质量和效率。

在体育训练时，用电视录像可以展示分解动作及要领；在生产实习中，用电视录像展示规范的生产过程和操作方法；在师资培训中，用电视录像展示优秀教师的教学精华等。

(四)利用录像反馈加强学生技能培训

微格教学在培训师范生课堂教学技能上具有良好的效果。微格教学是利用摄像机和录像机等设备将每个学生在讲台上的教学过程记录下来，然后通过录像反馈和小组评价，使被培训者能较清楚地看到自己的问题和不足，从而取长补短，及时纠正存在的问题，并较快地掌握各种课堂教学技能的运作规律。

(五)课外教学

影视题材广泛丰富，内容生动活泼，寓意深刻，教育性和思想性较强，具有强大的吸引力和感染力，易为学生所接受，能给学生多层次、多侧面的直接感受。如播放科普教学片，既可以弥补教师的课堂教学，又可以开阔学生的视野，扩大知识面，有利于学生综合能力的培养。

【提高读物】

蓝光技术的发展

蓝光(Blue-ray)或称蓝光盘(Blue-ray Disc，缩写为BD)，是利用波长较短(405nm)的蓝色激光读取和写入数据，并因此而得名。传统DVD需要光头发出红色激光(波长为650nm)来读取或写入数据，通常来说波长越短的激光，越能够在单位面积上记录或读取更多的信息。因此，蓝光极大地提高了光盘的存储容量，对于光存储产品来说，蓝光提供了一个跳跃式发展的机会。目前为止，蓝光是最先进的大容量光碟格式，容量达到25G或50G，在速度上，蓝光的单倍1X速率为36Mbps，即4.5MB/S，允许1X～12X倍速的记录速度，及每秒4.5MB/S－54Mb/S的记录速度。现在市场上蓝光刻录光盘的记录速率规格主要有2X、4X、6X。

第五节　计算机教学媒体及应用

一、计算机媒体及其特点

计算机是一种能自动、高速地存储和处理各种信息的现代化智能电子设备，它不仅能有效地进行数字运算，还能模拟人类复杂的思维过程，所以也俗称"电脑"。计算机通常由硬件与软件两部分组成，硬件是组成计算机的各种物理设备，软件是指使各种物理设备有效运行的程序集合。由于计算机能综合处理文字、图形、图像、音频、视频等多种人类感官媒体信息，并使处理后的信息更具多样性、集成行、交互性、智能化等特征，因而被广泛用于教学。由于计算机媒体的交互性、多功能，所以又称计算机多媒体。

计算机教学媒体具有以下的特点。

(一)计算机教学媒体的优势

(1)运用计算机媒体教学有利于激发学生的学习兴趣与动机。

(2)提供生动丰富的文字、图像、声音及动画等多媒体信息能够增加教学内容的真实性，并能够使练习、模拟、实验等教学活动更具吸引力。

（3）能记录学生的学习行为并提供反馈信息，有利于个别化学习。

（4）为教师提供丰富的教学资源与现代教学手段。

（二）计算机教学媒体在教育中的应用范围

（1）作为运算与信息处理工具。

（2）用于计算机课程教学。

（3）辅助其他学科的课程教学。

（4）用于行政管理与教学管理。

二、几种常见的多媒体计算机

在计算机多媒体广泛应用之前，传统的计算机处理的信息往往仅限于文字和数字，只能算是计算机应用的初级阶段。随着人类社会的进步与发展，使计算机能够集图、文、声、像处理于一体，除了使计算机多媒体有着很强的视觉和声觉表现力外，而且还与用户之间有了很强大的交互能力，在科学、军事、经济、文化和教育等领域已得到了广泛应用。目前常见的计算机有：台式计算机、笔记本、掌上电脑等。

（一）台式机

台式机，是一种独立相分离的计算机，相对于笔记本和掌上电脑体积较大，主机、显示器、键盘、鼠标等设备一般都是相对独立的，一般需要放置在电脑桌或者专门的工作台上。因此命名为台式机（见图 2-13）。

台式机作为计算机的标准，一般由软件和硬件组成。其中软件部分包括了操作系统和应用软件，硬件部分包括机箱（电源、硬盘、磁盘、内存、主板、CPU—中

图 2-13　台式机

央处理器、光驱、声卡、网卡、显卡）、显示器、键盘、鼠标等。

台式机的优点是机箱具有空间大、通风条件好；硬件易维护和升级的良好拓展性；性能在同等价位下与其他几种类型的计算机相比有着不错的表现。同样缺

点也很明显，台式机的移动性能很差，导致在某些场合不能方便使用。

(二)笔记本

英文名称为 NoteBook，俗称笔记本电脑。portable、laptop、notebook computer，简称 NB，又称手提电脑或膝上型电脑，是一种小型、可携带的个人电脑，通常重1～3公斤(见图 2-14)。其发展趋势是体积越来越小，重量越来越轻，而功能却越发强大，跟台式机的主要区别在于其携带方便。

图 2-14　笔记本

笔记本电脑的优势还是非常明显的，其主要优点有体积小、重量轻、携带方便。一般说来，便携性是笔记本相对于台式机电脑最大的优势。缺点是工作持续性不长，发热量较大，需要外接电源和配备好的通风设备才能长时间使用，而且外观的小巧导致了一部分性能的削减。

(三)掌上电脑

掌上电脑即 PDA(Personal Digital Assistant)，就是个人数字助理的意思。顾名思义就是辅助个人工作的数字工具，PDA 功能丰富，应用简便，可以满足日常的大多数需求，比如记事、文档编辑、玩游戏、播放多媒体、通过内置或外置无线网卡上网等(见图 2-15)。并且通过许多第三方软件，还可以看电子书，图像处理、外接 GPS 卡导航等一应俱全。

图 2-15　掌上电脑

掌上电脑在许多方面和我们的台式机相像。比如它同样有 CPU、存储器、显示芯片以及操作系统等。优点就是体积更小，携带更方便。缺点也是十分明显：待机时间短(5～8 个小时)，第三方软件不够稳定。

(四)其他

计算机常见的还有平板电脑和一体机等。

平板电脑(英文：Tablet Personal Computer，简称 Tablet PC、Flat Pc、Tablet、Slates)，是一种小型、方便携带的个人电脑，以触摸屏作为基本的输入

图 2-16　平板电脑

设备(见图 2-16)。它拥有的触摸屏(也称为数位板技术)允许用户通过触控笔或数字笔来进行作业而不是传统的键盘或鼠标。甚至用户可以通过内建的手写识别、屏幕上的软键盘、语音识别来完成输入。

一体机(见图 2-17),是由一台显示器、一个电脑键盘和一个鼠标组成的电脑,它的接口、主板与显示器集成在一起,显示器就是一台电脑,即将传统分体台式机的主机集成到显示器中,只要将键盘和鼠标连接到显示器上就能使用。

图 2-17　一体机

三、计算机媒体的教学应用

计算机媒体在教学中的应用形式主要有:电子课件、专题网站、网络课程、计算机仿真系统、考试系统等。

(一)电子课件

即多媒体课件,它是在一定的学习理论指导下,根据教学目标设计的、反映某种教学策略和教学内容的计算机软件。课件的基本模式有练习型、指导型、咨询型、模拟型、游戏型、问题求解型、发现学习型等。

电子课件应用范围从基础教育、高等教育、继续教育到职业培训非常广泛,它的应用对象包括针对受教育者的多媒体教材和针对施教者的多媒体教案,多媒体课件制作教程、素材及资料等,它在教学中的作用主要体现在如下几方面:

(1)向学习者提供各种教学信息;

(2)用于对学习过程进行诊断,评价、处理和引导学习的各种信息和学习反馈;

(3)为了提高学习积极性,创造学习动机,用于强化学习刺激的学习评价信息;

(4)用于更新学习数据,实现学习过程控制的教学策略和学习过程的控制方法。

(二)专题网站

所谓专题网站,指围绕大众关注的某一主题事件或活动而单独开辟的独立网页或网站，多见于门户网站。专题学习网站是指在互联网络环境下，围绕某门课程与多门课程密切相关的某一项或多项学习专题进行较为广泛深入研究的资源学习型网站。

专题学习网站由以下几部分组成：

(1)与课程学习内容相关的文字、图片、视频、动画。

(2)扩展性的学习资源(如字典、词典、计算工具、作图工具、工具软件、仿真实验室等以及相关资源网站的链接)。

(3)互动交流空间(如 BBS、留言板)。

(4)学习者的自我评价系统(收集与学习专题相关的思考性问题、形成性练习和总结性考查的评测资料，并将其设计成基础性强、覆盖面广、难度适宜的题库，让学习者能进行网上自我学习评价)。

专题学习网站一般可以分为如下几类：

(1)资源型专题学习网站。提供满足师生课堂教学和学习所需要的资源，包括文本、图形、图像、音频、视频以及动画等。主题网站作为学习者学习的工具，提供教师教学所需要的素材，提高教学效率，或提供学生探究学习以及课外学习所需要的素材，丰富学习活动。

(2)自主学习型专题网站。是为学习者的自主学习提供平台，满足他们自学的需要。主题网站作为学习者学习的载体，一般内容较为简单、系统，多为知识型或技艺型内容。虽也能涉及多门学科的综合，但往往层次较浅，主要是为满足学习者一般学习的需要。这类网站包含了为主题学习提供的各种资源，不同的是还有学习管理、指导的众多"教"的因素。

(3)教学互动型专题学习网站。是一种网络教学平台，网站上除有丰富的学习资源(教学内容)外，还有教学计划、学籍管理、成绩管理等教学管理内容。更重要的是，师生可以通过网站进行互动交流，如问题讨论、作业布置与提交、网上考试与阅卷等。

(三)网络课程

网络课程是指通过网络表现的某门学科的教学内容及实施的教学活动的总和。它包括按照一定的教学目标、教学策略组织起来的教学内容和网络教学支撑环境，其中网络教学支撑环境指支持网络教学的软件工具、教学资源及在网络教学平台上实施的教学活动，其学习过程具有交互性、共享性、开放性、协作性和自主性等基本特征。

网络课程平台主要由如下几个系统构成：

(1)教学内容系统：包括课程简介、目标说明、教学计划、知识点内容、典型实例、多媒体素材等。

(2)学习工具系统：包括字典、词典、资料库、电子笔记本等。

(3)开放的教学环境系统：包括相关内容、参考文献、资源、网址的提供等。

(4)协商交流系统：包括电子邮件、电子公告板、聊天室、讨论室、教师信箱、问答天地、疑难解答等。

(5)学习导航系统：包括内容检索、路径指引等。

(6)诊断评价系统：包括形成性练习、达标测验、阅卷批改、成绩显示、结果分析等。

(7)虚拟实验系统：包括实验情景、交互操作、结果呈现、数据分析等。

(8)学生档案系统：包括学生密码、个人账号、个人特征资料、其他相关资料等。

其中，前五个系统是支撑整个基于网络课程教学活动不可或缺的元素，而后三个系统可根据课程的需要进行设计。

(四)计算机仿真系统、考试系统等

计算机仿真系统是借助高速、大存储量数字计算机及相关技术，对复杂真实系统的运行过程或状态进行数字化模拟的技术。被用于教学中的实验模拟、过程模拟等。

网络考试系统是一种功能强大的无纸化考试实施软件，具有网络考试系统、出题系统和较多的附加功能，为教师利用计算机进行考试提供了强大的工具，节省了时间，提高了教学效率。

【实例分析】

幼儿科学活动《青蛙》教学设计分析

大班幼儿科学活动《青蛙》是多数幼儿园都开展的一个活动课，下面是小精灵儿童网站(http://new.060s.com/article/2012/01/03/519551.htm)上关于这堂课的教学设计：

教学目标：

1. 引导幼儿观察青蛙，初步了解青蛙的外形特征及生长过程。

2. 使幼儿知道青蛙与人类的关系。

教学准备：

1. 硬件方面：青蛙玩具或图片、青蛙的生长过程图、小蝌蚪。

2. 软件方面：事先饲养的小蝌蚪。

教学过程：

一、出示小蝌蚪引出课题，激发幼儿观察青蛙的兴趣。

小朋友，今天老师带来了一位朋友，请你们看一看是谁呢？（小蝌蚪）你们知道小蝌蚪的妈妈是谁吗？（青蛙）

二、出示青蛙玩具或图片，让幼儿观察青蛙的外形特征。

"呱呱呱，呱呱呱"小朋友，你们好！我是玩具厂的叔叔根据青蛙的样子做成的青蛙玩具。

提问：

1. 青蛙长得什么样？

2. 青蛙的眼睛、嘴巴什么样？

3. 青蛙的肚皮、背是什么颜色的？

4. 青蛙有几条腿？

5. 青蛙有颈吗？头能转动吗？

6. 青蛙生活在什么地方？

三、初步引导幼儿了解青蛙的生长过程。

现在，小朋友们都认识我了，但你们知道我是怎么变成青蛙的吗？

1. 幼儿先借助已有的经验讲述青蛙的生长过程。

2. 教师出示青蛙的生长过程图，引导幼儿观察。

提问：小蝌蚪是怎么变成青蛙的？青蛙妈妈生下宝宝的时候是什么样的？慢慢长大后又变成什么样了？最后又变成什么样了？

3. 游戏《蝌蚪宝宝变青蛙》，引导幼儿用身体动作来表现青蛙的生长过程。

①假如你是一只蝌蚪宝宝，圆溜溜的，用身体的动作怎么做？

②变成小蝌蚪了，怎么做？

③长出后腿怎么做？

④长出前腿怎么做？

⑤脱掉尾巴了，怎么做？

最后，教师做青蛙妈妈，幼儿做宝宝一起游戏，将青蛙的生长过程用身体动作来表现。

四、知道青蛙与人类的关系。

1. 青蛙有什么本领？

2. 青蛙对我们人类有这么大的用处，我们应该怎样保护青蛙呢？

这里，我们并不评判其教学设计的优劣，我们只着重从教学媒体的选择与应用上进行探讨，看是否可以进行更多的优化。

首先，在媒体的选择上，主要使用的是图片和玩具，还有就是准备了实物"小蝌蚪"。在现代化教学媒体日新月异的今天，显然显得过于老套、陈旧。玩具和图片做得再好，也不是真实的，作为刚刚接触、认识自然的幼儿来说，还无法想象青蛙究竟是什么样子？小蝌蚪是如何长成青蛙的？青蛙生活在哪里？青蛙会吃虫子吗？……

通过网络及学校、教育部门的教学资源库，我们可以找到很多关于青蛙的教学视频，如青蛙的习性、青蛙的生长过程、小蝌蚪是如何长成青蛙的、青蛙的繁殖、青蛙吃虫子、保护青蛙等，还有一些关于青蛙的科学动画、趣味动画，还有众多不同种类青蛙的实景高清晰照片，甚至还有关于青蛙的游戏、青蛙的童话故事等，如果我们搜集到了这些资源，进行适当剪辑、加工，然后在教学过程中选择性播放、慢放、放大，多种媒体配合使用，我们认为，这样会大大增加幼儿的学习兴趣，加强幼儿对青蛙的认识。

在教学展现形式上，最佳的方式是将整堂课做成多媒体课件，将音视频、照片、图片、动画等嵌入到课件中，用多媒体设备展现。如果条件不许可，则可以准备电视机、DVD等播放工具，用电视呈现。

如果准备了大量的实物小蝌蚪，放在盛水透明缸内展示，效果会更加好。

【实践活动】

1. 在学校教育技术实验室或拥有教育技术设备的实验室，操作练习各种现代教学媒体(工具)的使用方法(不局限于本教材中所学媒体，但除去数码相机和摄像机的使用，这两个工具的使用技巧将在下一章中详细介绍)。

2. 在你去幼儿园实习时，实地考察实习幼儿园拥有哪些教学媒体，它们的特色、性能怎样？并写出考察报告。

【本章小结】

本章主要介绍了教学媒体的概念和各种教学媒体的特性，从视觉媒体、听觉媒体、视听觉媒体和以计算机为核心的多媒体等几个方面进行了详细的阐述和说明，了解这些媒体的特性、掌握这些媒体的运用，对于教师的教学甚至日常生活都是十分必要的。更重要的是，我们还学习了现代教学媒体的选用原则、依据与方法，并通过实例分析，说明了在教学中如何正确选择媒体辅助教学。当然，如何选择教学媒体，不是靠一两节课的学习就能完全掌握的，需要同学们在今后的教学实践中不断探索、总结。

　　需要指出的是，通过本章的学习，我们应该逐渐掌握利用多种媒体，尤其是多媒体进行教学。多媒体教学以自己独特的优势，在教育教学中充当了重要的角色：一方面，多媒体教学将文本、声音、视频、动画、图形和图像等多种媒体进行综合处理，更具有动感和趣味性，能充分激发幼儿的学习兴趣；另一方面，它又具有直观演示、人机交互、实时操作等多种形式，能给幼儿带来视听觉的多种冲击，能充分调动幼儿学习的主动性，提高教学效率。多媒体教学已成为探索幼儿园教学改革的一条重要途径，也是幼儿园教育现代化建设的重要内容。

【思考与练习】

　　1. 教学媒体的发展经历了哪几个历史阶段？

　　2. 教学媒体按作用于人体感官及信息分为哪几大类？

　　3. 你认为非投影型视觉媒体是否都应该全部被现代媒体取而代之，让其退出历史舞台？

　　4. 常见的听觉媒体有哪些？各有什么特点？

　　5. 想一想，你曾在哪些场合使用过哪些视听媒体？

　　6. 什么是计算机教学媒体？它有什么优点？

　　7. 有哪几种常用的教学媒体选择方法？分别如何操作？

　　8. 重点从教学媒体选择的角度，写出幼儿音乐活动《找朋友》的教学设计。

第三章　多媒体素材处理

【本章学习提示】

多媒体在教学中的应用已经十分普遍，对多媒体素材的采集和加工技术将成为每一位老师的必备技能。本章将介绍多媒体及其素材的相关概念，常见媒体的文件格式，各种媒体的获取途径和方式，以及常见媒体的后期处理技术。其中媒体处理技术将涉及几个常见的处理软件，每个软件的基本功能是本章学习的重点。

【本章学习目标】

1. 了解多媒体的相关概念、分类、特性、文件格式；
2. 掌握文本的获取及处理技术；
3. 掌握图形、图像的获取及处理技术；
4. 掌握音频的获取及处理技术；
5. 掌握视频的获取及处理技术；
6. 掌握动画的制作技术。

第一节　多媒体素材概述

一、多媒体素材的概念

(一)多媒体和多媒体技术的概念

多媒体的英文单词是 Multimedia，它由 multi 和 media 两部分组成，一般理解为多种媒体的综合，即直接作用于人感官的文字、图形、图像、动画、声音和视频等各种媒体的统称，是多种信息载体的表现形式和传递方式。

多媒体技术(Multimedia Technology)就是利用计算机对文本、图形、图像、声音、动画、视频等多种信息进行综合处理，建立逻辑关系和人机交互作用的技术。

(二)多媒体素材的概念

多媒体素材是指多媒体课件，以及多媒体相关工程设计中所用到的各种听觉和视觉工具材料。多媒体素材是多媒体课件的基本组成元素，是承载教学信息的基本单位，它包括文本、图形、图像、音频、视频、动画等素材。素材的准备包括采集和后期处理，是课件制作中耗费时间、精力最多的工作。

二、多媒体素材的分类与采集

一般地，根据素材在磁盘上存放的文件格式不同，可将素材划分为文本、声音、图像、动画、视频等类型。

多媒体素材的采集与制作涉及的设备、接口、媒体和文件格式众多，耗费的时间较长，是一项十分繁重和细致的工作。对于一些简单的素材如比较简单的几何图形，一般可用多媒体课件自带的图形工具来绘制(如在 PowerPoint 中利用图形工具和自选图形库中的基本图形，可以绘制各种常见图形)；有许多素材在其他地方可以找到(如成品课件、素材光盘、VCD、网络等)，可以拿来使用，对于广大教师来说这是一条理想的捷径，这不但节省了自己的时间，缩短了课件制作周期，而且可以不需要那些昂贵的设备投入；有些需要的素材必须自己制作，这就要求要掌握一些常用的工具软件的使用和多媒体设备的操作。

那么本章就不同的媒体的格式、采集及处理技术一一进行探讨。

第二节　文本素材及处理技术

一、文本素材的格式和特点

(一)文本素材的特点

文本是一种经过高度抽象后的将信息传达和情感传达完美结合的表意符号，具有极强的思想表现力。文字表达的特征有两点：一是表意的准确性，能准确地传达信息、阐述概念；二是给人充分的想象空间。古人留下的众多美好诗词就充分体现了这一点，"人有悲欢离合，月有阴晴圆缺"寥寥几个字，就揭示了深刻的人生哲理；在教学中，一个概念用文字可以准确的描述出来，如"实数直观地定义为和数轴上的点一一对应的数"。

无论在何种视觉媒体中，文本都是画面的三大形象元素（色彩、图像、文本）之一。

文本是一种以文字和各种专用符号表达的信息形式，它是人们最熟悉的媒体形式，也是在现实生活中使用得最多的一种信息存储和传递方式。自从人类诞生以来，人类社会至少已经历了四次意义重大的信息传播革命。第一次是语言传播的诞生；第二次就是书面文字传播的诞生，它克服了语言传播在时间和空间上的限制；第三次是印刷传播；第四次是电报电话、广播电视等电子传播。最新一轮的信息传播革命，即正在我们身边发生的第五次信息传播革命——数字多媒体传播革命。多媒体技术将文字、声音、图形、图像、视频等多种媒体融合在一起，其中文本信息不仅是人与计算机交流的主要方式，而且在多媒体应用系统中也占据着主导位置。

尽管随着多媒体技术的不断发展，教学中开始大量采用多种媒体进行教学，但其中文本的应用仍然占据着相当大的比重，这是因为教学中对信息的表达，文本与其他媒体相比，仍然具有优越性与不可替代性，它具有如下特点。

1. 表示简单

文本是字母、数字及其他各种符号的集合，通常人们将这个集合称为字符集。在目前的计算机系统中，广泛使用的是 ASCII 编码字符集，它用 7 位二进制位对字符进行编码，每个编码占据一个字节。汉字字符使用的是简体中文字符集的中国国家标准《信息交换用汉字编码字符集——基本集》GB2312−80，一个汉字占两个字节。

2. 处理方便

由于每个字符占据固定的二进制位数（8 位或 16 位），所以系统在处理字符时可以直接对字节进行操作，这对计算机来说，十分容易。

3. 存取速度快

一张 A4 大小的纸写满文字只需要上千个字节，而一张大小为 640×480 个像素的图像，则占到 30 万个字节，所以读取一页文字速度要比读取一张图像的速度快很多，而一页纸上的文字所要表达的内容可以比一张图像表达的多很多。

(二)文本素材的保存格式

文本作为一种常见的教学媒体，通常以文本文件保存，可以有多种保存格式，不同的格式可以用不同的软件进行编辑处理。常见格式有以下几种。

1. TXT 格式

TXT 文本是纯文本文件，是无格式的，即文件里没有任何有关字体、大小、颜色、位置等格式化信息。Windows 系统的"记事本"就是支持 TXT 文本的编辑和存储工具。所有的文字编辑软件和多媒体集成工具软件均可直接调用 TXT 文本格式文件。

2. DOC 格式

DOC 是 Word 所使用的文档格式，这种文件可以保存更多的格式信息。Word 是美国微软公司开发的 Office 办公组件之一，是目前被广泛使用的一种文字处理软件。

3. WPS 格式

WPS 是中文文字处理软件的格式，其中包含特有的换行和排版信息，它们被称为格式化文本，只能在特定 WPS 编辑软件中使用。WPS 是金山公司开发的一个国产品牌办公软件，是一个具有文字处理、对象处理、表格应用、图像编辑、公式编辑、样式处理、语音输入、多媒体播放等诸多功能的办公系统软件。

4. RTF 格式

RTF 格式的文件以纯文本描述内容，能够保存各种格式信息，可以用写字板，Word 等创建。也称富文本格式（Rich Text Format，RTF），是由微软公司开发的跨平台文档格式。大多数的文字处理软件都能读取和保存 RTF 文档。

5. PDF 格式

PDF 文件（Portable Document Format）是 Adobe 公司开发的电子文件格式。这种文件格式与操作系统平台无关，也就是说，PDF 文件不管是在 Windows、Unix 还是在苹果公司的 Mac OS 操作系统中都是通用的。这一特点使它成为在 Internet 上进行电子文档发行和数字化信息传播的理想文档格式。越来越多的电子图书、产品说明、公司文告、网络资料、电子邮件开始使用 PDF 格式文件。

PDF 格式文件目前已成为数字化信息事实上的一个工业标准。虽然无法在 Adobe Reader 中创建 PDF 文件，但是可以使用其查看、打印和管理 PDF 文件。

二、文本素材的获取方式

计算机获取文本素材的方式很多，从获取的途径可以分为直接获取和间接获取两种。

(一)文本素材的直接获取方式

以前我们主要是通过键盘输入获得文本素材，随着硬件技术和网络技术的发展，输入方式也扩展了许多。除了键盘输入外，还有了手写输入、语音录入、扫描输入、拍摄等方式。文本的输入通常是使用各种文字处理软件，输入完成后保存成文件。能够处理文字的软件很多，日常生活使用较多的有：记事本、写字板、Word、WPS 等软件；一些专业人士也使用方正飞腾、CorelDraw 或 Page-Maker 等软件进行排版编辑。另外，多媒体创作软件一般也都提供文本输入和编辑功能，且操作方法类似。

(二)文本素材的间接获取方式

除了直接输入获取文本之外，也可以通过间接复制或从网上下载等方式获得文本。一般情况下，网页文本内容可以直接复制下来，或者直接保存为网页文件或者文本文件。特殊字体或艺术字可以用抓图工具抓取后，进行图片化处理后再使用。

三、文本素材的处理技术

获取的文本，无论是要运用到教学中，还是有其他用途，在使用之前都要根据需要进行一个格式的编排，使它更美观、更有可读性、更有保存的价值。处理文本的软件种类很多，我们了解几个常用的处理软件，并重点介绍一下 Word 软件。

(一)常见的文字处理软件

我们日常办公所处理的文本，使用常用软件既方便又快捷，下面是几种常用的文字处理软件。

1. 记事本

记事本是 Windows 操作系统自带的一个文字处理软件，它只处理文字（汉字、数字、字符），不能处理其他媒体，对文字也只能设置简单的格式，如字体、字形、字号，而且所有文字只能是一种格式。用此软件仅能对文字进行录入、保存和简单的编辑（如复制、剪切、查找、替换等）操作。用记事本保存的文件格式只有 TXT 格式，但这种格式的文件可以被所有的文字处理软件打开。

2. 写字板

写字板是 Windows 操作系统自带的又一个文字处理软件，它的功能比记事本稍强点，能给文字设置不同的字体格式，也可以加几个简单的特殊效果和简单的段落格式（左、右缩进，首行缩进），可以设置简单的对齐方式，完成一些最基本的编辑操作；另外，它可以插入除文字以外其他类型的对象，如图片、表格、图表等对象，但不能对这些对象直接进行编辑。用写字板保存的文件是 RTF 格式，它可以保存为设置的格式，也可以保存成 TXT 格式，那就跟记事本没有区别了。

3. WPS

WPS 是金山公司推出的国产品牌办公软件，目前最为常用的是 WPS 2000 版本。WPS 2000 是一个 32 位的具有文字处理、对象处理、表格应用、图像编辑、公式编辑、样式处理、语音输入、多媒体播放等诸多功能的办公系统软件。

（二）Word 的主要功能及应用

Word 是大家办公使用最为广泛的一个字处理软件，它有很强的文字处理功能，可以满足大部分的文体需要。有的需要层次清晰、整洁美观，如各种办公文件、教案、论文、各种表格等；有的需要有漂亮的版面设计，如校园简报、简历、通讯录等。这就需要对文本进行恰当的版式设计。用 Word 建立的文档可以保存成各种文本格式，如 DOC 格式、RTF 格式、TXT 格式和网页格式，其中DOC 是它的标准格式。下面主要以 Word 软件介绍文本编排设计的一些基本方法与技巧。

Word 的主要功能：

1. 字符格式的设置

在一篇文章中，给不同位置的文字设置不同的格式，可以使整个文档更加层次分明，整洁美观，这属于字符格式的设置，可以在"格式"菜单中的"字体"对话框中完成。字符格式的设置包括字体、字形、字号、颜色等常规设置；也可以进行特殊效果的设置，如下划线、删除线、空心字、阳文、阴文、英文字母、字间距等效果的设置。使用者只要根据需要进行选择就可以达到所要的各种效果。

【技能拓展】

Windows 系统本身只带有几种基本的字体，如果需要更多的字体，则需要进行安装。安装的方法是：先搜集到所要的字体，保存到计算机的某个位置；打开 Windows 系统字体文件存放的目录：C：\ Windows \ fonts 或是在"控制面板"中打开字体，选择"文件"下的"安装新字体"，进入这个选项找到"字体列表"，选择字体文件存放的路径后就会出现字体列表，选择所需要的字体，并且在下面选择"将字体复制到 Fonts 文件夹"选项。接下来系统就开始安装字体，安装完成后新增字体就可以使用了。

需要注意的是，用户使用的新字体在别的计算机上不能完美再现，原因是用户的计算机上没有这种字体。解决这个问题的办法是，把这些文字制成图像，然后插入到文件中。另外，在 Word 2003/XP 中有一项嵌入字体技术，它能够将一篇文档中的所有字体结合成一个文件，全部传输到另一台计算机上。方法是单击"工具"菜单中的"选项"命令，再单击"保存"选项卡，然后选中"嵌入 True Type 字体"以及"只嵌入所用字符"复选框即可。嵌入字体很好地保证了在传输的文件中所使用的字体能够显示在接收文件的计算机上。

2. 段落格式的设置

"段落"命令为我们提供了丰富的段落格式，如段前段后间距、左右缩进、行间距等，可以满足我们对不同文本格式的要求。如下面的示例，就是通过设置左右缩进和段前段后间距实现的。

> 我打江南走过
> 那等在季节里的容颜如莲花的开落
> 东风不来，三月的柳絮不飞
> 你的心如小小寂寞的城
> 恰若青石的街道向晚，跫音不响
> 三月的春帷不揭
> 你的心是小小的窗扉紧掩
> 我达达的马蹄是个美丽的错误

我不是归人

是个过客

3. 表格的处理

表格是能够清晰表示出数据之间关系的一种信息表示形式，在生活中处处可见，Word 的表格处理功能十分强大，可以满足日常办公所需。

Word 提供了两种建表格的方法，一种是建立规则表格，另一种是手动绘制表格，并且提供了相应的编辑表格的命令，把这两种方法相结合，可以创建出我们所需要的各种复杂表格。如表 3-1 所示，先用规则表格的创建方法，创建出表格的框架(16 行 1 列的表格)，再用拆分/合并单元格或绘图工具修改成如表 3-1 所示的表格。

4. 图文混排

在文字中插入各种图片、图形时，存在一个文字与图片、图形之间的排版问题，既可以排成靠页面一侧的效果，也可以排成与文字环绕的效果，还可以衬于文字上方或衬于文字下方等效果。方法是选中图片或图形，右击，在快捷菜单中选择"设置图片(图形)格式"命令，选择"版式"，然后选择你所需要的版式，确定即可。

表 3-1　样表

资格考试报名表

档案号：　　　　　　　　　　　　　　　　　　　　报名序号：

姓　　名		身份证号			
民　　族			政治面貌		相片
最高学历		所学专业		毕业时间	
工作年限		专业工作年限		专业职务	
专业职务聘任时间		专业资格		专业资格取得时间	
报名点代码		工作单位			
存档单位				邮政编码	
通讯地址				联系电话	
考试类别		级别		专　　业	

续表

科目			科目		
备注					
单位意见	（单位盖章）　　年　月　日		审批意见	（单位盖章）　　年　月　日	

注：报名序号由报名点工作人员填写，其他有关项目均应由报考人员填写。

　　有时我们需要对文字分成几栏进行排版，其中栏数可以自行设定，可以分成等宽，也可以分成不等宽，还可以根据需要设定分隔线等。方法是：把文字选定，打开"格式"菜单中的"分栏"命令对话框，选择自己需要的栏数及栏宽等效果。

【技能拓展】

样式的定制与应用

　　在排一篇比较长的文档时，里边有大小标题好几级，同一级别的标题要排成相同的格式，这样从头一一排下来十分花费时间，但 Word 可以利用定制样式来解决这个问题，使大篇幅的排版变得十分容易。先以三级标题和正文文本来举例，方法是：

　　第一步：从文件起始位置先选定一级标题的文字，按设计需要排好格式，打开"段落"对话框，选择大纲级别为"1级"，关闭对话框，在窗口中的格式工具栏的样式框中输入名称"一级标题"，并回车，至此一级标题的样式就定制好了。

　　第二步：接着选中二级标题的文字，设置好格式，按同样的方法选择大纲级别"2级"，定制样式名称为"二级标题"。

　　第三步：同样的方法定制好三级标题的样式。

第四步：选中起始位置的正文部分的一段文字即可，设置好文字和段落格式，选择大纲级别"正文文本"，样式名称输入"正文文本"即可，至此所有样式都已定制完成，下面就该使用样式来进行整个文档的排版了。

第五步：先打开格式菜单中的"样式和格式"命令，在窗口右侧会出现一个"样式和格式"窗口，窗口中出现了我们刚才定制的样式名称：正文文本、一级标题、二级标题、三级标题等，现在只需要在文中选中相应的文字，点击需要的样式名称即可应用上已定制好的样式，这样从头到尾设置一遍就 OK 了。

运用此种方式排版既快捷又方便，还可以接着定制出整个文档的目录，方法如下：

第一步：将光标定位在需要插入目录的页面中，通常是首页或末页，输入"目录"字符，并设置好格式。

第二步：选择菜单"插入→引用→索引和目录"命令，打开"索引和目录"对话框，选择"目录"选项卡，在此对话框中，勾选"显示页码"和"页码右对齐"等选项，选择一种"制表符前导符"，显示级别选择"3"（前面我们设了三级标题）。

第三步：单击"确定"按钮，自动生成目录。

【实践活动】

刊物编排

运用 Word 进行刊物编排，要求版面美观，内容有文字、图片、表格、艺术字等素材（见图 3-1，西安世界园艺博览会专刊）[①]，要求如下：

任务一：刊头设置为艺术字，样式自行选择。

任务二：出版者及出版时间用文本框，格式自行设置。

任务三：刊物文字内容分成两栏，不等宽，字体字号自己根据情况自行设置。给文字中插入一幅图片，如图 3-1 所示，设置图片的排版版式为四周环绕方式。

任务四：右侧放置如图 3-1 的四幅图，周围用文本框作装饰，设置文本框的版式为靠右环绕方式。

任务五：制作如图 3-1 所示的表格，自行设置表格的边框，调整表格的列宽、行距到合适，自行设置文字格式。

任务六：输入刊物网址。

---

① 2011 西安世界园艺博览会[OB/OL]. http：//baike. baidu. com/vien/4932777. html.

西安世界园艺博览会专刊

主编：某某　　　　　第一期　　2011 年 8 月 19 日星期五

西安世园会基本情况

2011 西安世界园艺博览会园区总面积为 418 公顷，其中水域面积 188 公顷，总投资 20 亿元，会期 178 天，将有 100 多个国内外城市和机构参展，预计参观人数将达到 1 200 万人次。

2011 西安世界园艺博览会以生态文明为引领，将以"天人长安·创意自然——城市与自然和谐共生"为主题，营造以植物为主体的自然景观，构建世界化的园林建筑背景，彰显西安历史文化和地域特色韵味，展示人类与自然，城市与自然和谐共生的新理念和新创意，探索人、城市、园林、自然和谐共生的未来发展模式。2011 年 4 月 28 日至 10 月 22 日，人们将在这里观赏并体会到由各参展单位所演绎和阐释的精彩纷呈的多种园艺景观、厚重朴实的中华历史文化、尖端先进的生态环保科技和现代西安的绿色时尚。西安世界园艺博览会将是一届跨越经济、文化、科技等领域的多元化、综合性、世界级的博览会。

四大特色园区

世园会标志：创意馆

世园会标志：长安塔

世园会标志：自然馆

世园会标志：广运门

第 27 届	2006	泰国 清迈	清迈国际园艺博览会
第 28 届	2006	中国 沈阳	沈阳国际园艺博览会
第 29 届	2010	中国 台北	台北国际花卉博览会
第 30 届	2011	中国 西安	西安国际园艺博览会

最近几届世园会主办时间和地点

www.xianshiyuanhui.com

图 3-1　西安世界园艺博览会专刊样图

操作提示:

在进行图文混排的时候,可以先把文字部分(包含标题)先按自己的设计排好,哪里要分栏,哪里需要项目符号等都设置好;然后再插入表格、图片等内容,并设计位置,设置图文混排方式,使整个版面设计合理、美观。

第三节　图形图像素材及处理技术

一、图形图像概述

图形、图像在通常的信息传递方面具有独特的作用,它以直观、形象、生动、色彩丰富等特点传达了信息。随着多媒体技术的发展,图形、图像在教学中的应用越来越多。在教学中使用的图形,一般都可用计算机软件绘制,是由点、线、面等元素组合而成的,又常被称为矢量图形;图像则是可由计算机输入设备捕捉的实际场景的画面,或以数字化形式存储的画面,又称为位图图像。两者都是数字化的文件,但在感觉器官的复杂度和意义上是不同的,所传达的视觉效果也是不同的。

(一)图形图像的种类

1. 矢量图

矢量图也叫向量图形,是用一组指令集来描述的(如图 3-2 所示)。这些指令描述了构成一幅图画的所有直线、曲线、矩形、圆、圆弧等的位置、形状和大小。矢量图是根据几何特性来绘制的图形,矢量可以是一个点或一条线,矢量图只能靠软件生成,文件占用空间较小,因为这种类型的图像文件包含独立的分离图像,可以自由无限制地重新组合。它的特点是放大后图像不会失真,和分辨率无关,文件占用空间较小,适用于图形设计、文字设计和一些标志设计、版式设计等。

2. 位图图像

亦称为点阵图像或绘制图像(如图 3-3 所示),是由称作像素(图片元素)的单个点组成的。这些点可以进行不同的排列和染色以构成图样。当放大位图时,可以看见赖以构成整个图像的无数单个方块。扩大位图尺寸的效果是增多单个像素，从而使线条和形状显得参差不齐。然而，如果从稍远的位置观看它，位图图像的颜色和形状又显得是连续的。由于每一个像素都是单独染色的，您可以通过以每次一个像素的频率操作选择区域而产生近似相片的逼真效果，诸如加深阴影和加重颜色。缩小位图尺寸也会使原图变形，因为此举是通过减少像素来使整个图像变小的。同样，由于位图图像是以排列的像素集合体形式创建的，所以不能单独操作(如移动)局部位图。

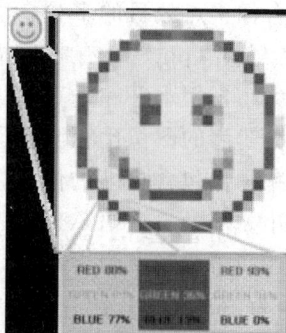

图 3-2　矢量图　　　　　　　　　　图 3-3　位图图像

(二)图像的大小、分辨率和像素

1. 像素(Pixel)

像素是图像显示的基本单位，被视为图像的最小的完整采样，是有颜色的小方块。而图像就是由若干个小方块组成的。它们有各自的颜色和位置，因此小方块越多，也就是像素越多，那么图像也就越清晰，但图像的大小也就越大。

2. 分辨率(Resolution)

分辨率指图像文件中单位面积内像素点的多少；或者说所包含的细节和信息量，也可指输入、输出或者显示设备能够产生的清晰度等级。通常可以分为以下几种不同的分辨率。

(1)屏幕分辨率。指在特定显示方式下，显示器能够显示出的像素数目，以水平和垂直的像素来表示，如 1 024×768 和 1 440×900 等。屏幕分辨率可以通过设置显示器的显示属性来进行，如图 3-4 所示，1 440×900 像素表示显示屏的每一条水平线上包含有 1 440 个像素点，共有 900 条线，即扫描列数为 1 440 列，行数为 900 行，整个显示屏就含有 1 296 000 个像素。屏幕上的像素越多，显示的图像质量也就越高。分辨率不仅与显示尺寸有关，还受显像管点距、视频带宽等因素的影响。其中，它和刷新频率的关系比较密切，严格地说，只有当刷新频率为"无闪烁刷新频率"，显示器能达到最高多少分辨率，才能称这个显示器的最高分辨率为多少。

（2）图像分辨率。指单位面积内图像所包含像素点数目的多少，度量单位为"像素/英寸（ppi）"，有时也指数字化图像的大小，用水平和垂直的像素数表示。高分辨率的图像比相同打印尺寸的低分辨率图像包含更多的像素，因而像素点较小。例如，一幅 A4 大小的 RGB 彩色图像，若分辨率为 300ppi，则文件的大小为 20MB 以上。若分辨率为 72ppi，则文件的大小为 2MB 左右。

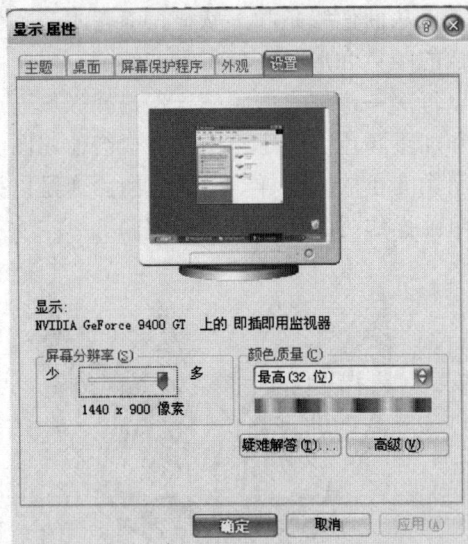

图 3-4　设置屏幕分辨率

（3）扫描仪分辨率。指在扫描前所设置的扫描仪的解析极限，其单位与打印机的相同，用每英寸包含的点（dpi）表示。扫描图像时，像素的大小是由使用的分辨率确定的，例如，600dpi 扫描分辨率就表示每个像素只是六百分之一英寸。输入分辨率越高，像素就越小，这就意味着每个度量单元具有较多的信息和潜在的细节，色调看起来就比较连续；分辨率越低，就意味着像素越大，每个度量单元的细节就越小，因而看起来有些粗糙。一幅图像中的像素大小和数量组合在一起就确定了它所包含的信息总数。以后在任何时候，只要改变分辨率就可改变像素的大小，如果用于输出印刷，那么修改分辨率就自动地改变了印刷品的尺寸。

（4）打印机分辨率。指图像打印输出时每英寸可识别的点数，也用 dpi 表示，是衡量输出后图像清晰度的一个重要指标，该项指标越高表示图像的清晰度越高。要注意的是同一幅数字图像输出时选择的打印分辨率不同，输出的大小也不同。最理想的情况是扫描分辨率与将要使用的输出设备的分辨率相匹配。如果不匹配，下面两种结果将出现其一。如果图像的分辨率低于输出设备的分辨率，则显示或是打印过程就会插值出所需的额外的像素，最终的结果就会使图像失去某些细节和清晰度。如果图像的分辨率高于输出设备的分辨率，则显示或是打印过程就要抛弃额外的像素。这种结果比第一种结果要稍微好一些。

二、图形图像文件的格式及特点

多媒体计算机通过各种形式得到的数字图像都是以文件的形式存储的，计算机对图像的处理也是以文件的形式进行的。各种存储文件都有一定的格式，由于编码方法的不同，得到的图像格式也各不相同。目前，许多大公司都在从事图像技术的开发工作，它们在推出图像处理软件的同时，各自采用适当的图像编码方式以及记录格式，因此存储的文件格式也各不相同。不过，用户在使用的时候，不同格式图形或图像之间也可以通过一些工具软件来互相转换。以下介绍一些比较常用的图形、图像文件格式。

（一）BMP 格式

BMP 是英文 Bitmap(位图)的简写，是 Windows 标准的位图式的图像文件格式，扩展名为".bmp"，能够被多种 Windows 应用程序所支持。这种格式的特点是包含的图像信息较丰富，几乎不进行压缩，但由此导致了磁盘存储空间过大。几乎所有 Windows 环境下的图形图像处理软件都支持这种格式。

（二）JPEG 格式

JPEG 格式是图像最常用的一种有损压缩的图像格式之一，也是一种 24bit 真彩色的，静态图像的文件格式，扩展名为".jpg"或".jpeg"。其压缩技术十分先进，它用有损压缩方式去除冗余的图像和彩色数据，获取极高的压缩率的同时能展现十分丰富生动的图像，换句话说，就是可以用最少的磁盘空间得到较好的图像质量。目前已广泛用于彩色传真、静止图像、电话会议、印刷及新闻图片的传送上。

（三）GIF 格式

GIF(Graphics Interchange Format)的英文原意是"图像互换格式"，是世界上最大的联机服务机构 CompuServe 在 1987 年开发的图像文件格式，扩展名为".gif"。GIF 格式是在各种平台的各种图形处理软件上均能处理的、经过压缩的一种图形文件格式，存储色彩最高只能达到 256 种，不能用于存储真彩色的图像文件，但 GIF 格式的图像容量都比较小，最大也不会超过 64MB，大多用在网络传输上，速度要比传输其他图像文件格式快得多。

GIF 图像有两个主要的规范，即 GIF87a 和 GIF89a。GIF89a 增加了创建简单动画的功能，并支持透明背景，即同一个文件中可以存储数张图像数据，呈现时逐幅读出显示到屏幕上，从而形成动画效果。

(四)PSD 格式

PSD 格式是 Photoshop 特有的、非压缩的文件格式，扩展名是".psd"，它的保真度和 BMP 格式没什么两样，但是因为它需要记录层，而且每一个层就是一幅等大小的图像，体积自然就比 BMP 格式大多了。不过正是因为这个层的存在，使得它可以存储许多 BMP 格式所不能存储的效果，因此很多美工、图像编辑人员用它来存储作品。

(五)TIFF 格式

TIFF(Tag Image File Format，标记图像文件格式)文件是由 Aldus 和 Microsoft 公司为扫描仪和桌面出版系统研制开发的一种通用的图像文件格式，扩展名为".tif"。TIFF 格式最高支持的色彩数可达到 16M 种，文件体积庞大，但储存的信息量巨大，细微层次的信息较多，有利于原稿色彩的复制。TIFF 格式是平面设计中最常用到的图像格式之一，主要的图像编辑排版软件都支持它。

(六)PNG 格式

PNG(Portable Network Graphic Format)是 Netscape 公司开发出来的格式，是一种能存储 32 位信息的位图文件格式，扩展名为".png"。同 GIF 格式一样，PNG 格式也使用无损压缩方式来减少文件的大小，但其图像质量远胜于 GIF 格式。PNG 图像可以是灰阶的(16 位)或彩色的(48 位)，也可以是 8 位的索引色。PNG 图像使用的是高速交替显示方案，显示速度很快，只需要下载 1/64 的图像信息就可以显示出低分辨率的预览图像。与 GIF 格式不同的是，PNG 图像格式不支持动画。

(七)TGA 格式

TGA(Tagged Graphics)格式是由美国 Truevision 公司为其显示卡开发的一种图像文件格式，扩展名为".tga"，已被国际上的图形图像业所接受。TGA 结构比较简单，属于一种图形、图像数据通用格式，在多媒体领域有很大影响，是计算机生成图像向电视转换的一种首选格式。

TGA 格式最大的特点是可以做出不规则形状的图形、图像文件，一般图形、图像文件都为四方形，若需要圆形、菱形，甚至是镂空的图像文件时，TGA 是个不错的选择。TGA 格式支持压缩，使用不失真的压缩算法。

(八)WMF 格式

WMF 是 Windows Metafile Format 的缩写，简称图元文件，它是微软公司定义的一种 Windows 平台下的图形文件格式，扩展名为".wmf"。Microsoft Office 的剪贴画使用的就是这个格式。WMF 格式文件的特点是：文件短小、图案造型化，整个图形常由多个独立的组成部分拼接而成。WMF 格式文件是 Microsoft Windows 操作平台所支持的一种图形格式文件，目前，其他操作系统尚不支持这种格式，如 Unix、Linux 等。

另外，还有一些常见文件格式，如 CDR、PCX、EPS 等格式。

三、图形图像素材的获取与输出

获取图形图像素材最常用的方法有：屏幕捕捉、扫描输入、数码相机拍摄、视频捕捉、图形图像处理软件绘制或转换、网上下载或素材光盘拷贝等方式获得。

(一)屏幕捕捉或屏幕硬拷贝

利用 Hypersnap 或者 Snagit 等屏幕截取软件，可以捕捉当前屏幕上显示的任何内容。也可以使用 Windows 提供的 Alt＋PrintScreen，直接将当前活动窗口显示的画面置入剪贴板中。

(二)扫描输入

这是一种常用的图像采集方法。如果我们希望把教材或其他书籍中的一些插图放在多媒体课件中，可以通过彩色扫描仪将图扫描转换成计算机数字图像文件，对这些图像文件，再使用 Photoshop 等软件进行一些诸如颜色、亮度、对比度、清晰度、幅面大小等方面的调整，以弥补扫描时留下的缺陷。

(三)使用数码相机

随着数码照相机的不断发展，数字摄影成为近年来广泛使用的一种图像采集手段，数字照相机拍摄下来的图像是数字图像，它被保存到照相机的内存储器芯片中，然后通过计算机的通讯接口将数据传送到多媒体计算机上，再在计算机中使用 Photoshop、I see 等软件进行处理之后应用到我们制作的多媒体软件中。使用这种方法可以方便、快速地制作出实际物体，例如旅游景点、实验仪器器具、人物等的数字图像，然后插入到多媒体课件中。

(四)视频帧捕捉

利用超级解霸、金山影霸等视频播放软件，可以将屏幕上显示的视频图像进行单帧捕捉，变成静止的图形存储起来（链接到豪杰解霸截屏页面）。如果电脑已装有图像捕捉卡，我们可以利用它采集视频图像的某一帧而得到数字图像，这种方法常用在当需要把其他多媒体课件中的视频截取出来用在我们制作的多媒体软件中。这种方法简单灵活，但产生的图像质量一般难以与扫描质量相比。

(五)光盘采集

目前很多公司、出版社制作了大量的分类图像素材库光盘，例如，各种植物图片库、动物图片库、办公用品图片库等，光盘中的图片清晰度高、制作精良，而且同一幅图还以多种格式存储，这些光盘可以在书店等处买到，从素材库光盘中选择所需要的图像是一条捷径。

(六)网上直接下载或网上图片库下载

网络中提供了各种各样非常丰富的资源，特别是图像资源。对于网页上的图像，我们可以通过把鼠标放在所需的图片上，按右键在弹出的菜单中选择"另存图片"选项，从而把网页上的图片存储在本地机中使用；而对于有些提供了素材库的网站，都提供了图片下载工具，我们便可以直接把素材库中的图像素材下载到本地机中使用。

(七)使用专门的图形图像制作工具

对于那些我们确实无法通过上述方法获得的图形素材，就不得不使用绘图软件来制作。简单的线条式绘图可以使用 Office 自带的绘图工具或 Office Visio。简单的自绘图形可以使用 Windows 自带的画图工具。常用的专业绘图工具有 FreeHand、Illustrator、CorelDraw 等，这些软件中都提供了强大的绘制图形的工具、着色工具、特效功能（滤镜）等，使用这些工具可以制作出我们所需要的图形图像。

下面是 Office 中的绘图工具、Office Visio 和 Windows 自带的画图工具的界面。

1. Office 中的绘图工具

Office 中的绘图工具栏中，提供了大量的线状图形，并可以设置线条线形、颜色及图形的填充色，还提供了对图形的处理命令，如图形的组合、旋转、调整次序、环绕方式等，可以满足大部分老师的需要。绘图工具栏中各个选项的作用如图 3-5 所示。

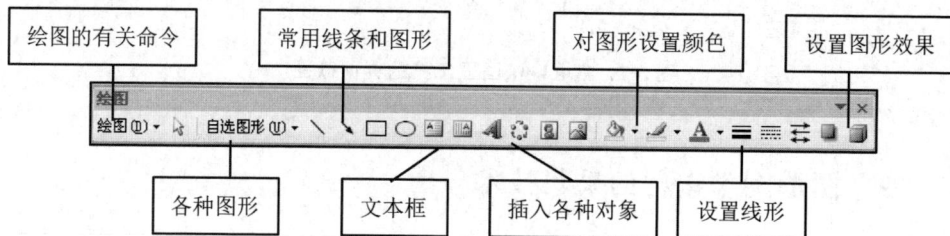

图 3-5　绘图工具栏

2. Office 专用作图工具——Office Visio

Office Visio 具有强大的作图功能，其基本使用方法可参考软件中自带的入门教程。图 3-6 是 Office Visio 2007 的界面截图。

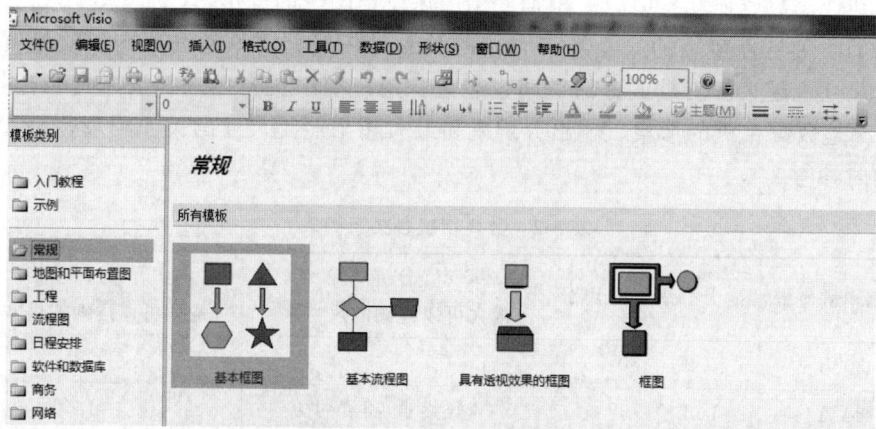

图 3-6　Office Visio 2007 的界面截图

3. Windows 自带的画图工具

为方便办公，自画图形，Windows 自带有简易画图工具，一般在"附件"中打开。图 3-7 是其界面截图。

图 3-7　Windows 画图工具的界面截图

四、图形图像素材的采集技术

图形、图像的处理技术包括前期处理(信息采集)技术和后期的处理技术。前期处理主要谈一下使用数码照相机采集图像的有关技术。

(一)数码相机的一般使用方法

1. 设置参数

在使用数码照相机时,要根据使用用途设定图像的分辨率(图像尺寸)。图像显示的质量与分辨率的大小有着直接的关系,一般分辨率越高,图像质量就越高,尺寸也越大,占据的存储空间也越大。用户要根据自己的需要来进行选择。表 3-2 是数码相机的像素、输出分辨率和最大输出照片尺寸的关系列表,供大家使用时参考。

表 3-2　数码相机各关系列表

数码相机像素	最大分辨率照片	以 200 dpi 分辨率输出,最大可以达到的尺寸	以 300 dpi 分辨率输出,最大可以达到的尺寸
30 万	640×480		
80 万	1 024×768	5″(3.5 英寸×5 英寸)	
130 万	1 280×960	6″(4 英寸×6 英寸)	
200 万	1 600×1 200	8″(6 英寸×8 英寸)	5″(3.5 英寸×5 英寸)
430 万	2 400×1 800	12″(10 英寸×12 英寸)	8″(6 英寸×8 英寸)
600 万	3 000×2 000	14″(11 英寸×14 英寸)	10″(8 英寸×10 英寸)
800 万	3 264×2 488	16″(12 英寸×16 英寸)	10″(8 英寸×10 英寸)
1 100 万	4 080×2 720	20″(16 英寸×20 英寸)	12″(10 英寸×12 英寸)
1 400 万	4 536×3 024	24″(18 英寸×24 英寸)	14″(11 英寸×14 英寸)

2. 选择曝光模式

曝光是指在按下快门后开启着的时间内，影像传感器得到光线的过程，曝光准确与否是决定图像质量的重要因素之一。现在大多数数码相机都提供了自动曝光模式，特别是场景模式曝光，它将拍摄题材抽象为一种拍摄模式，拍摄时，只要选择相应的模式即可。比如，人像模式专用于人物肖像拍摄，能使人物清晰化而背景虚化，形成鲜明对比；风景模式用于一般风光拍摄，可使远近景物在画面上得到清晰表现，尤其适合拍摄深远辽阔、一望无际的自然景观；此外还有用于夜景拍摄的夜景模式、拍摄运动物体的运动模式等。

3. 取景拍摄

在设定好参数后就可以进行取景拍摄了，一般数码相机都提供光学取景器和液晶取景器。光学取景器会有较大的视差，而液晶显示屏则没有视差，图像的构图、色彩、亮度都与最终效果一样。取好景后，接着按下快门拍摄。在按动数码相机的快门时，如果太突然，成像会模糊，最好先将快门保持在一半的位置，启动相机的对焦和测光系统，一般只要快门保持在轻轻压下的状态，就能锁住焦点。然后再将快门按到底，随即释放快门键，完成照片的拍摄。拍好的照片需要一定的时间进行存储，分辨率越高，需要处理的时间就越长，因此一般的数码相机不能快速连拍。

4. 浏览和编辑

拍摄好的照片，可以在液晶显示屏上进行浏览，还可以放大或缩小显示，也可以对照片进行简单的编辑操作，如改变色度、亮度等，或删除不满意的照片。

5. 照片的输出

拍摄好的照片存储在数码相机的存储卡中，当需要将这些照片存放到计算机中的时候，只需要通过 USB 接口将照片从数码相机拷贝到计算机中即可。也可以卸下存储卡，将存储卡直接插入计算机的多功能阅读器，或是通过读卡器与计算机的 USB 接口相连，读卡器如图 3-8 所示，也可以插入打印机配置的存储卡读取器直接打印输出照片。有视频输出口的数码相机还可以通过一根

图 3-8 读卡器

视频线，将照片信号输出到电视机上查看。

6. 照片的冲印

一般情况下，在数码照片冲印时有一个简单的计算方法，可以计算多大分辨率的数码照片适合冲印多大的照片。如分辨率为 1 600×1 200 的数码照片，计算方法是：通过计算 1 600÷250＝6.4，然后四舍五入，所得数 6 即为合适的冲印照片尺寸(6 寸)。当然也可以用照片尺寸乘以 250，得出选择合适的拍摄分辨率。

(二)数码相机的使用技术

1. 红眼

红眼是指数码相机在闪光灯模式下拍摄人像特写时，在照片上人眼的瞳孔呈现红色斑点的现象。可以理解为在比较暗的环境中，人眼的瞳孔会放大，此时，如果闪光灯的光轴和相机镜头的光轴比较近，强烈的闪光灯光线会通过人的眼底反射入镜头，眼底有丰富的毛细血管，这些血管是红色的，所以就形成了红色的光斑。防红眼是闪光灯的一种功能，是在正式闪光之前预闪一次，使人眼的瞳孔缩小，从而减轻红眼现象。

2. 对比度

对比度指的是一幅图像中明暗区域最亮的白和最暗的黑之间不同亮度层级的测量，差异范围越大代表对比越大，差异范围越小代表对比越小，好的对比率 120∶1 就可容易地显示生动、丰富的色彩，当对比率高达 300∶1 时，便可支持各阶的颜色。但对比率遭受和亮度相同的困境，现今尚无一套有效又公正的标准来衡量对比率，所以最好的辨识方式还是依靠使用者的眼睛。

3. 白平衡

即 white balance。物体颜色会因投射光线颜色产生改变，在不同光线的场合下拍摄出的照片会有不同的色温。例如以钨丝灯(电灯泡)照明的环境拍出的照片可能偏黄，一般来说，CCD 没有办法像人眼一样会自动修正光线的改变。所以通过白平衡的修正，它会按目前画像中图像特质，立即调整整个图像红、绿、蓝三色的强度，以修正外部光线所造成的误差。有些相机除了设计自动白平衡或特定色温白平衡功能外，也提供手动白平衡调整。

4. 分辨率

用于度量位图图像内数据量多少的一个参数，通常表示成 ppi(每英寸像素)。包含的数据越多，图形文件的长度就越大，也能表现更丰富的细节。但更大的文件也需要耗用更多的计算机资源、更多的 RAM、更大的硬盘空间等。在另一方面，假如图像包含的数据不够充分(图形分辨率较低)，就会显得相当粗糙，特别是把图像放大为一个较大尺寸观看的时候。所以在图片创建期间，我们必须根据图像最终的用途决定正确的分辨率。

这里的技巧是要首先保证图像包含足够多的数据，能满足最终输出的需要。同时也要适量，尽量少占用一些计算机的资源。通常，"分辨率"被表示成每一个方向上的像素数量，比如 640×480 等。而在某些情况下，它也可以同时表示成"每英寸像素"(ppi)以及图形的长度和宽度。比如 72ppi，和 8×6 英寸。ppi 和 dpi(每英寸点数)经常都会出现混用现象。从技术角度说，"像素"(p)只存在于计算机显示领域，而"点"(d)只出现于打印或印刷领域。请读者注意分辨。

5. 感光度

感光度(sensitivity)根据光源的不同强度调节相机的感光能力。用传统相机时，我们可根据拍摄环境的亮度来选购不同感光度(速度)的底片，例如一般阴天的环境可用 ISO 200，黑暗的环境如舞台，演唱会，可用 ISO 400 或更高，而数码相机内也有类似的功能，它借着改变感光芯片里讯号放大器的放大倍数来改变 ISO 值，但当提升 ISO 值时，放大器也会把讯号中的噪点放大，产生粗微粒的影像。

6. 光圈

光圈是一个用来控制光线透过镜头，进入机身内感光面的光量的装置，它通常是在镜头内。我们用 f 值表达光圈大小。光圈 f 值＝镜头的焦距/镜头口径的直径。从以上的公式可知要达到相同的光圈 f 值，长焦距镜头的口径要比短焦距镜头的口径大。完整的光圈值系列如下：f1，f1.4，f2，f2.8，f4，f5.6，f8，f11，f16，f22，f32，f44，f64。这里值得一提的是光圈 f 值愈小，在同一单位时间内的进光量便愈多，而且上一级的进光量刚好是下一级的一倍，例如光圈从 f8 调整到 f5.6，进光量便多一倍，我们也说光圈开大了一级。对于消费型数码相机而言，光圈 f 值常介于 f2.8～f16。此外许多数码相机在调整光圈时，可以做 1/3 级的调整。

7. 光圈及快门优先

进阶级以上的数码相机除了提供全自动(auto)模式，通常还会有光圈优先(aperture priority)、快门优先(shutter priority)两种选项，让你在某些场合可以先决定某光圈值或某快门值，然后分别搭配适合的快门或光圈，以呈现画面不同的景深(锐利度)或效果。

8. 光圈先决曝光模式

由我们先自行决定光圈 f 值后，相机测光系统依当时光线的情形，自动选择适当的快门速度(可为精确无段式的快门速度)以配合。设有曝光模式转盘的数码相机，通常都会在转盘上刻上"a"字母来代表光圈先决模式。光圈先决模式适合于重视景深效果的摄影。由于数码相机的焦距比传统相机的焦距短很多，使镜头的口径开度小，故很难产生较窄的景深。有部分数码相机会有一种特别的人像曝光模式，利用内置程序令前景及后景模糊。

9. 焦距

如果你在相机的英文规格书上看过"f＝"，那么后面接的数码通常就是它的焦长，即焦距长度。如"f＝8～24mm，38～115mm(35mm equivalent)"，就是指这台相机的焦距长度为 8～24mm，同时对角线的视角换算后相当于传统 35mm 相机的 38～115mm 焦长。一般而言，35mm 相机的标准镜头焦长约是 28～70mm，因此如果焦长高于 70mm 就代表支持望远效果，若是低于 28mm 就表示有广角拍摄能力。"可对焦范围"则是焦长的延伸，通常分为一般拍摄距离与近拍距离，相机的一般拍摄距离通常都标示为"从某公分到无限远"，而进阶级设计的产品则往往还会提供近距离拍摄功能(macro)，以弥补一般拍摄模式下无法对焦的问题。有些相机就非常强调具有支持 1 公分近拍的神奇能力，适合用来拍摄精细的物体。

10. 对焦及景深

在进行拍摄时，调节相机镜头，使距离相机一定距离的景物清晰成像的过程，叫做对焦，那个景物所在的点，称为对焦点。

但是，由于人眼分辨率的限制，"清晰"对人眼来说并不是一种绝对的概念，所以，对焦点前(靠近相机一侧)、后一定距离内的景物的成像在人眼看来都是清晰的，这个前后范围的总和，就叫做景深。意思是只要在这个范围之内的景物，都能清楚地拍摄到。

　　景深的大小，主要与三个因素有关：其一，与镜头焦距有关，焦距长的镜头景深小，焦距短的镜头景深大；其二，与光圈有关，光圈越小（数值越大，例如 f16 的光圈比 f11 的光圈小）景深就越大，光圈越大（数值越小，例如 f2.8 的光圈大于 f5.6）景深就越小；其三，与拍摄物体的距离有关，主体越近景深越小，主体越远景深越大。另外，前景深总是小于后景深，也就是说，精确对焦之后，对焦点前面只有很短一点距离内的景物能清晰成像，而对焦点后面很长一段距离内的景物，都是清晰的。一般来说，当需要突出人物面相时，只需小景深，当需要前后环境烘托主题时，则需创设大景深。景深有对应公式可以进行计算。现在，一些单镜头反光相机都有景深预测按钮，所以你在按下快门之前就可以预测到景深的情况。

11. 快门时滞时间

　　相机在不使用对焦锁定功能同时保证在自动对焦工作状态下，从按下快门释放按钮到开始曝光的这段时间称为快门时滞时间。

12. 快门先决曝光模式

　　由我们先自行决定快门速度后，相机测光系统依当时光线的情形，自动选择适当的光圈 f 值（可为无段式的 f 值）以配合。设有曝光模式转盘的数码相机，通常都会在转盘上刻上"s"字母来代表快门先决模式。快门先决模式适合于需要控制快门的摄影。利用高速快门可凝结动作，利用慢速快门可令行驶中的车辆变成光束。

13. 快门延迟

　　相机按下快门，这时相机自动对焦、测光、计算曝光量、选择合适曝光组合等。进行数据计算和存储处理所需要的时间称为快门延迟。

14. 连拍速度

　　连拍速度（burst speed）：数码相机由于拍摄要经过光电转换，a/d 转换及媒体记录等过程，其中无论转换还是记录都需要花费时间，特别是记录花费时间较多。因此，所有数码相机的连拍速度都不很快。目前，数码相机中最快的连拍速度为 7 帧/秒，而且连拍 3 秒钟后必须再过几秒才能继续拍摄。当然，连拍速度对于摄影记者和体育摄影爱好者是必须注意的指标，而普通摄影场合可以不必考虑。

15.连续快拍模式

在连续快拍模式下，只需轻按按钮，即可连续拍摄，将连续动作生动地记录下来。

(三)数码相机的操作技巧

技巧之一：时刻准备好你的相机

有很多一生只出现一次的精彩画面都是在我们手上没有相机的时候出现的。为了能够拍摄到这些无价的照片，作为摄影发烧友的你，一定要随时随地手持一台能够拍摄的相机。如果你的专业相机的个头太大以至不便携带，我推荐你购买一台小巧的相机进行抓拍。我个人认为，一张在瞬间抓拍出来的普通照片，远比一张经过长时间安排的色彩丰富的图片来得有价值。

技巧之二：让你的人像照片充满动感

在拍摄人像的时候，不要让你的模特保持着一种姿势，可以让他尝试各种各样的动作。在这种情况下，能够有效地避免图片中人物动作的僵化，而且可以让你的模特时刻保持一种自然的表情。现在杂志封面的 PLMM 的照片都是在这种情况下拍出来的。

技巧之三：使用大变焦

在一般的情况下来说，你的镜头距离物体越近，拍摄出来的照片越好。因为近距离能够消除掉使人注意力分散的背景，使主题突出，而且能够得到更清晰的图像。现在很多的 DC 都能够在非常近的距离下进行拍摄。这为我们制造主题突出的图片提供了方便。

技巧之四：使用简单的背景

在相机或者当时的情况不允许的情况下，我们只能够进行远距离的拍摄。在这种情况下，尽量使用颜色和结构相对简单的内容作为背景。这样也能够突出图片的主题。

技巧之五：将前景物体置入风景照片中

在我们拍摄远景物体的同时，最好能够把近距离的物体包括在图片中（比方说图片的四角）。这样可以突出图片的距离感，增加图片的深度。

技巧之六：寻找合适的光源

光对于胶片（CCD）的曝光来说是非常重要的，一个完美的光源能够使你的照片看起来富有色彩、有深度并且美化你所拍摄的物体。强烈的阳光只是众多光源中的一种，对于拍摄人物来说，多云阴沉的天气情况是最好的，因为这样的天气中，光线非常的柔和对于脸部的表现也非常地好。而在大晴天所拍摄的人像非常的锐利，而且会产生阴影。

技巧之七：稳稳地拿住你的相机

要想拍摄到锐利、清晰的图片，你的相机必须把持得非常稳。为了达到这种效果，在按下快门的时候，要匀速的轻轻按下，速度不要过快，否则会影响手持相机的稳定。你可以通过挂带构成一个三角的支撑以保持相机的稳定。当然，最好还是能够使用三脚架。

技巧之八：正确地使用你的闪光灯

如果你能够充分地利用闪光灯，你就能够极大地提升照片的成像效果，特别是在室内。每台相机的闪光灯都有它作用的范围，在拍摄的时候要把物体至于闪光灯作用范围内。一般来说，闪光灯的有效范围在 4～12 英尺之内。不光是在室内，在室外闪光灯也能够发挥作用，它能够淡化阳光所产生的阴影，并且使色彩明亮。

技巧之九：使用正确的 ISO SPEED

（这个跟 Kodak 的不一样……）大家都知道不同的 ISO 值对应不同的光线。一般来说：

ISO 100：晴朗、明亮的天气。

ISO 200：多云、阴冷的天气。

ISO 400：室内，夜晚。

但是由于数码相机的特殊性，在高 ISO 值的情况下会产生噪点。所以有可能的情况下就尽量使用低 ISO 值。

五、图形图像的后期处理技术

一般我们教学上使用的图形、图像素材，用常用的软件（如 Office）处理既简单又方便，老师也易于掌握。那些专业人员会使用一些专业软件处理图形和图像，如常用的矢量图形软件有 Illustrator、Hmidraw、CorelDraw 等；专业的图像处理软件主要有 Photoshop、PhotoPaint、PhotoImpact 等软件。在这里，我们主要给大家介绍最常用的图像处理软件 Photoshop 的基本功能。

Photoshop 是 Adobe 公司开发的功能强大的图像制作和图像处理软件。利用该软件可以执行多种任务，如设计广告招贴画，图书、杂志封面与彩色插页，设计各种徽标，进行艺术图标创作等。Photoshop CS 广泛应用于平面设计、图像编辑、广告、出版、动画、网页设计、多媒体制作和建筑等领域。

（一）Photoshop 的工作界面

Photoshop 的工作界面如图 3-9 所示，其主要功能及特点如下：

图 3-9　Photoshop 工作界面

1. 支持扫描图像和多种图像格式

可以利用计算机安装的扫描仪及其驱动程序对图像数字化，支持多种图像格式文件的输入与输出，并且可以对图像进行优化，输出适合在网络上传输的图像。

2. 色彩调整

丰富的色彩调整功能，主要包括色阶调整、色彩平衡调整、亮度/对比度调整、色相/饱和度调整等。

3. 图像变换和修饰

可以对图像进行裁剪，更改图像大小、更改画布大小，对图像进行旋转、扭曲、翻转、透视变形等操作。

4. 使用图层(Layer)来管理正在处理的图像

图层是 Photoshop 中的一个非常重要的概念,它就像是一些按一定顺序相互叠放在一起的透明画纸,每个画纸上有不同的图像,所有图层上的图像相互叠加的效果是最终的图像。通过对图层的管理,可以单独对某一图层进行处理,而不影响其他图层的图像。

5. 提供多种选择工具

对图像的处理,很多时候是对图像的局部进行加工,因此要先对处理的部位建立选区。建立了选区后,加工操作只对选区内的像素有效。Photoshop 提供了多种选择工具,如框类选择工具、套索类选择工具、魔棒工具等,可以满足用户在各种情况下的选择需要。

6. 文字功能

用户可以在图像中输入文字,这些文字将会成为图像的一部分。用户还可以对这些文字进行各种编辑操作,如字体设置、旋转、扭曲等操作。

7. 矢量绘图功能

Photoshop 除了提供给用户处理原有图像的功能外,还提供了绘画功能。用户可以用画笔工具、钢笔工具、橡皮擦等进行绘画,还提供了钢笔工具、形状工具等矢量绘图工具。形状是面向对象的,可以快速选择形状、调整大小并移动,并且可以编辑形状的轮廓(称为路径)和属性(如线条粗细、填充色和填充样式)。利用形状可以建立选区,还可以输出到其他的矢量图形软件中。

8. 通道(Channel)

Photoshop 采用特殊灰度通道存储图像颜色信息和蒙版(Mask)信息,它允许用户对通道进行创建和编辑。在 Photoshop 中,还可以添加专色通道,为印刷增加专色印版。印刷品上的金、银色都是采用这种方法设计的。

9. 滤镜(Filter)

滤镜是 Photoshop 中最为吸引人的工具,它可以对图像的某个区域进行处理并产生特殊的效果。Photoshop 中提供了大量滤镜,它们大体可以分成以下几类:艺术效果滤镜、风格化滤镜、画笔描边滤镜、模糊滤镜、视频滤镜、扭曲滤镜、素描滤镜、锐化滤镜、纹理滤镜、渲染滤镜等。此外，Photoshop 还支持外挂第三方滤镜，如 KPT、Eyecady 等。

（二）Photoshop 对图像局部的处理功能

在 Photoshop 中，可以利用选区、图层、通道等不同的形式对图像的局部元素进行加工处理。

1. 选区的建立

对图像进行处理，有时只是局部进行需要的处理，这时可以把要处理的部分建立选区。创建好的选区，可以进行涂抹、复制、移动、变形等操作。

（1）创建规则选区。单击矩形选框工具，在图像的合适位置，按住鼠标左键并拖动，就可以创建出矩形工作区。如果按住 Shift 键的同时拖动鼠标，则创建的是正方形选区。如果换成椭圆选框工具，用法相同。单行或单列选框工具，一次只选定一行或一列像素。

在建立选区的时候，属性栏中还可以进行模式、羽化、大小等属性的选择，用户可以根据需要进行选择。

（2）创建不规则的选区。

· 利用套索工具制作不规则选区。套索工具可以创建任意形状的选区。套索工具就像手拿一支笔一样，在图像上画一个封闭的曲线，即可创建一个选区。

· 利用多边形套索工具制作多边形选区。多边形套索工具可以通过单击图像上不同的点，来创建一些像三角形、五角星等棱角分明、边缘呈直线的多边形选区。这种方法一般创建的都是精确的选区。

· 利用磁性套索工具制作边界明显的选区。使用磁性套索工具可以自动捕捉图像对比度较大的两部分的边界，像磁铁一样吸附的方式、沿着图像边界绘制选取范围。它特别适用于选择边缘与背景对比强烈的对象。

（3）利用魔棒工具创建选区。魔棒工具用于选择图像中颜色相同或相似的区域，而不必跟踪其轮廓。其中颜色程度的控制，可以通过属性栏中的"容差"值来进行调节，容差值越大，则选择的区域越大。选项栏中的"连续的"，是用来确定魔棒工具作用的区域是单击的邻近区域，还是整个图像。

（4）利用钢笔工具建立选区。钢笔工具的基本作用是绘制路径，但路径可以转化为选区。

当要选取的图像形状比较复杂，其背景颜色又较多，利用一般的图像选取工具很难选取时，就可以使用钢笔工具来选取。

用钢笔工具绘制路径及转化选区的一般过程为：

- 选择钢笔工具。
- 在钢笔工具选项栏中单击"路径"按钮。
- 在图像中单击鼠标，为路径设置一个个锚点。
- 将最后一个路径锚点与第一个锚点重合，完成路径绘制。
- 打开"路径"调板，这时你会发现调板中，系统自动生成了一个工作路径。

按"Ctrl＋Enter"组合键，将封闭的路径转化为选区。

2. 图层及其应用

图层(Layer)类似于相互叠加的透明纸，图层上有影像的地方不透明，没有影像的地方是透明的，图像就是由这些透明的图层叠加出来的效果。图层最下面的是背景，背景是不透明的特殊图层。图像处理时，可单独对某一图层中的影像进行编辑、移动、调色等各种处理，此时并不影响其他图层的影像。

对图层的管理，可以通过"图层"调板和"图层"菜单来完成，用户可借助它们创建、删除、重命名图层，调整图层顺序，创建图层组、图层蒙板，为图层添加效果等。

(1)创建图层。执行"图层"→"新建"→"图层"命令，或单击图层调板底部的"创建新图层"按钮，是创建图层的基本方法。执行"图层"→"新建"→"通过拷贝的图层"命令，可将选区转化为图层。利用文字工具插入文字时，自动增加文字图层。

(2)调整图层的叠放次序。图层是自上而下依次排列的，即位于"图层"调板中最上面的图层在图像窗口中也位于最上层，在编辑图像时，调整图层的叠放顺序可获得不同的图像处理效果。调整图层顺序的方法是：在图层调板中拖动相应图层，当高亮度线移动到所需要的位置后松开鼠标。也可选择"图层"菜单"排列"命令中的命令调整图层顺序。

(3)删除图层。单击图层调板底部的删除当前图层按钮🗑即可删除图层。

(4)复制图层。在图层调板中选中要复制的图层，然后将光标拖至"创建新图层"按钮🗔上。

(5)图层的链接。在图层调板中非当前图层前的链接框(第二列小方框)内单击，就可将相应图层与当前图层链接，或取消与当前图层的链接。链接了的图层可一起进行移动、变形、对齐、合并等操作。

(6)图层的合并。为了方便对多个图层进行统一处理，可以合并图层，还可以节省存储空间。合并图层的方式有：合并所有的图层(拼合图层)、合并可见的所有图层、合并所有的链接图层、向下合并图层等。

(7)链接图层的对齐和分布。用户在创建了两个或两个以上的链接层后，便可以以当前层为准重新对链接层进行对齐操作。具体方法是选择"图层"→"对齐"菜单中的各命令或单击移动工具▶ 属性栏中的对齐按钮 。

3．通道及其用途

通道主要用于保存颜色数据。例如，一个 RGB 模式的彩色图像包括了"RGB"、"红"、"绿"、"蓝"四个通道。在对通道进行操作时，我们可以分别对各原色通道进行明暗度、对比度的调整，在对任意一个单色通道进行调整时，都会马上反映到 RGB 主通道中。

(1)通道的原理：图像是由不同的颜色组成的，其不同的混合比例可获得不同的色光。Photoshop 也基本上是依据此原理对图像进行处理的，这便是通道的由来。

(2)通道的类型：对于不同颜色模式的图像，其通道表示方法也不一样的。例如，对于 RGB 模式的图像来说，其通道有 4 个，即 RGB 合成通道、R 通道、G 通道与 B 通道；在 RGB 模式下，若像素的 R、G、B 三种原色的分量相等时，结果是灰色；所有分量的值为 255 时是白色；所有分量的值为 0 时是黑色。对于 CMYK 式的图像来说，其通道有 5 个，即 CMYK 合成通道、C 通道(青色)、M 通道(洋红)、Y 通道(黄色)与 K 通道(黑色)，此通道是印刷以及通常打印用的颜色模式。

执行"图像"菜单中的"应用图像"和"计算"命令，可将一些通道叠加到其他的通道上，产生特殊的效果。

(三)Photoshop 对图像的基础性处理功能

1．形体调整

形体调整有多种方法，既可以通过"编辑"菜单中的"自由变换"命令进行调整，也可以通过"编辑"菜单中的"变换"命令下的命令变形。执行有关命令后，选区周围将出现控制点(句柄)，拖曳控制点可使形体发生变化，双击(或按 Enter 键)选区内的图像则完成变换。

自由变换图像是指对图像进行缩放、旋转、倾斜、透视和扭曲等操作。

选中图像，按"Ctrl＋T"组合键，这时图像周围出现控制点，可以对选区内的图像进行自由变形；或者使用"编辑"菜单中的"变换"命令下的子命令进行各种变形，如果选择的是"变换"命令下的"变形"命令，在属性栏中单击"变形"右侧的下拉按钮，弹出"样式"列表，用户在其中选择合适的样式，并可设置相应的参数，以对图像进行相应的变形操作。例如，选择"扇形""旗帜""鱼形"等样式，同时设置所需的参数后，即得到相应的图像效果。如图 3-10 所示。

扇形　　　　　　　旗帜　　　　　　　鱼形

图 3-10　变形图像效果

2. 尺寸调节

改变图像的大小和分辨率不仅有利于节省磁盘空间，还可以更好地输出图像。在 Photoshop 中，使用图像大小命令来进行更改与调整。其操作方法如下：

打开素材，选择"图像"菜单中子命令"图像大小"，打开"图像大小"对话框。如图 3-11 所示，在对话框中设置各参数，确定即可。

各参数的含义如下：

（1）像素大小：显示图像的宽度和高度，它决定了图像在屏幕上的显示尺寸；

（2）文档大小：用来决定图像输出打印时的实际尺寸和分辨率大小；

（3）约束比例：选中此选项后，图像会保持原图像的长宽比例进行缩放，不会失真，反之则会改变长宽比；

（4）重定图像像素：若勾选此复选框，更改图像的分辨率时图像的显示尺寸会相应改变，而打印尺寸不变；若取消此复选框，更改图像的分辨率时图像的打印尺寸会相应改变，而显示尺寸不变。

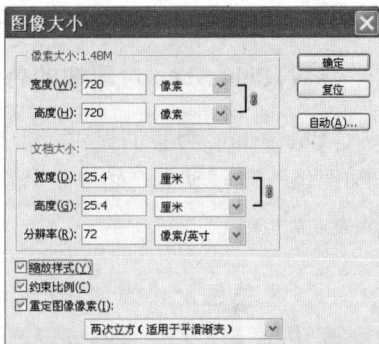

图 3-11　"图像大小"对话框

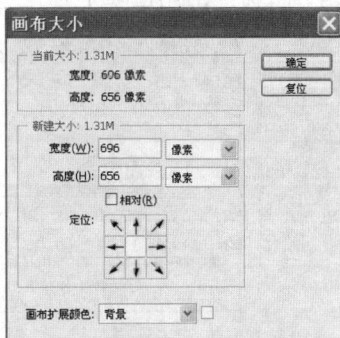

图 3-12　"画布大小"对话框

3. 修改画布大小

有时，用户需要的不是改变图像的显示或打印尺寸，而是对图像进行裁剪或增加空白区。为此，我们可能通过"画布大小"命令来实现。

打开图像，选择"图像"菜单中的"画布大小"命令，打开"画布大小"对话框，如图 3-12 所示，设定宽度和高度，也可以设置裁切方位，确定即可。

当设置的尺寸小于原尺寸时，系统会弹出一个警告对话框，警告这样做的结果将会剪切掉图像画面的某些部分。如果设置的尺寸大于原尺寸时，则在图像四周增加空白区。

4. 利用裁剪工具裁剪图像

选择裁剪工具 后，直接在图像区域上拖拉，被选中的部分周围出现控制点，这时还可以进一步调整大小，也可以在控制点上进行旋转，双击或回车完成裁剪。

(四)Photoshop 对图像的色调和色彩的调节功能

Photoshop 为我们提供了十分强大的色彩和色调调整功能（所有的命令都位于"图像"下的"调整"菜单中），利用它们可轻而易举地创作出绚丽多彩的图像世界。

1. 调整色阶——让暗淡的照片变得色彩鲜艳

"色阶"命令对于调整图像色调来说是使用频率非常高的命令之一。它可以通过调整图像的暗调、中间调和高光的强度级别，以校正图像的色调范围和色彩平衡。该命令的用法如下：

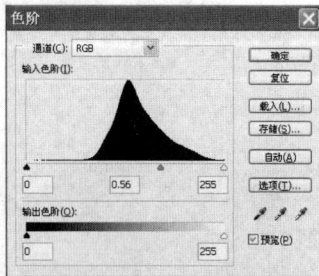

| 图 3-13　色阶调整 | 图 3-14　色阶调整 |

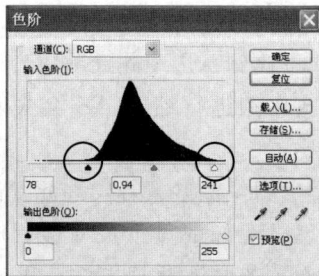

(1)打开要处理的图像。

(2)选择"图像"菜单下"调整"下的"色阶"命令或按"Ctrl＋L"组合键，打开"色阶"对话框，如图 3-13 所示。从"色阶"直方图可以看出，这张照片的像素基本上分布在中等亮度和亮部区域，而左边最暗的地方没有像素，这就是这张照片偏亮的原因。

(3)将"输入色阶"的黑色滑块向右移动到直方图左侧起点稍里一点的位置，确定这里为图像最暗的点，也称为"黑场"；再将白色滑块向左移动到直方图右侧起点稍向里一点的位置，确定这里是图像最亮的点，也称为"白场"。这样，图像有了最暗和最亮的像素，影调就基本正常了，如图 3-14 所示。最后单击"确定"按钮关闭对话框。

2. 利用"曲线"命令增强照片的层次感

"曲线"命令可以精确调整图像，赋予图像新的生命力。该命令不但可以调整图像整体或单独通道的亮度、对比度和色彩，还可以调节图像任意局部的亮度。

先打开一张拍摄曝光不足的图像，选择"图像"菜单下"调整"中的子命令"曲线"，打开"曲线"对话框，如图 3-15 所示。

此对话框中各部分的含义：

(1)通道：单击右边下拉按钮，在下拉列表中可选择混合通道或单色通道，从而对不同通道的曲线进行调整。

(2)![曲线按钮]：该按钮默认为选中状态，表示可通过拖动曲线上的调节点来调整图像。

(3)![铅笔按钮]：选中该工具可在曲线编辑框中手工绘制复杂的曲线。绘制结束后，单击 ![曲线按钮] 按钮可显示曲线及其节点。

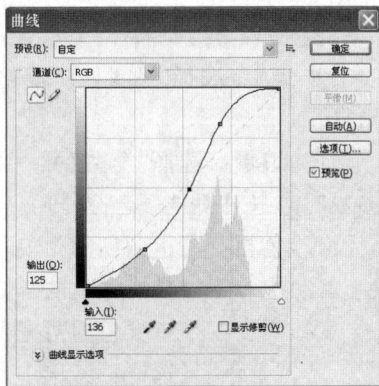

图 3-15 "曲线"对话框

3. 调整色彩平衡——照片偏色的判断与校正

偏色可以理解为照片的色彩不平衡，校正偏色就是恢复照片中正常的色彩平衡关系。我们可以利用"信息"调板对其进行偏色的判断，然后利用"色阶"命令校正偏色。下面用实例来说明照片偏色的判断与校正方法。

步骤 1：打开偏色的图像。

步骤 2：打开"信息"调板，并利用颜色取样器工具在图像中各个地方检测，可看到"信息"调板上的颜色参数等信息在变化，这是光标所在位置的像素的颜色信息。

步骤 3：在图像中查找原本应该为黑、白、灰的地方，如水泥台、石柱等。这些地方的应该是黑、白、灰色，它的 RGB 值应该是 R＝G＝B。

步骤 4：选择"图像"→"调整"→"色阶"命令，打开"色阶"对话框，选中对话框中的"设置灰点"吸管工具 ，在设置的取样点上单击，这个取样点位置的颜色就恢复为 R＝G＝B，也就是自动减少了偏色，整个图像的颜色也被校正过来。

步骤 5：偏色得到校正之后，如果对照片的色调还不满意，还可以通过调整"色阶"对话框中"输入色阶"下 3 个滑块的位置，以使照片达到满意效果。

4. 调整"色相/饱和度"——让照片的色彩更鲜艳

利用"色相/饱和度"命令可改变图像的颜色、为黑白照片上色、调整单个颜色成分的"色相""饱和度"和"明度"。下面举个例子说明如何让照片的颜色变得鲜艳。

步骤 1：打开照片。

步骤 2：选择"图像"→"调整"→"色相/饱和度"命令，打开"色相/饱和度"对话框。

（1）编辑：选择"全图"可一次性调整所有颜色；如果选择其他颜色，则调整参数时，只对所选颜色起作用。

（2）色相：是指颜色的相貌，如红色、绿色、蓝色等。

（3）饱和度：是指颜色的鲜艳程度。饱和度越高，颜色越鲜艳。

（4）明度：是指颜色的明亮程度，如黄色比红色明亮，红色比黑色明亮等。

（5）"着色"复选框：若选中此复选框，可使灰色或彩色图像变为单一颜色的图像，此时在"编辑"下拉列表中默认为"全图"。

步骤 3：在"色相/饱和度"对话框中，将"饱和度"滑块向右侧拖动，调整到满意后，单击"确定"按钮，关闭对话框。如果向左拖，则颜色变得越来越淡，最后照片中的所有颜色都去掉了，照片变成了黑白色。

5. 施加特殊颜色效果

利用"图像"菜单中"调整"命令下"去色""反相"和"色调分离"等子命令，可以使图像产生特殊颜色效果。

（1）去色：是指将彩色图像转换为当前颜色模式下的灰度图像。

（2）反相：是指反转图像中的颜色，即使黑白颠倒、原色与补色互转。

（3）色调分离：可以调整图像中的色调亮度，减少并分离图像的色调。色调分离后的黑白图像，具有木刻版画效果；色调分离后的彩色图像仅由几种鲜丽色块组成，具有套色版画的视觉效果。

（五）Photoshop 对图像的其他处理功能

1.去除缺陷

图像上的污点、尘影、多余的景物等，都会成为画面上的缺陷，通过图像局部处理可以去除缺陷，使画面更加完美。在 CS3 版本里，Photoshop 提供了好几种修复工具，不同的工具可以达到同样的效果，选择合适的工具可以达到更好的效果。其中仿制图章工具包含以下处理工具：

（1）"污点修复画笔工具"，使用此工具可以修复一些污点。

（2）"修复画笔工具"，此工具可以将一幅图像的全部或部分复制到同一幅图像或另一幅图像中，复制的图像能与周围的环境融合。

（3）"修补工具"，可以将选区中的图像复制到新的位置，或用移到新位置的图像替换原选区的图像。

（4）"仿制图章工具"，可以将一幅图像的全部或部分原样复制到同一幅图像或另一幅图像中。通常用来去除照片中的污点、杂点或进行图像合成。

（5）"图案图章工具"，可以用软件提供的一些图案进行涂抹绘画，也可以用用户自己添加的图案进行绘画。

2.合成图像

图像的合成有多种方法，既可以通过复制粘贴的方法完成简单合成，也可以通过图层、蒙版、通道等多种途径完成。

3.施加特殊效果

在对图像进行处理时，可以使用滤镜对图像施加特殊效果。滤镜的种类很多，既要充分了解滤镜的种类和效果，又要能将各种滤镜合理地加以综合应用。

需要指出的是，Photoshop 的功能十分强大，由于篇幅所限，这里只做了一些概括性的介绍，有兴趣的读者可以进一步参考 Photoshop 的专门教材进行学习。

【实践活动】

1.学习数码相机的使用，要求实地拍摄学校校园风景及人物。

2. 用 Photoshop 软件对数码相机拍摄的校园图片进行编辑处理处理，制作一个艺术图片集。

(1)实践目的

• 能够根据不同需要生成不同格式的图像文件。

• 掌握图层、通道的概念，能够应用图层、通道并使用 Photoshop 进行基本的图形图像绘制。

• 能够应用 Photoshop 的滤镜制作出特殊效果的图像。

(2)实践器材

• 计算机

• Photoshop 软件

(3)实践内容及要求

• 学习使用 Photoshop 进行多种图像的多种处理。

(4)实践过程

• 运行 Photoshop 程序。

• 认识图像的属性。

• 应用滤镜制作艺术字。

(5)实践注意事项

• 在 Photoshop 中将文件存储为不同的图像格式文件，对比图像质量。

• 应用滤镜制作艺术字时，要注意字体的安装方法、文字的栅格化处理、颜色处理等相关操作的配合运用。

第四节　音频素材及处理技术

一、常见音频素材的格式

声音通常有语音、音效和音乐三种形式。语音指人们讲话的声音；音效指声音特殊效果，如雨声、铃声、机器声、动物叫声等，它可以从自然界中录音，也可以采用特殊方法人工模拟制作；音乐则主要是由人们创作的一种特殊声音形式。

(一)常见的声音文件格式

常见声音文件格式有以下几种：WAV、WMA、MP3、RA、MIDI 等，不同格式的文件有不同的特点。

1. WAV 格式

WAV 是一种波形声音文件格式，它是通过对声音采样生成。故只要采样率高、采样字节长、机器速度快，利用该格式记录的声音文件能够和原声基本一致，具有很高的音质，但因为没有经过压缩，每分钟的音频约占用 10MB 的存储空间。

2. MIDI 格式

MIDI(乐器数字接口)是一个电子音乐设备和计算机的通讯标准。MIDI 数据不是声音，而是以数值形式存储的指令。一个 MIDI 文件是一系列带时间特征的指令串。实质上，它是一种音乐行为的记录，当将录制完毕的 MIDI 文件传送到 MIDI 播放设备中去时，才形成了声音。MIDI 数据是依赖于设备的，MIDI 音乐文件所产生的声音取决于用于放音的 MIDI 设备。

3. MP3 格式

MP3 是以 MPEG Layer 3 为标准压缩编码的一种音频文件格式。MPEG 编码具有很高的压缩率，压缩率可以高达 1∶12。以往 1 分钟左右的 CD 音乐经过 MLPEG Layer 3 格式压缩编码后，可以压缩到 1 兆左右的容量，其音色和音质还可以保持基本完整而不失真。在网络可视电话、通信方面应用广泛。

4. RA 格式

RA 格式是 Real Audio 的缩写，这种格式真可谓是网络的灵魂，强大的压缩量和极小的失真使其在众多格式中脱颖而出。和 MP3 相同，它也是为了解决网络传输带宽而设计的，因此主要优势在于压缩比和容错性，其次才是音质。

5. WMA 格式

微软的 Windows Media Audio 是一种压缩的离散文件或流式文件，它提供了一个 MP3 格式之外的选择机会。WMA 相对于 MP3 格式的主要优点是在较低的采样频率下音质要好些。

当然，声音文件还有其他一些格式，如 RealAudio、Ogg、AAC、APE 等。

(二)常见音频文件之间的比较

作为数字音乐文件格式的标准，WAV 格式容量过大，因而使用起来很不方便。因此，一般情况下我们把它压缩为 MP3 或 WMA 格式。压缩方法有无损压缩、有损压缩以及混成压缩。MPEG、JPEG 就属于混成压缩，如果把压缩的数据还原回去，数据其实是不一样的。当然，人耳一般情况下无法分辨。因此，如果把 MP3、Ogg 格式从压缩的状态还原回去的话，就会产生损失。然而，APE 格式即使还原，也能毫无损失地保留原有音质。所以，APE 可以无损失高音质地压缩和还原。在完全保持音质的前提下，APE 的压缩容量有了适当的减小。拿一个最为常见的 38MBWAV 文件为例，压缩为 APE 格式后为 25MB 左右，比开始足足少了 13MB。而且 MP3 容量越来越大的今天，25M 的歌曲已经算不上什么庞然大物了。以 1GB 的 MP3 来说可以放入 4 张 CD，那就是 40 多首歌曲，已经足够了！

MP3 支持格式有 MP3 和 WMA。MP3 由于是有损压缩，因此讲求采样率，一般是 44.1kHz。另外，还有比特率，即数据流，一般为 8～320KBPS。在 MP3 编码时，还要看它是否支持可变比特率(VBR)，现在出的 MP3 机大部分都支持，这样可以减小有效文件的体积。WMA 则是微软力推的一种音频格式，相对来说要比 MP3 格式体积更小。

二、音频素材的获取

(一)音频素材的获取途径

音频素材的获取既可以通过各种录音设备或录音软件直接进行录制得到，也可以通过软件从 CD 中抓取数字音乐信息，也可以通过从其他媒介上复制或从网上下载得到。

通常各种素材光盘上有大量丰富的音频素材，用户可以根据需要直接复制使用；网上也有各种类型的声音文件，通过下载也可以得到。这些方法都简单快捷，为我们教学所用节省很多时间。

但是有的时候，我们需要的声音希望是自己的声音，或需要进行加工处理合成的新的声音文件，那么我们就需要先进行录制，再使用音频处理软件进行加工处理，最终得到我们所需要的声音文件。以前我们录音使用的录音机，是使用磁带，录制的声音是模拟信号，只能通过录音机来播放，不能直接被计算机所采用，也不能用计算机进行后期的处理。计算机能处理的都是数字信号，我们这里主要介绍数字音频的录制。

　　数字音频的录制可以通过各种硬件来进行录制得到，也可以用计算机上的录音软件进行录制。通常录音的硬件设备有录音笔、声卡、话筒、音箱、耳机、录音卡座等；能进行音频录制的软件有系统自带的录音机、GoldWave、Audition、Power MP3 Recorder、Auvisoft MP3 Recorder、Adobe Audition 等，还有很多，这里不一一列举。这里就以上几种软件的功能，做一个简要的介绍。

1. 系统自带的录音机

　　"录音机"不仅可以录音、放音，还可以对声音进行剪辑、插入、混音等编辑处理。

2. GoldWave

　　GoldWave 不仅仅是一个录音程序，使用它还可以很方便地制作网页的背景音乐音效相当棒的数码录音及编辑软件，除了附有许多的效果处理功能外，它还能将编辑好的文件存成 WAV、AU、SND、RAW、AFC 等格式，而且若你的CD ROM 是 SCSI 形式，它可以不经由声卡直接抽取 CD ROM 中的音乐来录制编辑。

　　GoldWave 还可以很方便地制作程序音效、录制 CD、转换音乐格式，而且GoldWave 还具有各种复杂的音乐编辑和特效处理功能，但这里我们只详细介绍一下如何使用 GoldWave 录制一段较长时间的声音。

3. Audition

　　Audition 是功能强大的多轨录音软件，非常出色的数字音乐编辑器和 MP3制作软件。不少人把 Audition 形容为音频"绘画"程序。你可以用声音来"绘"制：音调、歌曲的一部分、声音、弦乐、颤音、噪音或是调整静音。而且它还提供多种特效为你的作品增色：放大、降低噪音、压缩、扩展、回声、失真、延迟等。你可以同时处理多个文件，轻松地在几个文件中进行剪切、粘贴、合并、重叠声音操作。使用它可以生成的声音有：噪音、低音、静音、电话信号等。

　　该软件还包含有 CD 播放器。其他功能包括：支持可选的插件；崩溃恢复；支持多文件；自动静音检测和删除；自动节拍查找；录制等。另外，它还可以在AIF、AU、MP3、Raw PCM、SAM、VOC、VOX、WAV 等文件格式之间进行转换，并且能够保存为 RealAudio 格式。

4. Power MP3 Recorder

Power MP3 Recorder 是一个可以直接录制任何声音为 MP3 或 WAV 格式音频到磁盘的工具。简洁直观的界面，让你很容易并快速地录制任何声音。

Power MP3 Recorder(MP3 Sound Recorder)能够为你做什么？

＊直接把你的盒式录音带转录为 MP3。

＊从你的麦克风直接录制任何声音为 MP3。

＊在你播放 CD 音频时直接录制为 MP3。

＊从其他任何 line in 输入的声音如收音机、电视、CD 机等直接录制为 MP3。

……

MP3 Sound Recorder 支持的 MP3 比特率从 32KBPS 到 320KBPS。1 秒的最低比特率(32KBPS)MP3 录音仅占用你大约 4kb 的磁盘空间，而 1 秒的 WAV 格式将占用你大约 175KB 的磁盘空间。

MP3 Sound Recorder 支持队列录音。你仅仅告诉它何时开始和多久结束，它就会自动为你录音。

MP3 Sound Recorder 支持播放功能，你可以立即听你已经录制的声音。MP3 Sound Recorder 支持连续录音，这意味着你可以从已经存在的音频文件的任意位置开始录制新的声音。文件结尾会增加一段新声音。

5. Auvisoft MP3 Recorder

Auvisoft MP3 Recorder 可以录制任何来自声卡、麦克风、line-in 设备(例如磁带)的声音。你可以用它录音乐，电影里的对话，游戏里的音乐。而且还可以把录制的文件保存为 MP3 或者 WAV 的格式。

6. Adobe Audition

Adobe Audition 是一个专业音频编辑和混合环境。Audition 专为在照相室、广播设备和后期制作设备方面工作的音频和视频专业人员设计，可提供先进的音频混合、编辑、控制和效果处理功能。最多混合 128 个声道，可编辑单个音频文件，创建回路并可使用 45 种以上的数字信号处理效果。Audition 是一个完善的多声道录音室，可提供灵活的工作流程并且使用简便。无论您是要录制音乐、无线电广播，还是为录像配音，Audition 中恰到好处的工具均可为您提供充足动力，以创造可能的最高质量的丰富、细微音响。

(二)声音的采集

在计算机中，用于处理声音媒体的硬件设备主要有声卡、话筒、音箱、耳机、录音卡座等。在声卡上一般有话筒输入(Mic)、线路输入(Line)和扬声器输出(SPK)接口。那么，话筒、音箱应分别接在声卡的(Mic)和 SPK 接口上，从录音机等设备上录音时，还需将录音机的线路输出(Line Out)连接到声卡的线路输入接口上。

声卡的主要作用之一是对声音信息进行录制与回放，在这个过程中采样的位数和采样的频率决定了声音采集的质量。

1. 采样位数

采样位数可以理解为声卡处理声音的解析度。这个数值越大，解析度就越高，录制和回放的声音就越真实。我们首先要知道：电脑中的声音文件是用数字 0 和 1 来表示的。所以在电脑上录音的本质就是把模拟声音信号转换成数字信号。反之，在播放时则是把数字信号还原成模拟声音信号输出。

声卡的位是指声卡在采集和播放声音文件时所使用数字声音信号的二进制位数。声卡的位客观地反映了数字声音信号对输入声音信号描述的准确程度。8 位代表 2 的 8 次方——256，16 位则代表 2 的 16 次方——64K。比较一下，一段相同的音乐信息，16 位声卡能把它分为 64K 个精度单位进行处理，而 8 位声卡只能处理 256 个精度单位，造成了较大的信号损失，最终的采样效果自然是无法相提并论的。

如今市面上所有的主流产品都是 16 位的声卡，而并非有些无知商家所鼓吹的 64 位乃至 128 位，他们将声卡的复音概念与采样位数概念混淆在了一起。如今功能最为强大的声卡系列——Sound Blaster Live! 采用的 EMU10K1 芯片虽然号称可以达到 32 位，但是它只是建立在 Direct Sound 加速基础上的一种多音频流技术，其本质还是一块 16 位的声卡。应该说 16 位的采样精度对于电脑多媒体音频而言已经绰绰有余了。

2. 采样频率

采样频率是指录音设备在 1 秒钟内对声音信号的采样次数，采样频率越高，声音的还原就越真实越自然。在当今的主流声卡上，采样频率一般共分为 22.05 kHz、44.1 kHz、48 kHz 三个等级，22.05 kHz 只能达到 FM 广播的声音品质，44.1 kHz 则是理论上的 CD 音质界限，48 kHz 则更加精确一些。对于高于 48 kHz 的采样频率人耳已无法辨别出来了，所以在电脑上没有多少使用价值。

三、音频素材的处理技术

在多媒体教学软件中，语言解说与背景音乐是多媒体教学软件中重要的组成部分。通常我们最初获取的音频并不是最终所要的声音，需要经过进一步的编辑、合成、降噪、美化等处理，才能得到满意的声音文件，这就需要用专门的音频处理软件对它进行处理。音频的处理是我们素材准备过程中一个重要部分，下面就音频一般要进行的处理做一个介绍。

(一)声音格式的转换

通常的音频有三类声音，即波形声音、MIDI 和 CD 音乐，而在多媒体教学软件中使用最多的是波形声音。再说，有的音频格式也是课件制作软件所不支持的，比如在 PPT2003 中的效果音乐，只支持 WAV 格式，几乎所有的课件制作软件都不支持 RA、RM、RAM 等格式的音频，这就需要进行格式转换。

声音文件格式的转换可以通过声音文件格式转换器来轻松解决，操作比较简单，易于掌握，这里就不做详细介绍。也可以通过声音处理软件来进行格式转换。

如利用 Audition 打开的 MP3 格式的文件，经过处理以后，保存的时候，选择文件菜单中的"另存为"，这个时候就可以选择新的保存类型，从而把原来的文件格式转换成新的格式。

在文件格式转换的过程中需要注意一些问题，一些高质量的文件格式可以转换成低质量的文件格式，而低质量的文件格式转换成高质量的文件格式时，它的质量并不会真正得到提高。比如把一个 MP3 格式的文件转换成 WAV 格式，只是文件变大了，音质并没有得到提高。所以格式转换把握一个原则是向下方转换。

(二)声音的编辑

声音的编辑主要包括，声音的复制、移动、删除等操作。比如需要重复的地方可以直接采用已有的部分进行复制得到；录制过程中多录的部分可以删除掉等。

(三)声音的拼接

我们可以把不同的几个声音文件通过软件拼接成一个文件，并设置过渡效果，如淡入淡出，让两部分连接自然。

（四）声音的组合

我们可以把背景音乐或伴奏带与人声合成为一个文件，如制作解说文件时，就可以录制出人的声音，然后人声与背景音乐合成，也可以直接用软件在播放背景音乐的同时录入人的声音，保存成一个文件即可。声音的合成可以一次把多种声音合成，如 Audition 就有 128 个音轨，最多可以处理 128 种不同的声音。

（五）降噪

我们自己录制声音时，由于我们的声卡，麦克风以及录音环境都不能达到专业标准，会把噪音也一起录进去，录完之后可以通过降噪处理，把环境噪音消除，使声音更加清晰。

（六）调整音高

我们自己录制的声音，由于每个人的音高不同，与音乐不匹配时，可以通过软件调整音高，既可以把原来较低的声音调高，也可以把原来较高的声音调低，以达到满意的音高。

（七）声相处理

一般录制好的人声都是单声道，听起来会感觉单调，没有空间感。这时可以用软件中的声相效果器来处理，通过改变原有声音的声相状态、声场宽度、输出电平等，也可以通过效果器来增加混响效果，或通过调音台来增加低音，消减高音等处理，以达到一个满意的效果。

（八）声音美化

一些声音激励器可以修饰和美化声音信号。它可以增强声音的穿透力，增加原声的质感与空间感。如 BBE Sonic Maximizer 声音激励器。

【实践活动】

录音及音频素材处理软件——Audition 3.0 的操作与应用

Audition 是一款集声音的采集与处理的音频软件，它以界面简洁，简单易学，功能齐全而被广大使用者喜爱，是一款不错的声音处理工具，目前常用的是 3.0 版。

1. 认识界面

Audition 启动以后，出现的界面分单轨界面和多轨界面，可以通过 按钮来切换，图 3-16 和图 3-17 是 Audition 3.0 某绿化版的界面截图。Audition 窗口有菜单栏、工具栏、播放控制按钮、放大缩小按钮，最大的显示区即为单轨界面或多轨界面。

在单轨界面下，可以看到分为左右两个声道。在此界面下我们可以对一个声音文件进行打开、编辑、效果处理、保存等操作。

在单轨界面打开的文件，在音轨上右击，选择"插入多轨中"，可以把声音插入到多轨界面的音轨中。

在多轨界面下，可以同时打开多个声音文件，每个音轨上可以放置一个文件或多个文件，我们可以同时对多个声音文件进行处理。

在多轨界面中，打开的文件，用拖动的方法，可以放置到不同的音轨中。

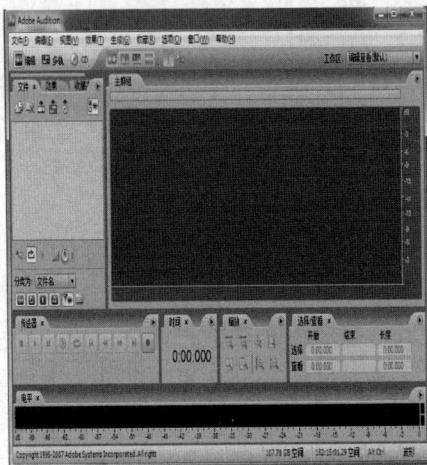

图 3-16　单轨界面

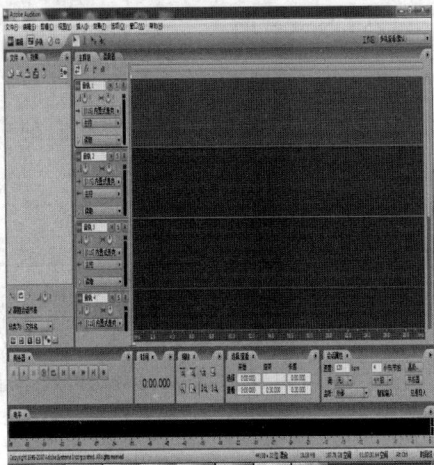

图 3-17　多轨界面

2. 音频的编辑

在单轨界面下，我们先打开一个声音文件，用文件菜单中的打开命令或工具栏上的打开按钮 都可，这时可以对这个声音文件进行各种编辑操作。

①选中一段声音，按住鼠标左键在音轨上左右拖动，即可把一段声音选中；双击鼠标能够选中全部，再单击鼠标可以释放选中状态。

②复制声音，先选中要复制的部分，点复制命令，然后用鼠标点要插入的位置，粘贴即可。选中后，如果点的是剪切，则是移动操作，点的是删除，则此部分声音被消除。各种软件的编辑操作都大同小异，这里不再赘述。

③保存成新文件，处理过的声音，可以直接点保存，保存为原来的名字和类型，也可以用另存为命令，改位置、改名字、改文件格式。比如原来的文件格式是 WAV 格式，另存为的时候，选择新的文件类型 MP3 格式，则新产生的文件为 MP3 格式了。Audition 支持的声音格式有：WAV、MP3、SVX、SND、VOC、VOX、DWD、AU、ASX、PCM、WMA 等格式。

3.音频的内录或外录

内录就是指把电脑上播放的歌用 Audition 软件重新录成一个声音文件。外录是指运用麦克风、耳机等设备，把声音录进去。比如在网上我们找到一首喜欢的歌，但不允许下载，这时，我们可以用 Audition 内录的功能，把它录下来，再保存到自己的音乐文件夹中即可。

要使用 Audition 进行内录或外录，需要完成相应的一些设置才可以，下面是操作步骤：

①先打开 Audition，在单轨界面下，在左下方的播放控制台有一个录音按钮，我们点击这个按钮就可以开始录音。

②录音前，我们要先进行一个设置，设置在内录状态下。双击 Windows 任务栏右边的小喇叭(没有的话可以事先调出来)，选择"选项"菜单中的"属性"命令，在属性对话框中选择"录音"，然后在"显示下列音量控制"那里，可以看到有许多音量控制项，把其中的麦克风一项的对勾去掉，其他的都选上，尤其是确定"立体声混音"(各个电脑配置不同，可能显示的也不同)这项一定要选定，然后确定，回到音量对话框，这时再确定所有的静音都不能选，关闭对话框即可，现在就处在内录状态下了。

③在 Audition 中点击录音按钮，再播放你喜欢的那首歌，就开始内录了，点停止按钮，即可停止录音，剩下的工作就是对录制的声音进行处理和保存了。

要外录的话，只需要更改一处设置即为外录，就是把"立体声混音"的对勾去掉，把"麦克风"的对勾选上，其他设置和操作相同。关于在伴奏带下外录人声，后面还会介绍到。

需要注意的地方是，运用 Audition 进行录音，录音的质量会受我们的设备的质量影响，如声卡、麦克风、话筒、耳机等；另外外录时还会受到周围环境噪音的影响。

4.制作伴奏带

我们有时需要一首歌曲的伴奏带，直接找不到，就可以运用原唱歌曲进行制作。方法是：

①启动 Audition 软件，打开要制作伴奏带的歌曲文件，双击全部选中。

②点击"效果"菜单下的"立体声声像"下的"声道重混缩"命令，在"声道重混缩"对话框中的"预设效果"的各个选项中，选择"Vocal Cut"这一项，然后确定。这时会看到一个进度条，Audition 开始进行处理，去掉歌曲中的原唱声。

③播放，试听，保存即可。

用这种方法得到的伴奏带，原声不会消除得十分干净，只要不是专业制作，已经能够满足我们一般的教学需要。

5. 拼接两段音频

现在我们需要把两段来自不同来源的声音拼接成一个声音文件，方法是：

①打开 Audition，在单轨界面下，打开要作为开头部分的那个声音文件，进行一定的剪辑处理后，留下需要的部分等待进一步处理；

②这时，我们要对这部分声音的最后部分进行一个处理，使将来连接的时候过渡比较自然，用鼠标拖选后面的一部分声音，点击"效果"菜单下的"振幅和压限"下的"振幅/淡化"命令，打开"渐变"对话框，在"预设"下拉菜单下选择"淡出"选项卡，然后设置初始音量和结束音量的淡出效果，确定即可。播放，试听，最后部分的声音是渐渐地消失的，不会显得那么突然。这时右击，选择"插入多轨中"，把处理好的前半部分声音先放到多轨界面的一个音轨中；

③回到单轨界面，再打开另外一个声音文件，将来作为后半部分。同样先进行所需的各种编辑处理，然后选中声音前边的一小段，等待处理；

④点击"效果"菜单下的"振幅和压限"下的"振幅/淡化"命令，打开"渐变"对话框，在"预设"下拉菜单下选择"淡入"选项卡，然后设置初始音量和结束音量的淡入效果，确定即可。播放，试听，前面部分的声音是渐渐地开始的。这时右击，选择"插入多轨中"，处理好的后半部分声音也放到了多轨界面的另一个音轨中了；

⑤现在只要把两部分连接即可，用鼠标右键拖动第二段到第一段的末尾，保存，完成。

6. 调整音高或音速

有时我们得到的音乐调子太高，人声调子太低，这时我们可以通过降低音乐的音高，也可以提高人声的音高，来达到声音和谐的目的。有时我们想把一首曲子的播放速度放慢或变快，这可以通过调整它的音速来实现。具体操作如下：

①调整音高。用 Audition 打开这段音乐，双击全选，点击"效果"菜单下的"变速变调"下的"变调器"，选择"预设"中的一种效果就可以了。也可以在右侧的菜单中自己来设置参数，使这个调子要降多少，通过试听按钮可以试听，效果满

意，确定即可。

②调整音速。用 Audition 打开这段音乐，双击全选，点击"效果"菜单下的"时间和间距"下的"变速"，按自己的要求设置相关参数即可。

7. 在伴奏带下录音

现在我们有一首歌的伴奏带，想把自己的声音也录进去，合成一个声音文件，我们可以运用 Audition 的外录功能来实现，具体操作步骤如下：

①打开 Audition，切换到多轨界面，打开伴奏带所在的文件，并把它拖到音轨一上。

②双击任务栏右边的小喇叭，选择"选项"菜单中的"属性"命令，在"属性"对话框中选择"录音"，然后在"显示下列音量控制"那里，可以看到有许多音量控制项，把其中的"立体声混音"一项的对勾去掉，其他的都选上，尤其是确定"麦克风"这项一定要选定，然后确定，回到音量对话框，这时再确定所有的静音都不能选，关闭对话框即可，现在就处在外录状态下了。

③拿起麦克风，戴上耳机，单击音轨二左边的录音按钮 R ，再点左下方的播放控制台的录音按钮 ● ，开始唱(记住：一次唱完，要修改的话，唱完后再进行具体修改)，结束歌曲后点击录音完成停止 ■ 。

④录进去的人声切换到单音轨界面，先进行降噪处理。在录音的时候专门录进去一段没有任何伴奏音和人声的一段"室内环境噪声"，作为降噪采样的部分。选上一段(几秒钟即可)，选"效果"中"修复"下的"降噪器"，设置参数后点击"获取特性"，再点击"保存"来保存为文件。声音录制好后，全部选中，打开降噪器，点击"加载"，打开你刚才保存过的文件，单击确定，即可实现降噪处理。

⑤录的人声有时会音量不够，可以进行增大处理。选"效果"中的"振幅和压限"下的"音量标准化"，选择 100%，即可。这时播放，音量会增大很多；还可使用"放大"菜单，对左右声道音量独立进行放大或降低。

⑥保存为一个 MP3 格式的声音文件。点文件菜单中的"另存为"，选好位置，起名字，选格式，保存即可。

这样我们就制作好了自己演唱的一首歌。觉得效果还不够好的话，还可以进一步进行混响等操作。

8. 添加混响等音效

自己录制的声音，往往声音不够丰满，不够好听，可以添加一些音效，以使声音变得更动听。双击录音文件，选择"效果"菜单中的"混响"，可以选择"房间混响、回旋混响、简易混响、完美混响"中的一种进行设置，然后确定即可。

另外还可以给原声补充一些低音或高音，使声音更富于变化。双击录音文件，选择"效果"菜单中的"滤波和均衡"下的"图示均衡器"，在对话框中有 10 段、20 段、30 段的均衡等，选择 10 段均衡，然后用鼠标调节低音块和高音块，预览，直到自己满意为止，确定即可。

9. BBE 高音激励效果器

BBE Sonic Maximizer 声音激励器（插件）主要被用来修饰和美化声音信号。它对人声和类似木吉他的原声乐器声的激励效果非常明显。它可以增强声音的穿透力，增加原声的质感与空间感。

先从网上下载 BBE 插件，保存在 C 盘以外的其他位置，接着安装此软件到指定位置。

打开 Audition 软件，点"效果"菜单中的"刷新效果列表"命令，选择刷新，这时出现一个进度条，一会儿就会刷新完成。现在就可以使用添加的效果对声音进行激励了。

比如对前面录制的人声进行激励，方法是：在单轨界面下，先双击选中声音，选择"效果"→"DirectX"→"BBESonicMaximizer"，在出现的对话框中，我们既可在对话框中的预置下拉列表中选择一种预设的声音激励方案，也可以通过三个简洁的旋钮来进行手工设置。左边的"LO CONTOUR"旋钮用来调节低音。中间的"PROCESS"旋钮用来调节高音。右边的"OUTPUT LEVEL"旋钮用来调节激励及输出水平。通常我们选择预置的调节值即可。在调节旋钮时，我们可以点击"试听"按钮来进行监听。

需要注意的是：如果我们把"PROCESS"（高音）旋钮的值调得过高会使声音刺耳，而把"LO CONTOUR"（低音）旋钮的值调得过高就会使声音模糊。因此，我们要根据不同的声音类型来进行效果调节。

第五节　视频素材及处理技术

一、常见视频素材的格式

视频（Video），只要连续的图像变化每秒超过 24 帧（frame）画面以上时，根据视觉暂留原理，人眼无法辨别单幅的静态画面，看上去是平滑连续的视觉效果，这样连续的画面叫做视频。视频按录制方式一般分为模拟视频和数字视频。多媒体素材中的视频指数字化的活动图像。VCD 光盘存储的就是经过量化采样压缩生成的数字视频信息。视频信号采集卡是将模拟视频信号在转换过程中压缩成数字视频，并以文件形式存入计算机硬盘的设备。将视频采集卡的视音频输入端与视音频信号的输出端(如摄像机、录像机、影碟机等)连接之后，就可以采集捕捉到视频图像和音频信息。

视频文件是由一组连续播放的数字图像(Video)和一段随连续图像同时播放的数字伴音共同组成的多媒体文件。其中的每一幅图像称为一帧(frame)，随视频同时播放的数字伴音简称为"伴音"。

视频可以保存成不同的文件格式，不同的文件格式具有不同的特点：

(一)MPEG/MPG/DAT

MPEG 也是 Motion Picture Experts Group 的缩写。这类格式包括了 MPEG-1，MPEG-2 和 MPEG-4 在内的多种视频格式。MPEG-1 相信是大家接触得最多的了，因为目前其正在被广泛地应用在 VCD 的制作和一些视频片段下载的网络应用上面，大部分的 VCD 都是用 MPEG-1 格式压缩的(刻录软件自动将 MPEG-1 转为 DAT 格式)，使用 MPEG-1 的压缩算法，可以把一部长 120 分钟的电影压缩到 1.2GB 左右大小。MPEG-2 则是应用在 DVD 的制作，同时在一些 HDTV(高清晰电视广播)和一些高要求视频编辑、处理上面也有相当多的应用。使用 MPEG-2 的压缩算法压缩一部长 120 分钟的电影可以压缩到 5~8 GB 的大小(MPEG-2 的图像质量 MPEG-1 无法比拟的)。

(二)AVI 格式

AVI 格式是音频视频交错(Audio Video Interleaved)的英文缩写。AVI 格式调用方便、图像质量好，但缺点就是文件体积过于庞大。AVI 是 Microsoft 公司开发的一种伴音与视频交叉记录的视频文件格式。在 AVI 文件中，伴音与视频数据交织存储，播放时可以获得连续的信息。这种视频文件格式灵活，与硬件无关，可以在 PC 机和 Microsoft Windows 环境下使用。

(三)RA/RM/RAM 格式

RM，Real Networks 公司所制定的音频/视频压缩规范 Real Media 中的一种，Real Player 能做的就是利用 Internet 资源对这些符合 Real Media 技术规范的音频/视频进行实况转播。在 Real Media 规范中主要包括三类文件：RealAudio、Real Video 和 Real Flash(Real Networks 公司与 Macromedia 公司合作推出的新一代高压缩比动画格式)。REAL VIDEO(RA、RAM)格式由一开始就是定位在视频流应用方面的，也可以说是视频流技术的始创者。它可以在 56K MO-

DEM 拨号上网的条件实现不间断的视频播放，可是其图像质量比 VCD 差些，如果您看过那些 RM 压缩的影碟就可以明显对比出来了。

(四)MOV 格式

使用过 Mac 机的朋友应该多少接触过 QuickTime。QuickTime 原本是 Apple 公司用于 Mac 计算机上的一种图像视频处理软件。Quick Time 提供了两种标准图像和数字视频格式，即可以支持静态的 PIC 和 JPG 图像格式，动态的基于 Indeo 压缩法的 MOV 和基于 MPEG 压缩法的 MPG 视频格式。

(五)ASF 格式

ASF(Advanced Streaming Format 高级流格式)Microsoft 为了和现在的 RealPlayer 竞争而发展出来的一种可以直接在网上观看视频节目的文件压缩格式。ASF 使用了 MPEG-4 的压缩算法，压缩率和图像的质量都很不错。因为 ASF 是以一个可以在网上即时观赏的视频"流"格式存在的，所以它的图像质量比 VCD 差一点并不出奇，但比同是视频"流"格式的 RAM 格式要好。

(六)WMV 格式

一种独立于编码方式的在 Internet 上实时传播多媒体的技术标准，Microsoft 公司希望用其取代 QuickTime 之类的技术标准以及 WAV、AVI 之类的文件扩展名。WMV 的主要优点在于：可扩充的媒体类型、本地或网络回放、可伸缩的媒体类型、流的优先级化、多语言支持、扩展性等。

(七)DivX 格式

这是由 MPEG-4 衍生出的另一种视频编码(压缩)标准，也即通常所说的 DVDrip 格式，它采用了 MPEG-4 的压缩算法同时又综合了 MPEG-4 与 MP3 各方面的技术，说白了就是使用 DivX 压缩技术对 DVD 盘片的视频图像进行高质量压缩，同时用 MP3 或 AC3 对音频进行压缩，然后再将视频与音频合成并加上相应的外挂字幕文件而形成的视频格式。其画质直逼 DVD 并且体积只有 DVD 的数分之一。这种编码对机器的要求也不高，所以 DivX 视频编码技术可以说是一种对 DVD 造成威胁最大的新生视频压缩格式，号称 DVD 杀手或 DVD 终结者。

(八)RMVB 格式

这是一种由 RM 视频格式升级延伸出的新视频格式，它的先进之处在于

RMVB 视频格式打破了原先 RM 格式那种平均压缩采样的方式，在保证平均压缩比的基础上合理利用比特率资源，就是说静止和动作场面少的画面场景采用较低的编码速率，这样可以留出更多的带宽空间，而这些带宽会在出现快速运动的画面场景时被利用。这样在保证了静止画面质量的前提下，大幅地提高了运动图像的画面质量，从而图像质量和文件大小之间就达到了微妙的平衡。另外，相对于 DVDrip 格式，RMVB 视频也是有着较明显的优势，一部大小为 700MB 左右的 DVD 影片，如果将其转录成同样视听品质的 RMVB 格式，其个头最多也就400MB 左右。不仅如此，这种视频格式还具有内置字幕和无需外挂插件支持等独特优点。要想播放这种视频格式，可以使用 RealOne Player 2.0 或 RealPlayer 8.0 加 RealVideo 9.0 以上版本的解码器形式进行播放。

(九)FLV 格式

FLV 格式是随着 Flash MX 的推出发展而来的新的视频格式，其全称为Flash Video。是在 sorenson 公司的压缩算法的基础上开发出来的。由于它形成的文件极小、加载速度极快，使得在网络观看视频文件成为可能，它的出现有效地解决了视频文件导入 Flash 后，使导出的 SWF 文件体积庞大，不能在网络上很好的使用等缺点。目前各在线视频网站均采用此视频格式。如新浪博客、56、优酷、土豆、酷 6、YouTuBe 等，无一例外。

另外还有多种视频格式，如 MP4、3GP 是手机常用视频；AMV 是一种MP4 专用的视频格式；VOB 是 DVD 视频文件存储格式；DAT 是 VCD 视频文件存储格式；WmvMpeg 是编码视频文件等。

二、视频素材的获取

视频素材的获取主要是从资源库、电子书籍、课件及录像片、VCD、DVD片中获取，从网上也能找到视频文件。资源库、电子书籍中的视频资料可以直接调用，课件中的视频文件一般也放在 EXE 文件之外，不会和 EXE 打包在一起，也可直接调用。录像片中的资料可用采集卡进行采集，若无此设备，可在 VCD制作店进行加工，把录像资料转变为 MPGE 格式或 AVI 格式，刻录后进行使用。VCD 可直接用超级解霸处理，但要注意，DVD 或 MPGE-4 格式在 Authorware 中无法直接使用，要安装 MPGE-4 转换软件，转换格式后才可以正常使用。现在用于视频格式转换的工具软件很多，著名的有：狸窝视频格式转换器，万能视频格式转换器，格式工厂等。

总之，素材的收集与处理，要运用多个软件多种形式。其软件与方法，不一定非用哪个不可，要根据具体的情况、具体的环境来决定如何处理，以求用最经济最方便的方法取得最好的效果。

三、视频素材的采集技术

视频的处理技术主要包括视频的采集技术和后期的处理技术。下面先介绍重要的视频采集工具——数码摄像机的使用。

视频的采集除了前面介绍的方法以外，可以直接用数码摄像机录制相关视频。下面介绍小型 DV 机的使用技术。

小型数码摄像机就是通常所说的 DV 机（如图 3-18 所示），DV 即 Digital Video 的缩写，译成中文就是"数字视频"的意思，它是由索尼、松下、胜利、夏普、东芝和佳能等多家著名家电巨擘联合制定

图 3-18　小型 DV 机

的一种数码视频格式。DV 是联合制定的一种数码视频格式，然而，在绝大多数场合 DV 则是代表数码摄像机。按使用用途可分为：广播级机型、专业级机型、消费级机型。按存储介质可分为：磁带式、光盘式、硬盘式、存储卡式。

(一)数码摄像机的工作原理

数码摄像机的基本工作原理就是光、电信号到数字信号的转变及传输，即通过摄像头的输入，用感光元件将光信号转变成电流，再把得到的模拟信号转变成数字信号，经过一系列的图像处理以后输出成我们可见的动态画面。

(二)数码摄像机的功能及特点

①多种格式高画质数字摄影功能。
②数码相机。
③USB 移动磁盘及 SD 卡存储。
④电视输出显示。
⑤即拍即看，多角度拍摄。
⑥光学变焦功能。

(三)数码摄像机的基本操作

用数码摄像机摄像的大体操作流程为：首先给数码摄像机供电(用电池或交流适配器供电)、开启电源开关、置入录像带(或光盘)、调整寻像器，然后调节镜头或摄像机机位，通过寻像器观察景物，在需要正式录像时按下摄像机的开始/停止按钮进行拍摄，再按开始/停止按钮暂停录像。在拍摄过程中，要视需要进行以下技术性调整与选择。

1.摄像机工作状态选择

摄像机的工作模式一般有自动、手动和程序拍摄三种模式。

在自动模式下，聚焦、光圈、快门、白平衡等全部处于自动调整状态，绝大多数拍摄都采用该模式。但是，在一些特殊拍摄条件下，或者为了取得某些特殊的拍摄效果，则采用搬运模式或程序拍摄模式，比如，要在白天获得夜景效果，要获得朦胧美效果等，都要使用手动拍摄模式。

2.变焦

摄像时的变焦分为手动变焦和电动变焦两种：

(1)电动变焦通常是用右手中指和食指按摄像机握机把手上部的两端标有 T、W 字样的船形按钮。按下"T"端，镜头焦距变长，拍摄范围变小，景物所成像变大；按下"W"端，焦距变短，拍摄范围变大，景物所成像变小。有的摄像机在改变按下 T 端或 W 端的力量大小时，还可以改变变焦速度，按力大，焦距改变快，轻按则变焦慢。

(2)手动变焦是用左手操作变焦环或用变焦手柄改变焦距。

电动变焦时焦距的改变速度均匀，摄像时较多使用电动变焦，只是在要快速改变拍摄物成像大小时，才使用手动变焦。

3.聚焦

摄像聚焦有手动聚焦和自动聚焦两种形式。绝大多数情况下应使用自动聚焦，只是在自动聚焦不能使主体清晰成像或想取得某些特殊效果时，才用手动聚焦。

4.光圈调整

摄像机中光圈(Iris)调整分为手动调整与自动调整两种方式，绝大多数条件下的摄像应该用自动光圈调整，因为手动调整光圈操作繁琐，又难于准确把握。光圈的自动调整类似于照相机上的快门先决式自动曝光。

摄像机的自动光圈调整是以被摄物总体亮度的平均值为调整基准，当被摄主体与周围环境亮度相差过分悬殊时，采用自动光圈调整所拍摄画面的主体影像，就会显得太亮或太暗。比如，环境较亮主体较暗，从主体的局部"拉"出带有较大环境的全景时，主体便会黑下去，细部层次无法表现。又如，从比较暗的环境"摇"到比较亮的环境，画面会出现短暂的发亮、发白，物体的色彩与质感会丧失，而后才慢慢恢复正常。

在以下几种情况下摄像，手动调整光圈能拍摄得到更好的效果：

(1)逆光下摄像。

(2)被摄主体明亮而背景很暗。

(3)照度非常低。

(4)要踏实表现黑暗下的环境气氛。

(5)要获得所需要大小的景深。

手动调整光圈时一定要注意技术技巧，比如从暗处"摇"向亮处时，应兼顾落幅时画面亮度和起幅时的画面亮度，取其适中光圈，正式拍摄前要先行预演，效果满意后才正式摄取。

有些摄像机具有逆光补偿功能。在逆光下采用自动光圈摄像时，摄在画面上的主体若较小时会显得非常暗，逆光补偿是指在此条件下按下逆光补偿按钮（通常标有 BACK LIGHT），让摄像机用更大的光圈拍摄，从而使处于逆光下的景物清晰明亮。若没有逆光补偿按钮，则此条件下拍摄必须手动调整光圈。

5. 白平衡调整

摄像机的白平衡调整功能（White Balance，WB 或 WHT BAL），分为自动调整和手动调整两类方式：

①自动白平衡调整是由摄像机根据照明光线的色温情况自动调整。

②手动白平衡调整有选择滤色片挡位和改变电路增益调整两种方法。

在一些摄像机上，在白平衡调整开关处标有不同光源或不同色温的挡位，使用这类摄像机手动调整白平衡时，只要将挡位开关拨于与摄像光源种类或色温一致的挡位即可。

改变电路增益的手动白平衡调整方式大体操作为：将白平衡调整处于手动方式，盖上纯白色的镜头盖或对准白纸或纯白的物体，变焦至电子寻像器的屏幕完全变白，此时按下白平衡调整按钮（标有 WB 或 W.BAL、WHT BAL），直至对像器中表示白平衡调整完毕的指示出现为止。

手动调整白平衡后，当拍摄环境的光线色温条件发生了变化，或更换了电池时，都必须重新调整白平衡。

摄像时一般采用自动白平衡调整，只是在以下几种情况下，才用手动调整白平衡：

①在水银灯、钠光灯或某些荧光灯下拍摄。

②在摄像机镜头前加用特殊效果的单色滤色镜拍摄。

③拍摄环境的照度突然发生变化，如在舞厅变幻的灯光下拍摄。

④日落、日出时拍摄。

⑤拍摄室外夜景(如焰火、霓虹灯)。

⑥拍摄单色物体或单色背景前的物体。

⑦拍摄时摄像机与被摄物不在同一照明光源下。

⑧手动调整光圈逆光下拍摄，以及用微距功能拍摄大特写。

6. 镜头运动技巧

镜头运动是指拍摄一个镜头时，移动摄像机机位，或者改变镜头光轴，或者变化镜头焦距等操作。镜头运动技巧有推、拉、摇、移、跟、甩、旋转等几种。

(四)数码摄像机的几种常用拍摄技巧

摄制过程中的摄像技巧很多，可以根据主题的改变而改变。不过一般来说，一旦提及摄像技巧，大家都会想到"推、拉、摇、移、跟、甩"，这就是几种常见的基本技巧。

1. 推拉镜头

镜头的推拉并不只是一种技法，而是在技术上相反的技巧。推镜头相当于沿着直线不断地向拍摄主题走近观看，是观众的视线逐渐接近物体，是一个从整体到局部的过程，突出重点。拉镜头则是相反，拉镜头是不断地离开主体物体，逐步地扩大视野，可以同时表现局部和整体的关系。

2. 摇镜头

摇镜头的时候摄像机的位置不动，仅仅是变动镜头的方向，类似我们站在原地只是头部扭动观看景色一样。镜头的摇动，可以上下、左右、斜向。镜头的开端和结尾之间就要把一个主题给交代清楚。值得注意的是在拍摄摇镜头的过程中，一定要匀速，不要有呆滞，起头先停滞一会儿，然后加速、匀速、减速、再停滞，步骤要缓慢自然。

3. 移镜头

移镜头就是摄像机本身移动，拍摄角度不变，与被拍摄物体的角度不变，一般是用来表现一种物体与物体之间，人与人之间的空间关系。适合近距离拍摄，按照移动方向一般可以分为横向移动和纵向移动，一般拍摄的时候依靠在轨道上运行的动力车，其实运动的汽车、自行车、轮船、飞机都可以做移动镜头的。

4. 跟镜头

这个应该很好理解，举个夸张点的例子，你是一名狙击手，出现在你的瞄准镜的是敌人，而他在不停地移动，你就需要用瞄准镜跟随他，可能背景和周围的景观在不停改变，但是主题不变。所以，跟镜头的特点就是摄像机跟随运动的主体拍摄。这一种拍摄方式可以突出主体，而且又能有利地表现出主体的运动方向、速度等与环境的关系。

5. 升降镜头

升降镜头是指摄像机上下移动地拍摄画面，是一种多视点的表现场景的方法，可以分为垂直方向、斜向、不规则方向升降，这样做的好处是能够带来一种高度感和增强空间深度的幻觉性。

6. 甩镜头

甩镜头是指一个镜头结束后不停机，直接极速地转向到另一个方向，从而直接改变画面内容，而中间的那段画面应为极速而模糊不清，这就表达一种在同一时间、同一空间、同时发生的事件的结合。

7. 长镜头

值得向大家特别介绍的长镜头是法国电影新浪潮时期新锐导演经常用到的一种摄影技法，在现实拍摄中我个人也经常用到。长镜头就是在人物做各种运动的时候长时间用摄像机镜头跟随，作为一个镜头来拍摄，这种技法的好处是很容易表现出一个人物的完整状态、情绪、体能、动作以及其他各种信息。

拍摄技巧是非常多的，我们只要掌握好基础，其他的问题就会迎刃而解，只要把上面的基础技巧结合，搭配运用就能起到很好的效果。

(五)数码摄像机的相关参数

产品功能：数码摄像机/数码照相机/录音/网络摄像头/可移动的硬盘/MP3播放器

感光元件：500 万像素 CMOS 可供选择，可插值到 1 200 万像素

图像分辨率：3840×2880　1200 万像素

3320×2490　800 万像素

2592×1944　500 万像素

1600×1200　200 万像素

640×480　30 万像素

存储器：本机存储 SD 卡存储

数字变焦

显示器：3.0 寸的液晶显示屏

档案格式：照片格式　*.JPG；录像　*.AVI；录音　*.WAV

LCD 显示屏：3.0″彩色 TFT 屏幕(可以转 270 度，960×240 像素)

白平衡：自动、晴天、阴天、荧光灯、钨丝灯

夜拍照明：LED 高亮灯

效果：标准、黑白、怀旧

拍摄模式：单拍/自拍

自拍定时：5 秒、10 秒

USB 接口：USB 2.0

光圈：f＝7.45mm，F＝3.0

对焦范围：微距：0.3～1.2 米，正常：1.2m～无限远(相当于 35mm 胶卷镜头)

快门：电子快门

快门速度：1/1000～1/8sec

视频压缩：1)VGA 640×480 帧速度 30 帧/秒

2)QVGA 320×240 帧速度 30 帧/秒

电视输出：NTSC/PAL

电源：可充电锂电池(3.7V 1350mhA)/4 节 1.5V 干电池

自动关机：从不/1 分钟/3 分钟

尺寸：400mm×665mm×1160mm

重量：205g

工作温度：0～40℃

工作湿度：10％～80％

内置存储器：16MB NAND FLASH(可支持 16MB～4GB)

系统要求：Windows 2000/ME/XP/Vista

四、视频后期处理技术

(一)主要的视频处理工具

采集到的视频，我们要进一步地进行加工处理，以得到最终符合教学需要的视频。那么视频的处理主要都有哪些呢？视频的处理主要包括视频的编辑、切割、合并、转码、压缩等操作。进行视频处理的主要工具如下：

视频编辑工具：Ulead 会声会影、Adobe Premiere、Movie Maker、Sony Vegas Movie Studio、Video Edit Magic 等；

视频切割工具：Easy Video Splitter、Asf Tools、RealProducter Plus 等；

视频转码工具：豪杰视频通、Amigo Easy Video Converter、ConvertMovie、Video Conversion Expert、OSS Media Converter Pro 等；

视频合并工具：Easy AVI/MPEG/RM/WMV Joiner、Zealot All Video Joiner 等；

rm/rmvb 压缩工具：RMAShell，可用于修复或压缩 rm/rmvb 文件；

电子相册常用工具：MemoriesOnTV、MediaShow 魅力四射、ACDSee Pro、豪杰音乐工作室、Adobe Premiere、Ulead 会声会影等。

(二)用会声会影处理视频

会声会影软件是制作简易的小电影以及高清视频的一种功能强大的软件，它的用途很广，如教学、同学聚会、生日、结婚等。它把相机或摄像机记录下来的视频和照片通过软件来编辑剪辑，加上文字、音乐以及其他特效功能，使它形成了一个有声有色的电子相册、小电影或高清视频，可以充分发挥你的创意和想象力。

会声会影的版本很多，可进行不断的升级，不同版本间的功能也不尽相同，但编辑的方法、流程大致相同，都要经过新建项目、准备素材、编辑素材、为素材添加转场和滤镜效果。

下面按使用流程对会声会影软件进行介绍，共分为：准备工作、剪辑与修整、设置特效、文字声音的添加、音乐的加入、分享六个步骤。

第一步　准备工作

(1)认识操作界面(如图 3-19 所示)

菜单栏：包括文件、编辑、素材、工具等按钮；

步骤标签：包括捕获、编辑、效果、覆叠、标题、音频、分享；

预览窗口：也就是我们看到的显示屏幕，用来预览视频、图片等以及应用设置后的效果；

导览面板：用于对视频、图片、音频等播放进度进行设置、控制，包括飞梭栏、剪辑按钮、导览按钮、时间码等；

素材库：其预设了一些视频、音频、滤镜、效果、转场、图片等文件，切换到相应素材库后，就可以查看和使用；

编辑面板：显示编辑视频、图片等文件的功能按钮；

工具栏：区域包括一些编辑文件的按钮、切换按钮、撤销恢复、轨道管理器、音频等内容的按钮；

时间轴：显示当前项目中包含的所有素材、背景音乐、标题和各种转场效果等。

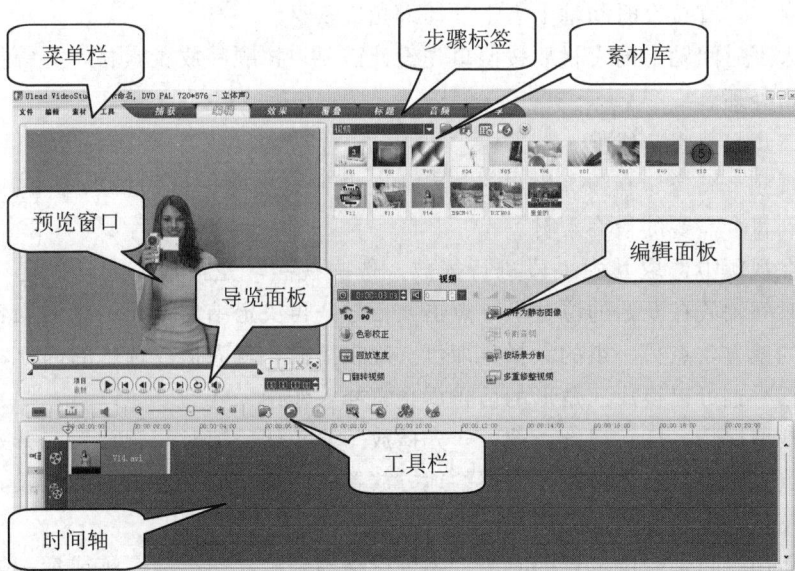

图 3-19　会声会影界面

(2)视频、图像等素材的导入。

素材可以导入到素材库中，也可以直接导入到时间轴上。导入到素材库中，可以更好地管理这些素材，并按照设计要求来选用这些素材。素材可以按不同类型分别放置在不同的时间轨上，并等待进一步的剪辑处理。

①把素材导入到素材库的方法。

方法一：在素材库管理器面板中导入，先选择要导入的素材类型，再点击加载素材的文件夹按钮，打开对话框，选择素材保存的位置，选中要加载的素材文件，点击"打开"即可。

方法二：利用菜单来导入，打开文件菜单，选择"将媒体文件插入到素材库"命令，打开对话框，选择素材保存的位置，选中要加载的素材文件，点击"打开"即可。

②把素材直接导入到时间轴的方法。

方法一：在素材库管理器面板中，先选择要导入的素材类型，在出现的素材中选择要导入的素材，然后拖动素材到相应类型的时间轴上，放开鼠标即可。

方法二：利用菜单直接导入，打开文件菜单，选择"将媒体文件插入到时间轴"命令，打开对话框，选择素材保存的位置，选中要加载的素材文件，点击"打开"即可。

方法三：直接在时间轴上右击，插入相应素材。

导入到时间轴上的素材要按照事先设计需要，按顺序放置素材，并等待进一步的编辑处理。

第二步　剪辑与修整

对视频、图像、音频等素材进行裁剪、复制、删除、分割场景等编辑操作，可以得到符合需要的最终素材。

①在视频中选取其中一段进行播放。选中视频，先播放一遍，确定开始位置，把时间轴放在开始的位置上，点击大括号，再决定结尾部位，把时间轴放在要结尾的地方，点另一半的大括号即可。现在播放，就只播放选中的部分。

大括号也可以换成三角形的前止后止符号，作用一样。

②裁剪视频。插入视频，选中，先播放一遍。然后把时间轴放置在开始的位置，再点剪刀工具，同样在要结尾的地方放置时间轴，然后点击剪刀工具，视频被裁成几截，把不要的部分删去。

在使用时间轴确定位置的时候，还可以精确到帧，如在前一帧或后一帧的工具上不断点击，就可精确到帧。

③多重修整视频。插入视频，选中，再点击 多重修整工具，在进入到多重修整工具的画面中，我们可以看到多重修整的界面，有屏幕和各种修剪工具。

先播放一遍，做到心中有数，在决定开始的地方点击"暂停"，再点击"前大括号"，继续播放，在该段视频结尾处点击"暂停"，再点击"后大括号"；继续播放，在播放下一段可以修整的视频，用同样的方法点击"暂停"，再点击"前大括号"，和另"后大括号"，同样的方法一直把此视频修整完毕，这时在播放的过程中修整我们可以看到可以精确到帧的位置。

④按场景分割。一般是指使用摄像机在拍摄的过程中一个场次转到另一个场次，按一个场次一个场次地表现出的视频，比如，你在森林公园门牌前拍摄了一段，再到好汉坡又拍摄另一段，点击　按场景分割工具，就会把在森林公园作一个段落，把好汉坡作另一个段落来区分。

⑤分割声音。是指把这段视频上的声音分割出来。点击　分割音频这个工具，就可以把视频和声音分割出来。这有一个好处，有时我们只需要这段声音，不需要那段视频，我们就可以选用这种办法来处理。相反也可以只留下视频，去掉原有的声音。

⑥保存为静态图像。我们在播放视频的时候，发现哪个图像很美，需要作为图片保存时，我们先用前一帧的后一帧工具，把要保存的图片调整好位置，然后再点击　这个工具，就会在素材库的图像中出现这张图片，让你在适当的时候使用。

⑦音频剪辑。在使用音频的时候，往往会出现主题表现完了音乐还有一段没有播完，这时就要把音乐按主题来定时间，把多余的一段音乐剪掉，操作步骤是，点击音频，把时间轴定好位置，再在屏幕下点剪辑工具，然后把多余的音乐删掉。最后要记得在结尾的时候，淡化声音，让它慢慢地从大变小。操作步骤为：点击音频视图，点黑音频，出现红线，在结束的位置前三秒或四秒位置上点击，成一小方块，再在结束的位置点击成小方块把这个小方块拖下成斜三角形。

声音轨上也一样，如果是对一某声音中某节声音不满意，就把此节声音剪辑出来，操作步骤是把时间轴放在不需要的声音轨的前端，然后点击屏幕下的剪刀，接着在不需要的声音轨的后端，再点击剪刀，接着点击删掉就可。

⑧在第一覆叠轨和其他覆叠轨上对视频和照片的剪辑。

有时在覆叠轨上需要对视频和照片进行剪辑，好做一些有特色的表现形式。操作步骤是：先点"覆叠"然后把视频对齐，再点击屏幕下的剪辑工具，就会出现剪断的样子，把多余的视频删掉。一般照片是不用剪辑的，可以把它拉长或缩短，但有时为了表现主题，让照片快一点进入覆叠轨，也要用剪辑手段来达到目的，步骤与上一样。

第三步　给视频、图片添加特效

(1)第一时间轨。

给视频加特效，主要有以下几种。

①转场效果，有随机的和手动的两种。随机的是在做项目前就在会声会影的文件菜单，参数选择中选好，是随着视频与照片，或视频与视频的出现，在连接地方自然随机插入的。

手动的是指按要求人工插入的，操作步骤是：在素材管理面板，点小三角，选择转场，出现转场的种类，根据你的喜好点击你需要的种类，再在其选择出你需要的转场品种来，把鼠标放在你要点击的品种上，按住鼠标不放，拖到视频与视频连接处释放即可，图像与图像的手动转场方法与上一样。

②滤镜，是指在视频或图像上施放的一种特殊的效果，比如下雨，刮风，打雷，气泡等。

操作步骤：在素材管理面板，点小三角，点击视频滤镜，出现滤镜的不同图标，选择你要的品种，把鼠标放在此图上，按下不放，拖到正在编辑的视频上释放即可。

③翻转视频，是指视频的播放从尾部开始到视频的开始端的反向运动，本来是从前往后运动的，经这样编辑后却变成从后向前运动了，这样的一种效果使人眼球一亮，特别引人注目。比如一段视频是反映人在大街上走，使用了这种效果后，看到的是人往后退，车也往后退的怪事了。

操作步骤：选中视频，点击翻转视频前的小方块即可。要撤除的方法是去掉对勾，就撤除了。

④回放速度，是把视频时间拉长或压缩来改变播放速度，比如反映汽车运动的视频是一分钟，我把此视频压缩成 20 秒来播放，想想那汽车运动的速度就快多了；相同，另一个视频本来是 10 秒钟，我把此视频拉长到 30 秒来播放，那运动起来肯定是慢多了。

操作步骤：选中视频，再点击▦回放速度工具，在对话框中调节速度，达到你想要的效果即可。

⑤色彩校正，我们有时拍的视频色彩不够，或是光线不好，就在此处调整。操作步骤是：选中视频，点击◑色彩校正工具，打开色彩调整器，然后用鼠标来拖动你要调整的项目，达到满意为止。要消除这种操作就在右边的双箭头处点击一下，就回到正常操作界面了。

⑥大小调整，有时视频在屏幕上需要调大或调小，或调出另一种效果来，就用得到这种方法了。比如，我们要调整一种斜放面，这在电影的结尾中常常看到的，操作步骤是：选中视频，点击属性，给"素材变形"前的小方块上打上对勾，这时屏幕上会出现四个小黄块和四个小绿块，给"显示网络线"前的小方块打上对勾，然后调整小黄块或小绿块，调整到满意为止。图像的大小调整方法相同。

⑦图像的摇动与缩放，摇动与缩放功能是对图像的一种效果，本来图像是不动的，利用摇动与缩放就把不动的变成动起来了，产生一种震撼的效果。

操作步骤：选中图像，在摇动与缩放前的小圆圈点中，点击摇动和缩放下面的小三角，选取你选择的品种即可。

摇动与缩放的自定义，当摇动和缩放功能里的品种还不能满足你的需要时，就点 ⬛ 自定义按钮，在自定义对话框中，自己设置效果。

操作步骤：点击自定义按钮，打开自定义界面，调节左图上的四个小黄点的位置，在时间轨的右边位置上点击，让小方块和小红点拖到最后的位置，调整左图上四个小黄点即可。此方法比较难，要多次操作才能摸出其中的规律来。

⑧图像的色彩调整、大小调整。背景材料的插入，视频与图片都可以作为背景用的，只要把视频或图片插入到第一时间轨中，而需要表现的视频和图片却安排在其他轨道上去，如覆叠轨上。

（2）第二时间轨——第一覆叠

①单张。视频，一般视频在时间上只要八到十秒就可。操作步骤：点覆叠，插入视频到覆叠轨中，视频与视频之间不要贴得太紧，要有两秒的间隔；

图片，一般图片是设置到六到七秒钟。操作步骤：点覆叠，插入图片到覆叠轨中，图片与图片之间不要连得太紧，要有两秒的间隔。

②特色运用。在第一时间轨是背景的前提下，第二时间轨一般是表现主题的，它在第二时间轨表现的方式很多，有飞进飞出的应用，有遮罩的应用，有色度键的使用等。

• 飞行方向：选中视频或图片，点开属性按钮，出现了"方向/样式"图形（如图 3-20 所示），选择你需要的进出方向，淡进淡出以及是否旋转。

同时我们还看到第二时间轨，也就是第一覆叠轨，它的图片或视频在屏幕上都是只有 1/4 大小，如果我们要把第一覆叠轨按主题来做的话，就要把图片拉成与屏幕一样大小。

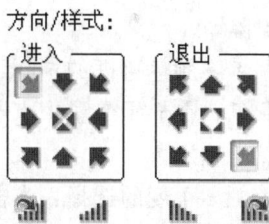

图 3-20　飞行方向

• 遮罩利用：遮罩是会声会影一个很特色的表现形式。它在第一轨道为背景的情况下，让人赏心悦目，有时会感到云中雾里，产生一种神秘的感觉。

操作步骤：选择"属性"，点击遮罩与色度键在应用覆叠选项前面的小方块打上对勾，再点击在色度键旁的向下箭头，点击遮罩帧，选择需要的遮罩品种，遮罩利用可以用在视频上也可以用在图片中。

• 色度键：是把视频或图片中的背景色吸掉，一般背景为纯色。最为典型的是一个人站在一块纯净颜色的布前，作为一个解说人在说话，然后放入第二时间轨，吸掉纯净颜色布中的颜色，形成了一个人在旁解说的形式。

• 图片的摇动和缩放：在第二轨中放置的图片，也可以使用摇动和缩放效果，方法与前面相同。

第四步 文字声音的输入

(1)标题的输入。

①一个好的作品一定要有一个生动、醒目的标题，文字一定要简洁、通俗，扣中主题，字数也不要太多。

②好的标题还要有好的表演，赏心悦目，扣人心弦，这主要是靠颜色、字体、动画来表现。

操作程序：点击标题，双击屏幕，设定好字体、颜色、大小，然后把要输入的文字打到屏幕上，点击屏幕，文字就出现在时间轴的下方文字栏中，点击文字，把文字拖到需要的地方，在时间轴下的文字栏中控制时间的长短，用鼠标把标题选中，点击动画，在动画应用前的小方块打对勾，选择动画形式，试播，定稿。

• 字体的选定：点击 T 右边的˅符号，拉出需要的字体。

• 颜色的选定：双击屏幕，单击颜色小方块，从中先出理想的颜色来，在选定颜色的时候，要先检查参数的选择中是否把应用颜色滤镜前的小方块中的勾消除。方法是点击文件，参数选择，编辑，应用色彩滤镜，把其中小方块的勾点击消除。

• 颜色边框的选择：点击边框/阴影/透明。边框，外部边界小方块中打勾；颜色，在显示数量中点击需要的数量，阴影栏中选择，需要的颜色等内容，然后点击确定。

• 角度的选择：点击角度栏，从正数或负数中选择需要的角度。

• 动画的选择：点击标题栏，双击屏幕，把已经输入好的标题选中，在应用动画前的小方块点勾，选择需要的动画形式，点击自定域，选择表现形式如时间的长短或从何方进入等内容，演示，修改，定稿。

(2)配音文字的输入。

这里指的是解说词，旁白，或歌词等内容。

①声音的输入：打开文件菜单，将解说词文件输入到时间轴上，输入到与内容相关的地方，试听，定好位置。

②对解说词断句：如果解说词比较长，就先在文稿上断句，一般是屏幕上的

文字不要超越四方框，一排为好，字体不要太大，也不可太小，先在屏幕上试一下文字的多少，然后根据文稿内容进行断句处理。如果是较长的语句，有必要从语句中间划割开来，要求做到语句通顺，意思表达清晰，不会产生误意。

③播放文稿声音，认真听取文稿声音，根据文稿上的断句，当声音读到的地方，就立即停下，用鼠标在时间轴上做标记。

④根据标记把文字打入屏幕上，设置字体、颜色、字号，调整位置等，在时间轴上控制好文字播放的时间长度。以此类推，把所有文字输入。

第五步　音乐的输入

一个好的作品需要一个震撼人心的音乐，好的音乐能带来好的音乐享受，给作品增添不少的活力，使作品活起来。

①音频的输入，在"素材库"面板，先选择音频类型，点击"加载文件夹"图标，在文件夹中找出需要配置的音乐，点击打开，把音乐拖到音乐轨中相应的位置。

②音频的修改，点击音频，将音频点黑找到需要修改的头和尾，将其用音频剪刀剪断，点击它然后将其删去，再把后一段的音频拖前，弥补删除地方的空间。连接后再试播一遍。

③音频小段的复制，将需要的那一段用音频剪刀剪断，然后右击，选"复制"，在音频的素材库中任一地方右击鼠标，点击"粘贴"，在显示栏出现标记后，用鼠标将其拖到时间轴的音乐轨中，放到需要的位置上。

④在音乐轨中置换音乐，在拍摄过程中，视频中的音乐不清晰，需要置换，在原视频声音中找到要替换的部分，用鼠标做好标记，然后将视频中的音乐静音，重新导入同名称的歌曲，将其输入到时间轴的音乐轨道上，播放一遍，将其放置在刚才做好的标记处即可。

⑤在遇到有解说词或需要放一些现场声音的时候，就要把音乐的声音适度地压低一些。操作如下，在音乐轨中，选中要处理的音频，点击"音乐视图"，出现红直线后，用鼠标靠近那根声音平衡红线，当鼠标的十字形转变成箭头时，在红直线上点击，看到一个红色的小方块，再在这个小红块控制方向稍近的地方再度点击，形成又一个小红块，用鼠标控制这个小方块向下移动，使之音乐声音压小即可。

第六步　分享制成作品，刻录成光盘

作品制作好后，需要多次进行项目回放，把视频，图像，文字，声音，音乐都检查一遍，确定满意后，就要输出保存制成成品。我们可以根据需要选择不同的去向，有直接制成视频文件，有制成 VCD 作品的，有制成 DVD 光盘的。

方法：

①创建视频文件，点击分享，选择创建视频文件，选择"PAL MPEG 2 720＊576 25fps"，选择存放文件的位置，会声会影软件开始渲染，渲染需要一段时间，需要耐心地等待。

②如果需要记录成 VCD 的作品，先制成视频文件后，再输入到"分享"里来刻录光盘，点击"分享"，创建光盘，点击 DVD 旁的小箭头，选择 VCD，放入光盘，在出现禁止 DVD 相关规定的对话框选择小方块，点击"是"，点击"下一步"，直到开始转换成记录光盘需要的信号后，等待刻录。

③如果是刻录成 DVD，点击"分享"，创建光盘，下一步直到开始刻录为止。

（三）Adobe Premiere 简介

Adobe Premiere 是一款常用的专业视频编辑软件，由 Adobe 公司推出，功能比会声会影更加强大。它可以把你摄像机拍的片子导入电脑后，剪辑、加字幕、加背景音乐、镜头间过渡、制作特效、做片头、片尾等，是一款编辑画面质量好的软件，有较好的兼容性，可以与 Adobe 公司推出的其他软件相互协作。目前这款软件广泛应用于广告制作和电视节目制作中。现在常用的有 6.5、Pro1.5、2.0 等版本，其最新版本为 Adobe Premiere Pro CS5.5。有兴趣的读者可以参考相关教材进行继续学习。

【实践活动】

1. 练习使用 DV 机拍摄一段 30 分钟以上的校园活动场景。

2. 用会声会影对 DV 机拍摄的校园活动场景进行编辑，加入图片等信息，自制一段影片，并刻录成 DVD。

（1）实践目的
• 掌握会声会影的基本界面。
• 掌握会声会影的导入素材、编辑、处理素材的功能。
• 掌握运用会声会影对素材添加特效。
• 分享作品。

（2）实践器材
• 计算机。
• 预先处理好的各种素材：图片、图像、视频、音频。
• 会声会影等软件。

（3）实践内容及要求

利用会声会影自制一段影片，并制成DVD。

要求：使用视频、音频、图像、旁白、文字等素材，做得有声有色，富有创意。

（4）实践过程

任务一：准备素材

按照主题要求自行获取素材（拍摄视频、收集图片、背景音乐等），并用相应处理软件进行加工处理成最终使用的素材和类型，分别按类型保存到不同的文件夹中。

任务二：打开会声会影，并导入素材

启动会声会影，使用"会声会影编辑器"启动模式。启动成功以后，运用你喜欢的一种方式导入不同素材，可以导入到素材库中，也可以直接导入到时间轨，最好先导入到素材库中，这样便于安排素材的排放顺序。

按照事先设计要求，把所有的视频、图像、音频等素材按顺序放置到相应的时间轨上，并一一进行试播和调整。

任务三：编辑处理素材

根据需要，对视频、图像、音频等素材进一步进行编辑处理，如裁剪、删除、复制、预演，直到满意为止。

任务四：添加各种特效

重点是熟悉掌握标题、效果、覆叠等各项功能。

• 按设计要求，在相应的位置处添加标题和文字，并设置满意的格式、动画等效果，使文字更自然、贴切。

• 给图像添加转场、视频滤镜等效果，使图像播放更生动，更具有感染力。

• 给视频设置特效。

• 选择添加覆叠效果，使影片的效果更富有变化，更富有创意。

任务五：分享

根据不同的制作目的，选择相应的分享去向和格式。

（5）实践注意事项

• 本实践是在充分了解和掌握了会声会影的基本功能的基础上进行的一项实践活动，事先要熟悉和使用过各项功能。

• 事先要掌握各种素材的搜集和处理技术。

• 熟悉视频的不同格式及用途。

• 会使用刻录机。

第六节 动画素材及处理技术

一、常见动画素材的格式

(一)动画简介

1. 动画制作原理

动画的制作原理与电影、电视一样，都是视觉暂留原理。医学证明，人类具有"视觉暂留"的特性，就是说人的眼睛看到一幅画或一个物体后，在 $0.1\sim0.4$ 秒内不会消失(具体时间因人而异)。利用这一原理，在一幅画还没有消失前播放下一幅画，就会给人造成一种流畅的视觉变化效果。因此，电影采用了每秒 24 幅画面的速度拍摄和播放，电视采用了每秒 25 幅(PAL 制，中国电视就用此制式)或 30 幅(NTSC 制)画面的速度拍摄、播放。如果以每秒低于 10 幅画面的速度拍摄播放，就会出现停顿现象。所以，只要将一段连续的动作画成一系列画面，然后按一定的幅率(动画中称帧频)播放，人眼看到的就是连续的场景，这就是动画。

2. 传统动画制作方式

传统动画制作时，是通过把人、物的表情、动作、变化等分段画成许多幅画，再用摄影机连续拍摄成一系列画面，给视觉造成连续变化的场景。

3. 现代动画制作方式

随着科学技术的发展，人们开发了许多动画制作软件，出现了两大特点：一是对一段连续的动作，人们无须画出那么多幅画面，只要画出一些关键画面(动画中称关键帧)，中间的画面软件会根据物体运动的规律自动生成；二是不一定非要用摄像机进行拍摄，动画软件可以生成一定格式的文件，通过特定播放器就可以在电脑、电视中进行播放。

动画发展到今天，产生了二维动画和三维动画两种形式，用 Flash 等软件制作成的就是二维动画，而三维动画则主要是用 MAYA 或 3D MAX 制作成的。

4. 动画在教学中的作用

动画的出现，给教学改革带来了新的变化，尤其是动画的制作不再神秘，一般教师都掌握了1～2种动画制作软件,人们开发了大量的动画教学课件,使得教学形式、教学内容等发生了深刻变化。

在教学中,往往需要利用动画来模拟事物的变化过程,说明科学原理,尤其是二维动画,在教学中应用较多。在许多领域中,利用计算机动画来表现事物甚至比电影的效果更好。因此,较完善的多媒体教学软件一般都配有动画以加强教学效果。

(二)动画文件的格式和特点

· FLA:Flash 源文件存放格式。在 Flash 中,大量的图形是矢量图形,因此,在放大与缩小的操作中没有失真,它制作的动画文件所占的体积较小。

· SWF:Flash 动画文件格式,它是 Flash 在 Web 上发布使用的文件格式。

· GIF:GIF 格式是常见的二维动画格式。

· AVI:严格来说,AVI 格式并不是一种动画格式,而是一种视频格式,它不但包含画面信息,亦包含声音效果。因为包含声音的同步问题,因此,这种格式多以时间为播放单位,因此在播放时,不能控制其播放速度。

二、动画素材的获取

动画素材获取的途径一般有:

首先,从已有的动画素材库中获取。如资源库、电子书籍、课件、录像片、VCD 和 DVD、网络等。

其次,利用专用动画制作软件来制作。如二维动画软件 Animator、Flash,三维动画制作软件 3D Max、MAYA 等。

最后,利用多媒体创作软件中的动画制作功能模块。如 Authorware 中的"移动图标"提供了五种方式的运动路径设定;PowerPoint 中的"自定义动画"可设定屏幕中对象(文字块、图形等)的呈现方式,如飞入、渐出、展开等几十种动画效果。

三、动画素材的处理技术

在现有动画制作软件中,最常用的是 Flash。下面简要介绍 Flash 软件及其在动画素材制作处理中的应用。

(一)Flash 简介

Flash 是美国著名的多媒体软件公司 Macromedia 公司出品的矢量图形编辑和动画制作专业软件，主要用于二维动画制作。先后经历的历史版本有 Flash 1～5、Flash Max 2004、Flash 8、Flash CS3、Flash CS4 等，当前 Flash 的最新版本为 Adobe Flash CS5。

Flash 不仅提供了众多固定程式的功能模块，还具有构建应用程序的功能，用户通过添加图片、声音、视频和特殊效果，就可构建包含丰富媒体的 Flash 应用程序。因此，Flash 拥有强大的动画制作和交互开发功能，广泛应用于制作动画、游戏、MTV、演示文稿、教学课件、多媒体交互网页等。尤其是 Flash 非常适合制作网络化的、交互性强的动画小片和小游戏，其输出的 SWF 格式文件精致小巧，非常适合在互联网上发布。

所以，Flash 与 Dreamweaver、Fireworks 并称网页设计三剑客，是网页设计师的必备工具之一。

Flash 动画主要具有以下特点：

①用 Flash 制作的动画是矢量图形，矢量图形放大或缩小不会失真，也不会增加文件大小。而一般的图像动画原则上是不能放大的，若放大须采用特殊的算法对像素点进行复制，因此，放大后的图像很容易失真。

②Flash 动画分源代码和目标代码，发布的文件是目标代码，不能修改，文件可以得到较好的保护。

③Flash 比较容易学习，很容易制作出优秀的 Flash 动画，这也是 Flash 迅速普及的一大原因。

④Flash 动画主要针对 Web 应用。用户只需在电脑上安装 Flash Player 的插件，即可在浏览器中浏览精美的 Flash 动画。

下面以 Adobe Flash CS3 为例介绍 Flash 的基本应用。

(二)Flash CS3 的工作界面

Flash CS3 的工作窗口主要包括菜单栏、工具栏、编辑区、层控制区、时间轴、属性面板和功能面板等（如图 3-21 所示）。以下简要介绍部分界面。

1. 时间轴

动画(Animation)是由一系列连续播放的静止画面组成的，这些静止的画面在 Flash 中称为帧(Frame)。时间轴(Timeline)是对帧和图层进行操作的地方，主要由

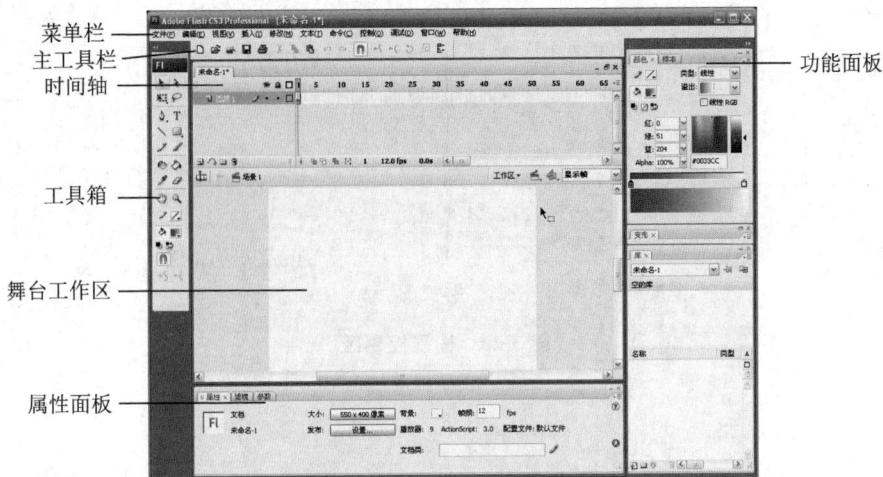

图 3-21　Flash 的工作界面

图层、帧和播放头组成，分为左右两个窗口（如图 3-22 所示）：左窗口是图层控制区，用来对图层进行管理和操作；右窗口是帧控制区，用来对帧进行操作。

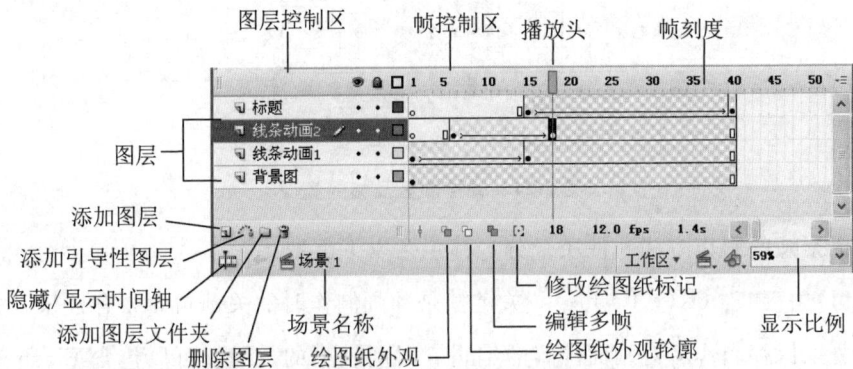

图 3-22　时间轴窗口——图层控制区和帧控制区

2. 图层控制区

图层（Layer）类似于 Adobe Photoshop 中图层的概念，各个图层上的帧是相互独立的。因此，在有多个图层之后，关于帧的操作必须指明是哪个图层的哪个帧（如图 3-23 所示）。

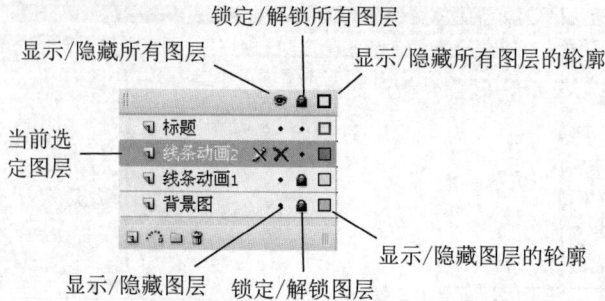

图 3-23　图层控制区

3. 帧控制区

帧是构成 Flash 动画的基本单位。一个帧，就是指 Flash 中的一个画面。在帧控制区中，每个小方格就是一个帧（如图 3-24 所示）。Flash 动画就是按照一定速度连续地播放这些帧产生的。

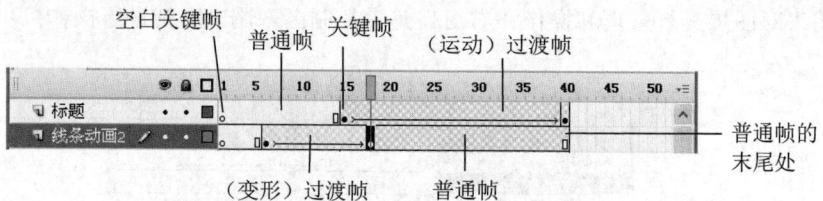

图 3-24　帧控制区及帧的类型

根据帧的制作方法和性质来分，帧包括以下类型：

(1)关键帧 (Key Frame)：关键帧是动画制作时的关键画面，有且只有关键帧才可以保存制作者对画面内容的编辑。时间轴上的关键帧可以包含 Flash 动画中的各种内容，例如文字、图形、图片、声音、元件等各种对象。

(2)空白关键帧：如果一个关键帧在舞台上没有任何内容，则称为空白关键帧，在时间轴上显示为 。

(3)过渡帧：由计算机自动生成的画面称为过渡帧。过渡帧无须制作者手工编辑，它总是位于两个关键帧之间，在时间轴上的底色为浅绿色(▨)或浅蓝色(▨)，并且包含一根带有箭头的直线。

(4)普通帧：普通帧的作用是简单地延续前一个关键帧的内容，在时间轴上，▨和▨都是普通帧，其中，▨延续的是空白关键帧。与关键帧不同，普通帧只能延续显示前一个关键帧的内容，不能保存制作者对内容的修改。

关于帧的常用快捷键如下：F5，插入普通帧；F6，插入关键帧；F7，插入空白关键帧。

4. 舞台(Stage)工作区

舞台是编辑 Flash 画面内容的区域。舞台中央是一个白色或其他颜色的矩形区域，它是舞台的工作区。在 Flash 作品输出后，只有在舞台工作区内的对象，才能被用户观看到。

5. 工具箱

工具箱主要提供图形绘制和图形编辑等各种工具，把鼠标停留在工具箱某个按钮上，软件会提示该按钮的名称和快捷键(如图 3-25a 所示)。有的工具按钮左下角有一个小三角，在鼠标单击不放开时，能够弹出更多的工具供选择(如图 3-25b 所示)。

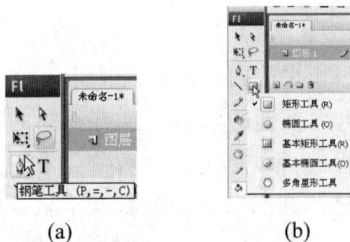

(a)　　　　　　　　(b)

图 3-25　工具箱

6. 属性面板

属性面板用于设置文件中当前选中对象的属性。因此，如果要设置某个对象的属性，一般都需要先使用工具箱中的"选择工具" 选中对象。例如，如果"选择工具"单击舞台空白区域，将呈现文档属性面板；如果单击选中某个关键帧，则呈现帧属性面板；如果单击选中舞台中的文字，则呈现文字属性面板(如图 3-26 所示)。

7. 功能面板

Flash 是一个非常强大的软件，包含一系列的功能面板，每个功能面板都提供某一方面的功能。默认界面上只呈现了少量的面板，其他功能面板可以通过

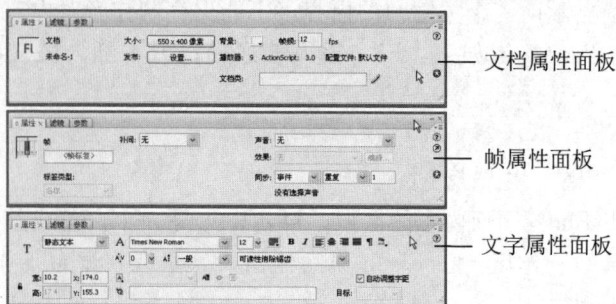

图 3-26　各种属性面板

"窗口"菜单来显示或隐藏，常用的有"库""公用库""动作""对齐""颜色""变形""其他面板→场景"等。Flash 中的工具箱、属性面板和功能面板等都可以浮动在界面上，如果要恢复为默认的界面，单击菜单"窗口→工作区→默认"。

(三)Flash 应用中的重要概念

1. 媒体对象及其状态

媒体对象是指组成 Flash 文档内容的各种图形、文本、声音和视频元素。这些对象在 Flash 中可以转化为不同的状态，且有不同的标示。一般从外观上无法辨认对象的当前状态时，我们可以单击选中对象，观察其当前状态。下图展示了单击选中舞台上的一个圆时，圆图形在不同状态下呈现的外观。

表 3-3　Flash 对象的各种状态

名称	打散状态	集合体	元件
选中时的外观			
外观描述	中间密密麻麻的小点	四周有蓝色方框	四周为蓝色方框，中间有一个圆点
转化的菜单命令	Ctrl＋B 或"修改→分离"	Ctrl＋G 或"修改→组合"	F8 或"修改→转化为元件"
适合的过渡动画	仅限变形过渡动画	仅限运动过渡动画	仅限运动过渡动画

在 Flash 中，不仅绘制的图形、文字、图片等，各种对象都存在以上三种状态。不同状态之间的转换的方法是：选中对象后，执行对应的快捷键或菜单命令。应当注意到，Flash 对变形过渡和运动过渡的动画对象进行了严格要求，如表 3-3 所示，变形过渡动画的对象必须是打散的，而运动过渡动画的对象必须是集合体或者元件。特别说明的，文字和图片的默认状态可以看成是集合体。

2. 帧频

帧频表示帧播放的速度，等于每秒钟播放的帧的数目，Flash 默认的帧频是 12fps(frame per second)。帧频的大小会直接影响到动画播放的效果和播放的时长。帧频过低，动画无法连贯，而帧频过高，则耗费更多的 CPU 资源。

3. 元件

元件(Symbol)在 Flash 中是一个非常重要的概念，可以从两个方面进行理解。首先，元件是一种可以不断重复使用的特殊对象，它可以包含矢量图形、位图、声音、一段独立的 Flash 动画，甚至其他的元件；其次，为什么要使用元件？元件一次性制作后可以被多次使用，而在输出的影片中，多次被使用的元件只保存一份，这样能够减小 SWF 文件的尺寸，降低 Flash 动画网络传输的时间。此外，Flash 对相当多的动画作了很多限制，很大一部分动画，只有制作成元件才能实现。

Flash 中元件分为图形元件(Graphic Symbol)、按钮元件(Button Symbol)和影片剪辑元件(Movie Clip Symbol)三种。

按钮元件用于创建交互按钮，响应标准的鼠标事件(例如单击、鼠标经过等)，按钮的交互响应需要借助动作脚本(ActionScript)来实现。

图形元件和影片剪辑元件比较容易混淆，它们的内部都可以包含一段帧序列，实现各种复杂的动画。有时，一个动画效果可以用图形元件实现，同样可以用影片剪辑元件实现。但是，图形元件和影片剪辑元件也存在极大的特性差异。

图形元件不能制作具有交互性和声音的动画，不能附加动作脚本，而影片剪辑可以。影片剪辑元件就像是主电影中的小电影片断，它可以包括交互性控制、声音以及其他影片剪辑的实例，也可以把影片剪辑的实例放在按钮的时间线中，从而实现动态按钮。有时为了实现交互性，单独的图像也要做成影片剪辑。

如果把场景上的时间轴称为主时间轴，那么，图形元件的播放是依赖于主时间轴的，如果主时间轴上的帧结束，图形元件就无法继续播放。但是，影片剪辑元件独立于主时间轴的，即使主时间轴结束，影片剪辑元件仍然可以按照其内部的时间轴继续播放。

4. 库

库是 Flash 用来存放、管理作品中所有元件和素材的容器。无论是从外部导入到 Flash 的图片、声音和视频等素材，还是我们制作的元件，都会存放在"库"中。

在对素材和元件的组织管理上，Flash 引用了类似磁盘文件管理的目录树结构，可以在库中建立多级文件夹，并通过拖动等操作，将同一类别的素材和元件放入统一的文件夹中。而且，文件夹可以有效组织库中的各类素材和元件，使得管理清晰，使用方便，这对于大型作品尤其重要。

每一个动画作品可以使用两种库，即公用库（"窗口→公用库"菜单）和专用库（"窗口→库"菜单或 Ctrl＋L 键）。公用库是 Flash 系统提供的素材和元件，而专用库为当前作品专有，内含作品中使用到的所有素材和元件。

在库面板中，每个素材和元件都有五个属性，即名称、对象类型、使用次数、链接和最后修改日期。在库面板上可以对素材和元件进行移动、删除、备份和预览。对于元件，右键快捷菜单中的"属性"命令还可以更改元件类型。

此外，每当在舞台上使用一次元件，我们就称"创建了元件的一个实例"。

实例（Instance）与元件有着天然的密切联系。如果把元件称为"父"，则它的实例可以称为"子"。一方面，实例在任何整体上的变化，不会改变其对应的父元件，也不会影响到由父元件创建的其他子实例，即子实例之间作为"兄弟"，相互独立。不过，如果修改父元件的形状和属性，则该父元件的所有子实例都会统一地、不例外地发生同样的改变。当然，如果某个子实例用 Ctrl＋B 打散一次，则该子实例与父元件脱离"父子"关系，此后就不会因父元件的改变而改变。

5. 组件

组件是一些复杂的拥有预先定义参数的影片剪辑元件，这些参数是由组件创作者在组建创作时定制的。Flash CS3 内置了数据、媒体、用户界面和视频四类组件，组件的使用减少了开发者的开发时间，提高了工作效率，而且给 Flash 作品带来了更加统一的标准化界面。

(四)Flash 的基础操作

1. 设置工作界面

启动 Flash，其操作界面由菜单栏、工具栏、状态栏、各种面板、工具箱等组成。除此之外，Flash 还有舞台、工作区、时间轴窗口等界面元素。

2. 创建 Flash 影片

制作 Flash 影片时可以遵循以下工作流程：首先创建一个影片文件，然后在其中绘制或者直接导入图形图像，接着在舞台上安排这些内容，并使用时间轴创建动画效果，如果有必要，添加 ActionScript 脚本制作交互效果。

可见，创建 Flash 影片文件是所有工作的第一步。默认时，启动 Flash 后会自动创建一个新的电影文件。用户也可以使用"文件"菜单中的"新建"命令或"从模板新建"命令创建新文件。

3. 绘制与编辑图形

(1)Flash 对象的分类。在 Flash 中，能够创建多种对象，用户在创建它们时，必须能够正确区分，这些对象决定了用户能否正确设置 Flash 补间动画方式，它们包括：

• 形状：即使用工具箱手工绘制出的、没有进行任何类型转换的原始图形。选取形状时，属性检查器中显示"形状"类型。另外输入的静态文本被两次打散（按"Ctrl＋B"键或选择"修改"菜单中的"分离"命令）后，可以转换成"形状"，而导入的位图被打散后也可以转换为"形状"。

• 组合体：所谓组合体是指将两个以上的对象选取后选择"修改"菜单中的"组合"命令（或按"Ctrl＋G"快捷键）后产生的对象。用户使用工具箱绘制出的矩形、圆形等图形都是由两个独立的部分组成，即轮廓（绘制出的线条，也叫做笔触）和填充区域，当使用箭头工具移动它时，移动的只是填充部分，而轮廓不能被一起移动（同时选取了轮廓和填充除外）。如果将这个对象转换为组合体，则不但能够避免由于不慎修改了该对象的完整性，还可以使同一类对象更容易处理。

• 文本块：使用工具箱中的文本工具可以方便地输入文本。在文本属性检查器中可以设置文本的各种属性，例如字体、字号、颜色、对齐方式、字间距、样式等。另外，Flash 中可以设置三种类型的文本，即普通的静态文本、可以动态改变内容的动态文本与供表单使用的输入文本。

• 元件和实例：元件是用户创建的可以重复利用的电影元素，包括图形、按钮和电影剪辑三种类型，元件创建好后都将保存到库面板中，如果将元件拖到舞台中，则元件就转换为实例。

(2)Flash 绘图工具。Flash 工具箱中的绘图工具用于绘制矢量图形，包括线条工具、椭圆工具、矩形工具、钢笔工具、铅笔工具以及画笔工具。

(3)文本工具。使用文本工具 **A** 可以在舞台中输入文本并编辑。用文本工具在舞台上单击，即可以在显示的输入框中输入文字，然后在输入框以外单击鼠标，即可退出输入状态。通过文本工具的属性检查器可以设置文本的属性。

文本分为三种类型，静态文本、动态文本和输入文本。静态文本是指当建立了文字内容后，此文字在制作动画时，只能改变文字的外形，而无法改变其文字内容。动态文本与静态文本不同，用户可以通过使用程序及变量来改变文字方块内的内容，因此常用于显示动态内容。输入文本是指用户可以在其中输入文字的文本框，它一般用于 Flash 表单等需要用户输入文字的场合。

(4)填充工具。Flash 工具箱中填充工具用于修改矢量图的笔触和填充效果，包括墨水瓶工具、颜料桶工具、滴管工具以及填充变形工具。

(5)图形编辑工具。Flash 工具箱中的图形编辑工具用于选取和修改对象，包括箭头工具、部分选取工具、套索工具、任意变形工具以及橡皮擦工具。

(6)查看工具。Flash 工具箱中的查看工具用于查看电影内容，包括手形工具和缩放工具。

(7)颜色工具。Flash 工具箱中的颜色工具用于设置笔触或填充的颜色。只要单击笔触颜色按钮 🖊■ 或填充色按钮 🖌□，从弹出的颜色表中选择一种颜色，即可将其设置为当前笔触颜色或填充色。

在颜色选区中单击"黑白"按钮 🖫，可以从当前颜色返回到默认颜色，即笔触颜色为黑色，填充颜色为白色；选中笔触颜色或填充色后，单击"无色"按钮 ☑，可以将笔触颜色或填充色设置为没有颜色；单击"交换颜色"按钮 🖘，可以将当前设置的笔触颜色和填充色进行互换。

4. 发布动画预览

要预览动画发布的效果，可按如下步骤进行操作：

(1)打开需要发布的文件。

(2)根据需要在"发布设置"对话框中设置发布属性。

(3)选择"文件"→"发布预览(Publish Preview)"命令，其子菜单中提供了几个用于显示发布动画的不同格式。

(4)从子菜单中选择一种文件类型进行预览，如果选择了"默认-(HTML)"命令，则打开浏览器窗口，其中显示了欲发布的动画。

5. 发布 Flash 动画

发布动画的基本操作步骤如下：

（1）在 Flash 窗口中打开需要发布的文件。

（2）执行"文件"→"发布设置"命令，打开"发布设置"对话框。

（3）在"格式"选项卡的"类型"选项中，选择在发布操作中输出的文件格式。并设置格式的选项卡。

（4）取消"使用默认名称"复选框标记，可以在"文件名（Filename）"项中修改发布文件的目录和名称。

（5）单击"格式"选项卡，对该格式的文件属性进行设置。

（6）完成各选项的设置后，单击"发布"按钮，系统会按所设属性将动画发布出去。

（五）Flash 动画的分类

Flash 动画目前一般分为以下几种类型：

1. 逐帧动画（Frame-by-frame Animation）

逐帧动画是由连续的关键帧序列组成的，是最基本的动画方式。与传统的动画的制作原理相同，逐帧动画的每个帧都需要单独编辑，制作工作量大，但它对动画效果有很强的控制能力，适合较为复杂的动画。在图 3-27 中米老鼠动画一共有 12 个关键帧，每个关键帧的画面如图所示，请仔细观察云朵和脚步的变化。

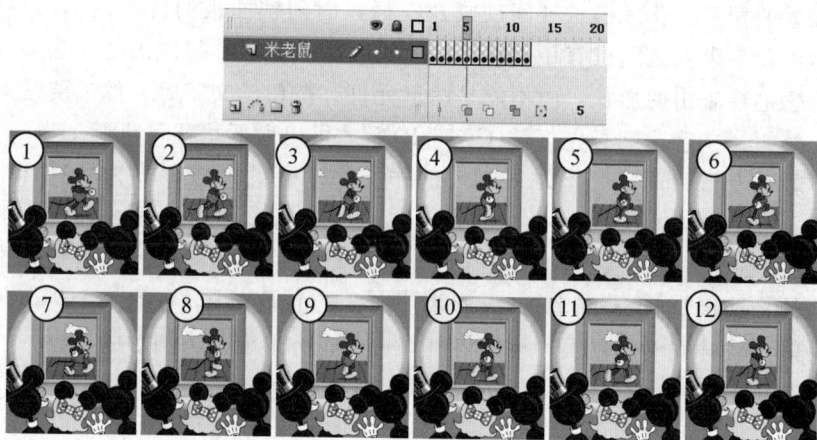

图 3-27　逐帧动画的原理

2. 补间动画（Tweened Animation）

Flash 所擅长的不是逐帧动画，而是补间动画（又称过渡动画）。补间动画由两个关键帧定义动画序列的起始状态和结束状态，动画的中间效果由计算机自动产生。补间动画提高了制作效率，在整个制作过程中，制作者只需要编辑好两个首尾关键帧，中间的过渡帧由 Flash 自动生成。

Flash CS3 可以创建两种类型的补间动画：动作补间和形状补间（注：在 Flash CS4 中，补间动画不仅作用于关键帧，而且作用于元件，所以在 CS4 中，补间动画的类型包括：移动补间动画、形状补间动画和传统补间动画）。

动作补间动画是指在 Flash 的时间轴面板上，在一个关键帧上放置一个元件，然后在另一个关键帧改变这个元件的大小、颜色、位置、透明度等，Flash 将自动根据两者之间的帧的值创建的动画。动作补间动画建立后，时间帧面板的背景色变为浅蓝色，在起始帧和结束帧之间有一个长长的箭头。构成动作补间动画的元素是元件，包括影片剪辑、图形元件、按钮、文字、位图、组合等，但不能是形状，只有把形状组合（Ctrl＋G）或者转换成元件后才可以做动作补间动画。

形状补间动画是在 Flash 的时间帧面板上，在一个关键帧上绘制一个形状，然后在另一个关键帧上更改该形状或绘制另一个形状等，Flash 将自动根据两者之间的帧的值或形状来创建的动画。它可以实现两个图形之间颜色、形状、大小、位置的相互变化。形状补间动画建立后，时间帧面板的背景色变为淡绿色，在起始帧和结束帧之间也有一个长长的箭头。构成形状补间动画的元素多为用鼠标或压感笔绘制出的形状，而不能是图形元件、按钮、文字等，如果要使用图形元件、按钮、文字，则必先打散（Ctrl＋B）后才可以做形状补间动画。

不管是变形补间还是运动补间，制作补间动画的一般步骤为"三部曲"，即"开始帧、结束帧、中间帧"，方法为：在舞台上制作开始帧的内容；单击结束帧，按 F6 键插入结束关键帧，在舞台上编辑结束关键帧的内容；右键单击中间的某个帧，选择"创建补间动画（或形状）"。在三个环节中，任何一个环节出现错误都可能导致补间动画错误。下面将制作一个正方形变形为圆形的动画：

第一步，制作开始帧。新建文件，单击工具箱的矩形工具 ▢，按住 Shift 键，在工作区拖动绘制出一个正方形。

单击工具箱的选取工具 ▶，双击选中矩形的内部，以便同时选择矩形的边框线和内部填充。按照图 3-28 所示，将矩形的边框粗细设为 5，颜色为红色（＃FF0000），内部填充为黄色（＃FFFF00）。

第二步，制作结束帧。单击第 30 帧，按键盘上的 F7 插入空白关键帧。

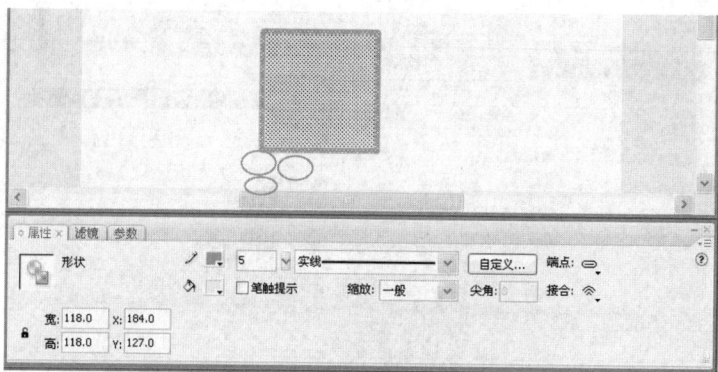

图 3-28　设置图形的属性

鼠标单击 不放，在弹出菜单中选择"椭圆工具" 。按住 Shift 键，在工作区中拖动绘制一个圆。

单击工具箱的选取工具 ，双击选中圆的内部，参考第一步的方法，在图形"属性"面板上任意改变圆的边框线和内部填充的颜色，效果参考图 3-29 所示。

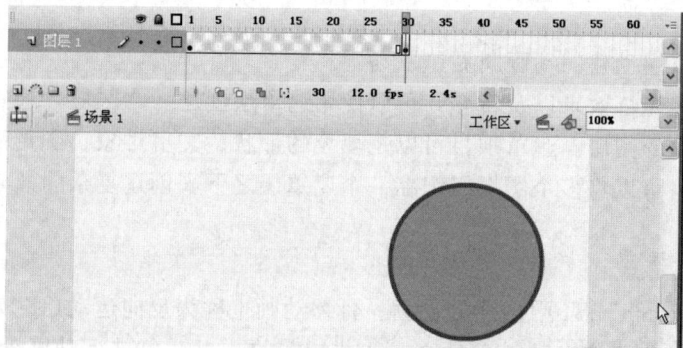

图 3-29　在第 30 帧绘制圆

第三步，创建过渡帧。右键单击中间的某个帧（可以第 1 帧至 29 帧的任意一帧），在快捷菜单中选择"创建补间形状"（图 3-30）。

按 Ctrl＋回车键或单击"控制→测试影片"菜单，观看影片的输出效果。

3. 引导动画

在 Flash 中，引导动画属于补间动画的一种，它又叫"沿着路径补间动画"。它由引导层和被引导层组成。运动引导层使用户可以绘制路径，补间实例、组或

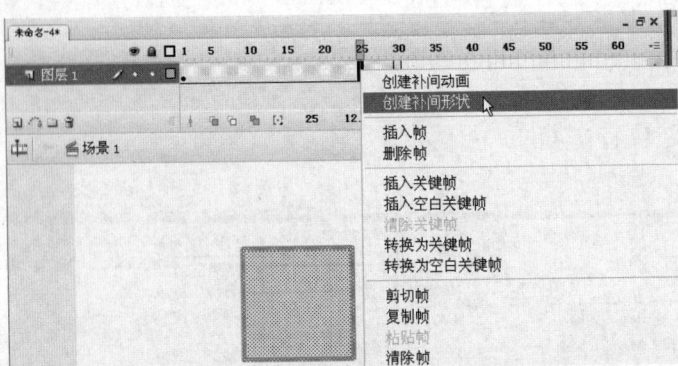

图 3-30　创建中间的过渡帧

文本块可以沿着这些路径运动。可以将多个层链接到一个运动引导层，使多个对象沿同一条路径运动。链接到运动引导层的常规层成为被引导层。

　　引导层是 Flash 中具有特殊功能的一个图层，"被引导层"中的图形对象会沿着引导层中的路径运动，常用来制作物体沿着特定路径运动的动画。

4. 遮罩动画

　　使用遮罩层创建的动画叫做遮罩动画。

　　要获得聚光灯效果以及转变，可以使用遮罩层创建一个区域，通过这个区域可以看到下面的图层。遮罩项目可以是填充的形状、文字对象、图形元件的实例或影片剪辑。可以将多个图层组织在一个遮罩层之下来创建复杂的效果。

5. 骨骼动画

　　这是在 Flash CS4 中创建的动画。骨骼动画也称为反向运动(IK)动画，是一种使用骨骼的关节结构对一个对象或彼此相关的一组对象进行动画处理的方法。骨骼动画对象分为两种：一种是元件的实例对象；另一种是图形形状。

(六)Flash 动画制作的一般方法和步骤

Flash 动画制作的基本步骤如下：
(1)制作元件。
(2)导入外部素材。
(3)设置动画。
(4)测试修改动画。
(5)导出影片。

【技能拓展】

幼儿教学动画制作学习实例(一)

制作一个幼儿 Flash 动画,名为"风在哪里?"(如图 3-31)。该动画涉及较为全面的 Flash 基础知识和主要技术,包括了以下重要的知识点:导入素材、使用声音、场景、按钮元件、图形元件、影片剪辑元件、动作脚本、导出影片等。因篇幅关系,这里只通过动画的场景 2 来实例讲解小鸟的动画制作过程。其他技巧可参考相关 CD 光盘。

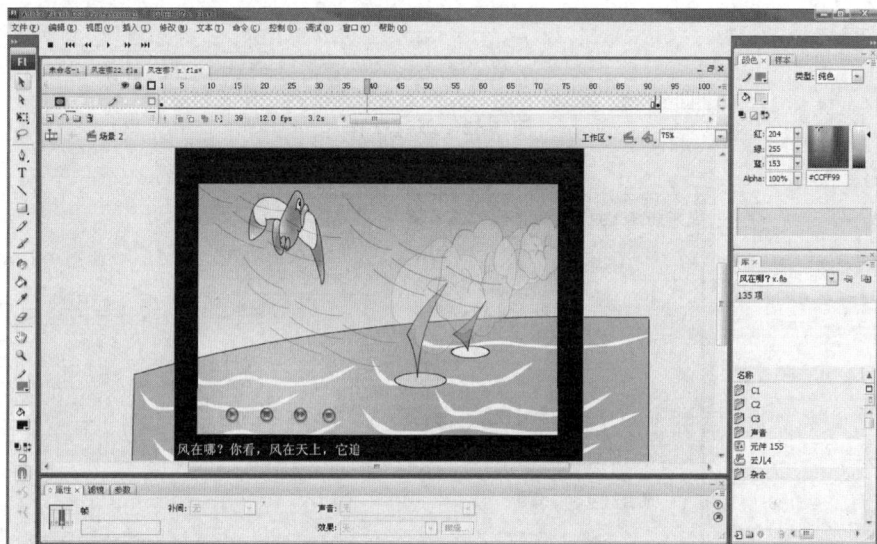

图 3-31 课件的场景 2

1. 制作场景

(1)建立新文件

点击菜单"文件→新建",选择"Flash 文件(ActionScript 2.0)"(如图 3-32)。

点击菜单"修改→文档",修改文档的尺寸为 800×600,背景颜色为黑色(图3-33)。

点击菜单"文件→导入→导入到舞台",选择素材文件夹下的文件作为背景,本动画通过如下方式,制作渐变的蓝色天空:

利用矩形工具在背景上做一个矩形,大小设置和舞台相同,在调色板上设置好渐变蓝色(如图 3-34),并填充颜色。点击"任意变形工具",点击背景图,点击"修改→变形→顺时针旋转90度",将背景效果变成如图 3-35 所示,将做好的背

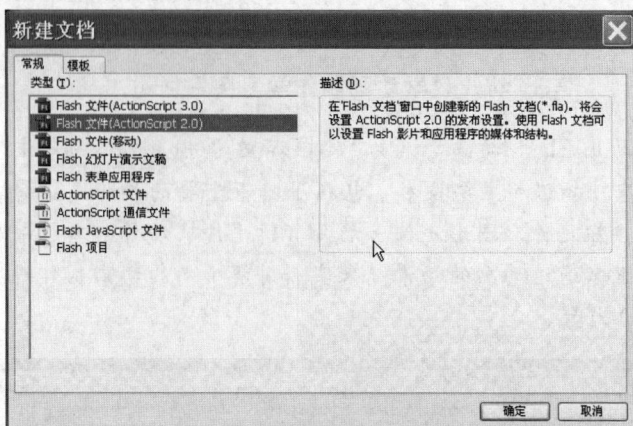

图 3-32　新建文件

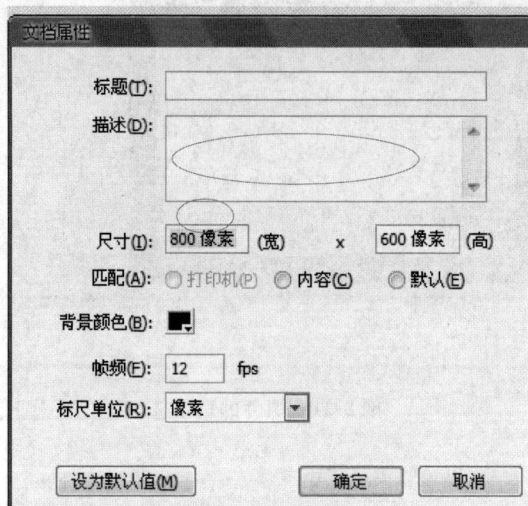

图 3-33　修改文档属性

景转换为元件，锁定背景图层，此方法的优点是可以在中途换背景。

（2）绘制小鸟和其他场景内容

点击插入图层按钮添加新图层，起名为"小鸟"，用绘图工具在背景图的相应位置绘制一只小鸟（如图 3-36）。为了方便制作小鸟飞行的动作，先在背景图的相应位置画好鸟的身体（如图 3-37），然后选中小鸟的身体，点击"修改→转换为元件"，名称填写"鸟静态"，类型选择"图形"（如图 3-38）。

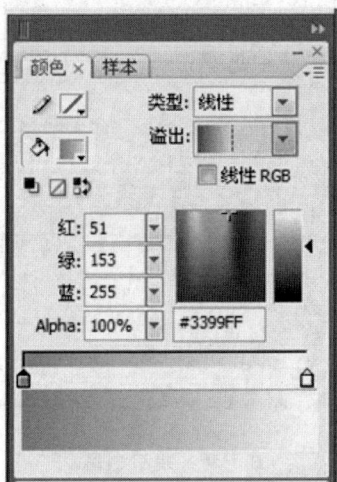

图 3-34　设置渐变色

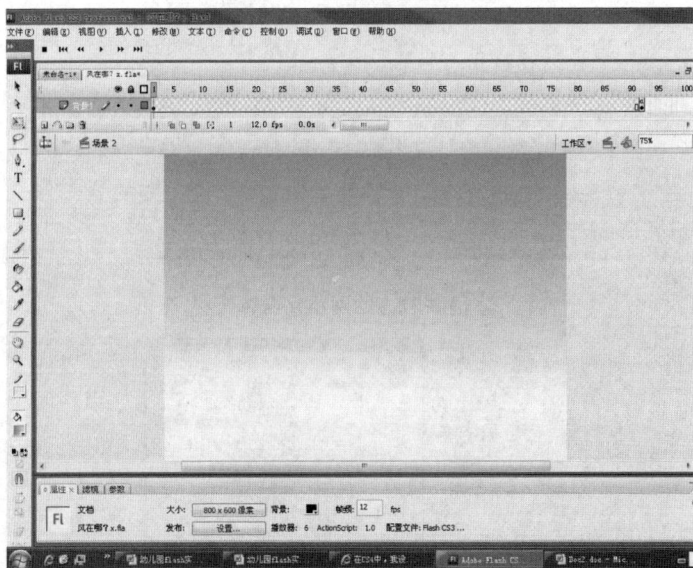

图 3-35　背景效果图

在"鸟静态"元件的时间线添加新图层，起名"鸟左翅"。参照小鸟身体的位置在新图层绘制小鸟的左翅（如图 3-39）。选中鸟左翅图形，点击"修改→转换为元件"，名称填写"鸟左翅"，类型选择"图形"。

用同样的方法分别添加新图层，分别起名为鸟嘴、鸟右翅、鸟眼、鸟脚，在相应

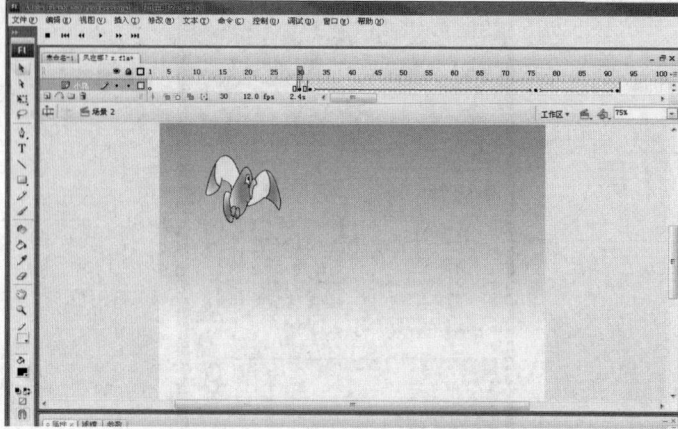

图 3-36　绘制小鸟

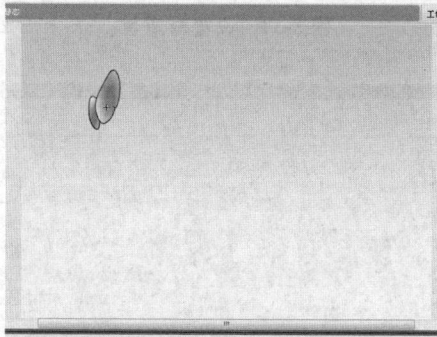

图 3-37　绘制小鸟身体

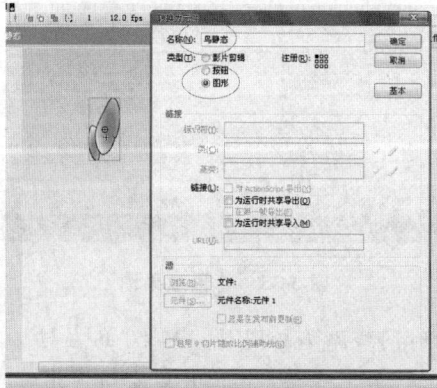

图 3-38　将鸟身体转换为元件

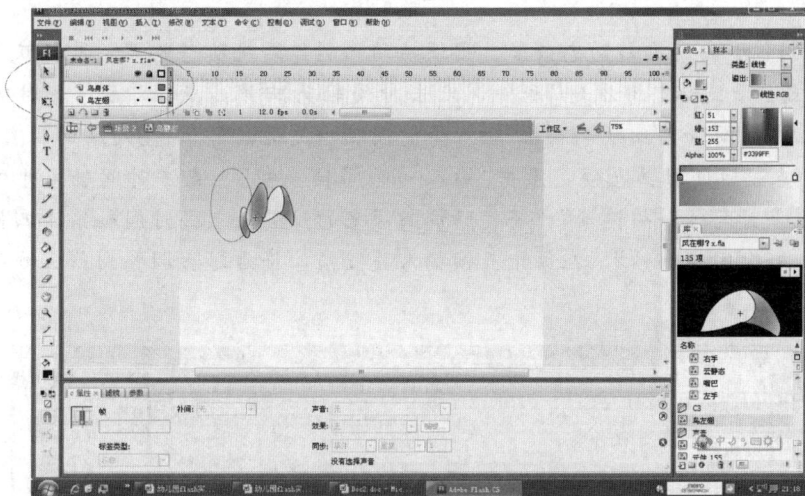

图 3-39　绘制小鸟的左翅

图层绘制鸟嘴、鸟右翅、鸟眼、鸟脚，并分别将它们转换为元件(如图 3-40)。

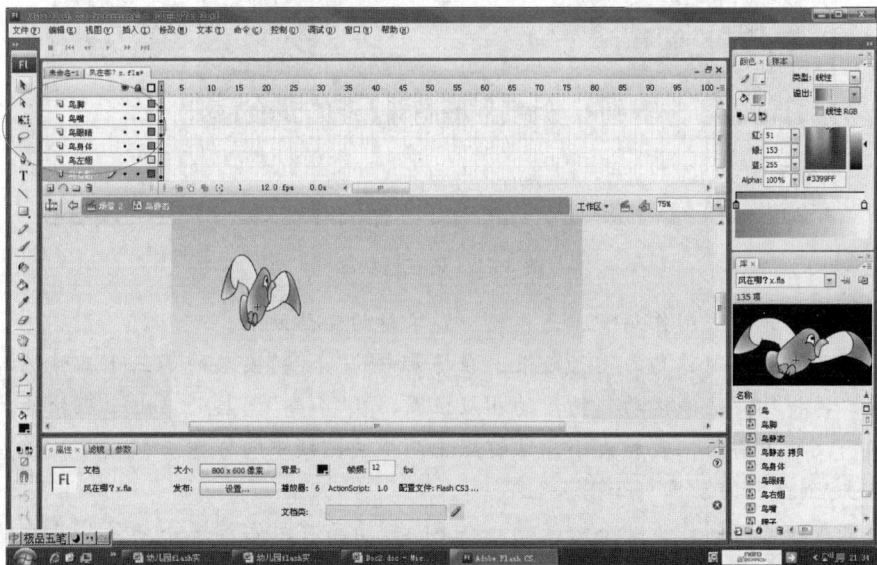

图 3-40　小鸟静态图

(3)制作扇动翅膀的动态小鸟

用鼠标在"库"中右键单击"鸟静态"，在快捷菜单中点击"直接复制"，将名称改为"鸟"，点击确定，双击打开名为"鸟"的元件，在此元件中制作扇动翅膀的动态小鸟。

①制作小鸟的右翅动态效果。用逐帧动画制作右翅动态效果。鼠标双击小鸟的右边翅膀，进入"鸟右翅"元件，点击时间轴第四帧，点击"插入→时间轴→帧"，点击时间轴第五帧，点击"插入→时间轴→关键帧"，调整翅膀的位置（如图3-41），点击时间轴第九帧，点击"插入→时间轴→帧"。点击时间轴第十帧，点击"插入→时间轴→关键帧"，将翅膀调回原来的位置，点击时间轴第十四帧，点击"插入→时间轴→帧"。在第十五帧插入关键帧，将右翅膀调整到第五帧所在的位置。

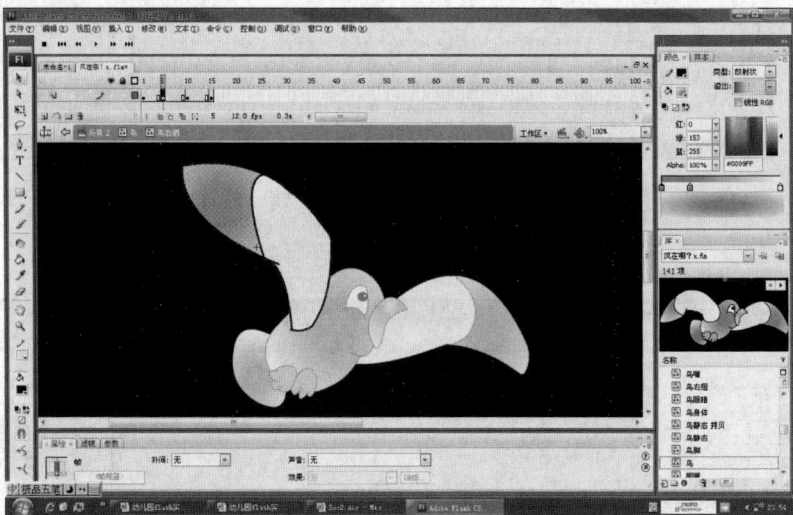

图 3-41　鸟右翅动画

用同样的方法制作鸟嘴、鸟左翅、鸟眼睛的动画效果。

②补间动画制作鸟的飞行效果。在场景中的"小鸟"图层的第三十二帧插入关键帧，再将"鸟"元件拖动到场景的相应位置，在"小鸟"图层的第七十五帧插入关键帧，改变小鸟的位置和大小，右键点击两个关键帧中的任意一帧，在快捷菜单中点击"创建补间动画"（如图3-42）。

目前，已经制作了一个场景，一个Flash动画可以添加多个场景，其他场景的动画，可参考以上制作方式，自行创意制作，或请打开本书配套光盘提供的源文件，观看、分析并模仿制作动画，具体的制作方法不再赘述。

2. 制作交互按钮

具有交互的动画可以使用户通过鼠标或键盘操作，参与控制动画，使动画画面产生跳跃变化或执行其他一些动作（即程序，也叫脚本）。Flash 的交互是通过

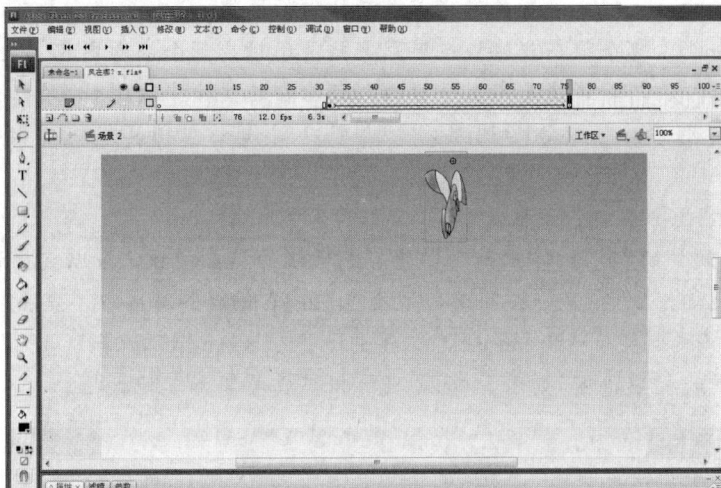

图 3-42　小鸟飞行动画

动作脚本(ActionScript)来实现的。Flash ActionScript 是 Flash 内置的编程语言，可以实现各种复杂的功能和效果，先后经历了 1.0、2.0、3.0 三个历史版本。

　　Flash 可以为三种对象分配动作脚本，分别是下面三种对象：关键帧(Key Frame)、按钮(Button)实例、电影剪辑(Movie Clip)实例。

　　接下来，我们将以以上场景为例，讲述如何运用动作脚本实现影片播放的控制。

　　(1)制作按钮元件

　　点击"插入→新建元件"，在创建新元件窗口中，输入名称为"返回按钮"，类型为"按钮"(图 3-43)，然后点击"确定"。

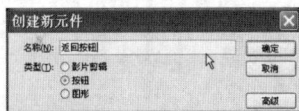

图 3-43　新建按钮元件

　　进入按钮元件编辑状态，我们发现它与其他的元件的时间轴完全不同(图 3-44)。按钮元件的时间轴只包含向上(Up)、经过(O-ver)、向下(Down)和点击(Hit)四个帧，每个帧分别对应了按钮的四个状态，分别是：

　　•按钮弹起状态：当鼠标指针没有接触按钮，按钮默认呈现的状态。

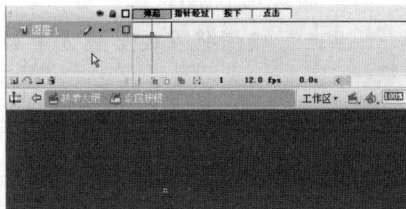

图 3-44　按钮元件的四个帧

　　•鼠标指向状态：当鼠标移动到按钮上方，但是没有按下鼠标键时的状态。

　　•鼠标按下状态：当鼠标左键单击按钮，并且按住左键不放时的状态。

• 鼠标响应区域：设置鼠标可以激活按钮的区域。

当按钮处于哪个状态，按钮在屏幕上就呈现对应那个帧的内容。按钮元件内部的帧编辑方法与普通帧是完全一样的，可以在这些帧中放置位图、声音、电影剪辑等任何元素，可以添加图层，由此可以创作出各种具有特殊效果的动态按钮。

（2）利用 Flash 自带按钮

Flash 软件的"公用库"中带有大量各式风格的交互按钮，可以直接调用。

点击菜单栏上的"窗→公用库→按钮"，在弹出的公用库中，点击打开"classic buttons"文件夹下的"playback"文件夹，将"gel right"和"gel stop"两个按钮拖动到场景的相应位置（如图 3-45），还可根据需要添加其他按钮。

图 3-45 调用"公用库"中的按钮

3. 添加动作脚本

至此，我们将在适当地方添加动作脚本。

1. 设置主界面的动作

右键单击"按钮"图层的第一帧，在弹出菜单中选择"动作"，在右侧的代码窗口中输入"stop（）;"（如图 3-46）。

提示：需要注意的是，"stop（　）;"必须输入英文符号，不能使用中文符号，而且字母的大小写不能写错，因为 Flash ActionScript 语言是大小

图 3-46 添加帧动作

写敏感的。

在上图的左侧的窗口中，列出了 Flash ActionScript 的各种命令和语句。找到"全局函数→时间轴控制→stop"，双击"stop"，无需任何输入，就可以在右侧的代码窗口中加入 stop 语句。

2. 设置播放动作

在舞台上右键单击"播放"按钮，在弹出菜单中选择"动作"，在右侧的代码窗口中输入如下代码：

```
on(press)
{
Play();
}
```

提示：on(press)是鼠标的事件，表示当单击鼠标时执行大括号中的语句。Play 表示开始播放。

3. 设置停止动作

右键单击"停止"按钮，在弹出菜单中选择"动作"，在右侧的代码窗口中输入如下代码：

```
on(press)
{
stop();
}
```

Stop 表示停止播放。

4. 测试与输出影片

（1）点击"窗口→测试影片"菜单，观看动画效果。点击按钮，检查按钮是否正常。

如果点击按钮之后未控制影片播放，请重复刚添加动作脚本的步骤，仔细检查脚本是否有误。

（2）点击"文件→导出→导出影片"菜单，将 Flash 导出为 SWF 文件。此外，也可以先利用"文件→发布设置"进行导出的设置（如图 3-47 所示），然后点击"文件→发布"菜单输出影片。

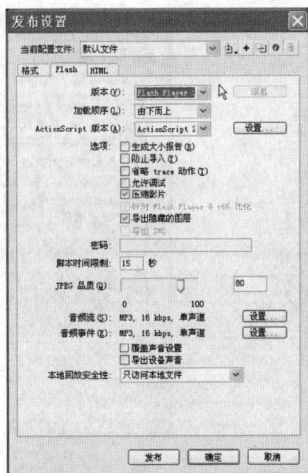

图 3-47　发布设置

【技能拓展】

幼儿教学动画制作学习实例（二）

　　制作一个幼儿 Flash 动画，实现鱼儿在海底游泳的动画效果，名为"*海底的鱼*"（如图 3-48）。该动画涉及 Flash 基础知识和相关技术，包括了以下重要的知识点：导入素材、场景、影片剪辑、补间动画、常用工具使用、导出影片等。

图 3-48　动画场景

1. 主要场景与动画制作

①建立新文件。点击菜单"文件→新建"，选择"Flash 文档"（如图 3-49）。

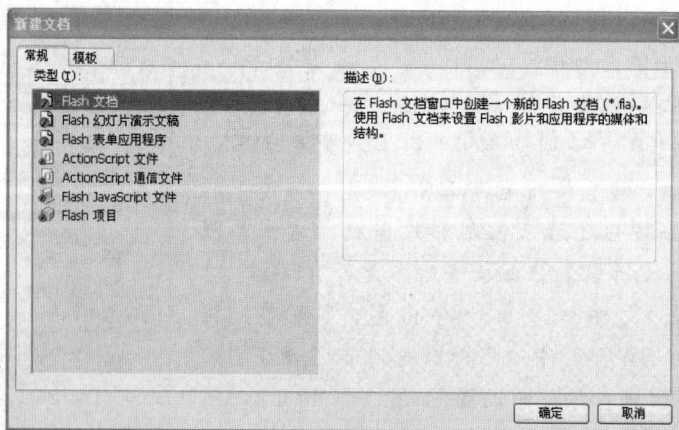

图 3-49　新建文件

②点击菜单"文件→导入→导入到库"，选中素材文件夹下的图片文件：海底.jpg、鱼 1.jpg～鱼 4.jpg 和海洋摇篮曲.mp3 导入(如图 3-50 所示)。

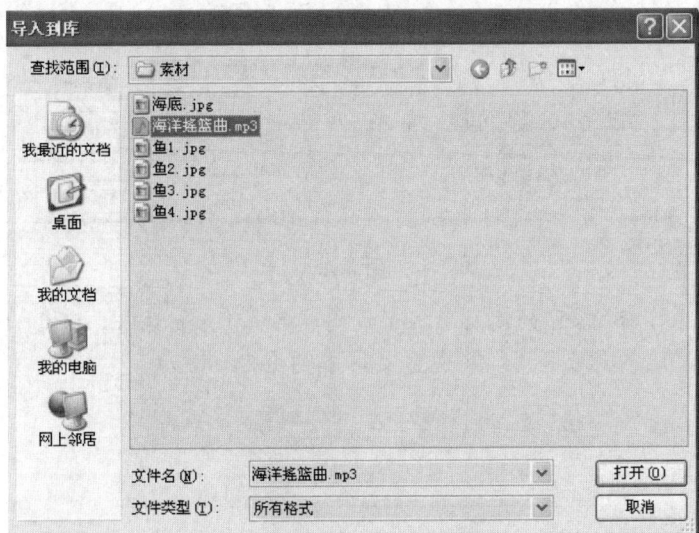

图 3-50 导入到库

③将图层 1 改名为"背景"，在第 1 帧处将库中的海底.jpg 拖入到场景中，将下方的"属性"面板打开，将宽设为 550，高设为 400，X 设为 0，Y 设为 0(如图 3-51 所示)。

图 3-51 导入图片

④选择"插入"→"新建元件"，名称设为"鱼1"，类型为"影片剪辑"（如图 3-52 所示）。

图 3-52　新建元件"鱼 1"

⑤在影片剪辑"鱼1"的图层1第1帧处，将鱼1.jpg拖入，按Ctrl＋T，打开变形面板，将比例都改为30％（如图 3-53 和图 3-54 所示）。

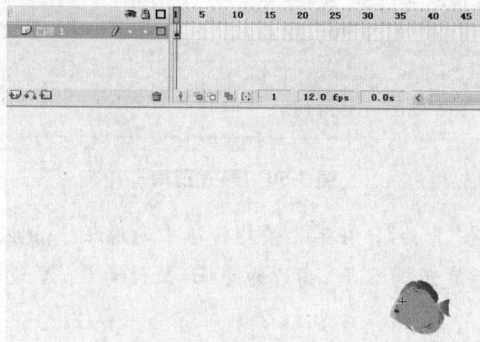

图 3-53　拖入图片"鱼 1"

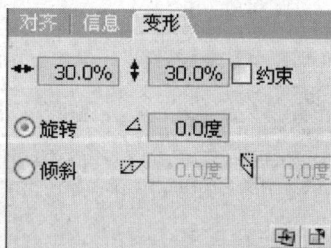

图 3-54　"鱼 1"变形设置

⑥在第 2 帧处插入关键帧，使用工具栏的"选择工具"，将鱼儿的尾巴部分选中，打开"修改"→"变形"→"任意变形"，使用任意变形工具将尾巴调整为向上摆动的位置（如图 3-55）。

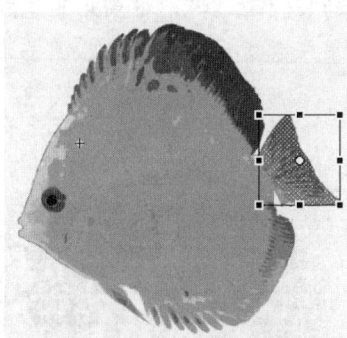

图 3-55 第一次变形"鱼 1"尾　　　图 3-56 第二次变形"鱼 1"尾

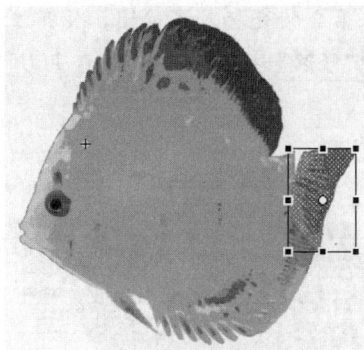

⑦复制第 1 帧到第 3 帧，在第 4 帧处插入关键帧，使用工具栏的"选择工具"，将鱼儿的尾巴部分选中，打开"修改"→"变形"→"任意变形"，使用任意变形工具将尾巴调整为向下摆动的位置（如图 3-56）。

⑧再次选择"插入"→"新建元件"，名称设为"鱼 2"，类型为"影片剪辑"（如图 3-57）。

图 3-57 新建元件"鱼 2"

⑨在影片剪辑"鱼 2"的图层 1 第 1 帧处，将鱼 2.jpg 拖入，按 Ctrl＋T，打开变形面板，将比例都改为 30％（如图 3-58 和图 3-59）。

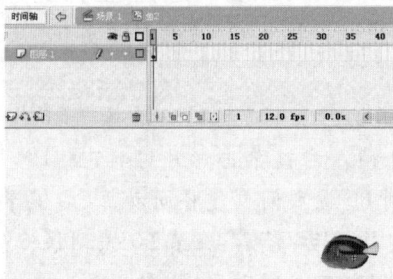

图 3-58 拖入图片"鱼 2"　　　　图 3-59 "鱼 2"变形设置

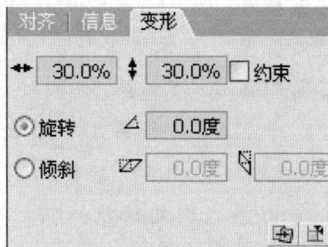

⑩在第 2 帧处插入关键帧，使用工具栏的"选择工具"，将鱼儿的尾巴部分选中，打开"修改"→"变形"→"任意变形"，使用任意变形工具将尾巴调整为向上摆动的位置。

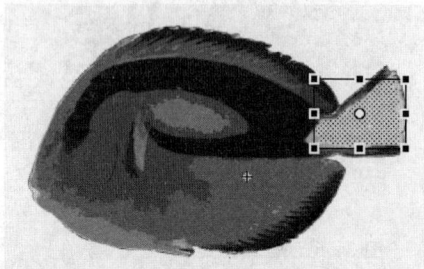

图 3-60　第一次变形"鱼 2"尾　　　　图 3-61　第二次变形"鱼 2"尾

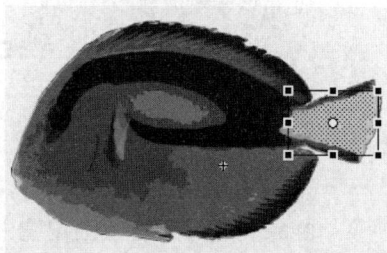

⑪复制第 1 帧到第 3 帧，在第 4 帧处插入关键帧，使用工具栏的"选择工具"，将鱼儿的尾巴部分选中，打开"修改"→"变形"→"任意变形"，使用任意变形工具将尾巴调整为向下摆动的位置（如图 3-61）。

⑫再次选择"插入"→"新建元件"，名称设为"游泳的鱼1"，类型为"影片剪辑"（如图 3-62）。

图 3-62　新建元件"游泳的鱼1"

⑬在第 1 帧处，将影片剪辑"鱼 1"拖入到右下方位置，具体位置见图 3-63。

⑭在第 60 帧、65 帧、150 帧处插入关键帧，把第 60 帧的影片剪辑"鱼 1"拖至左上方位置，具体位置见图 3-64。

⑮复制第 60 帧到第 65 帧处，右键单击影片剪辑"鱼 1"，选择"修改"→"变形"→"水平翻转"，将第 1 帧复制到第 150 帧，右键单击影片剪辑"鱼 1"，选择"修改"→"变形"→"水平翻转"。在第 1 帧到 60 帧之间创建补间动画（右键单击第 1 帧到第 60 帧之间的任意一帖，选择"创建补间动画"），在第 60 帧到第 65 帧之间创建补间动画，在第 65 帧到第 150 帧之间创建补间动画（如图 3-65）。

⑯再次选择"插入"→"新建元件"，名称设为"游泳的鱼 2"，类型为"影片剪

图 3-63 拖入"鱼 1"

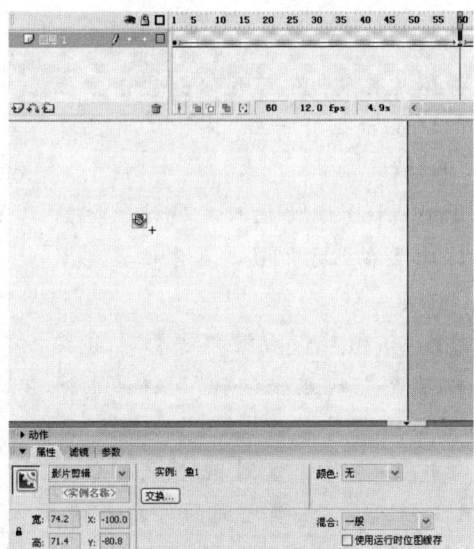

图 3-64 插入关键帧

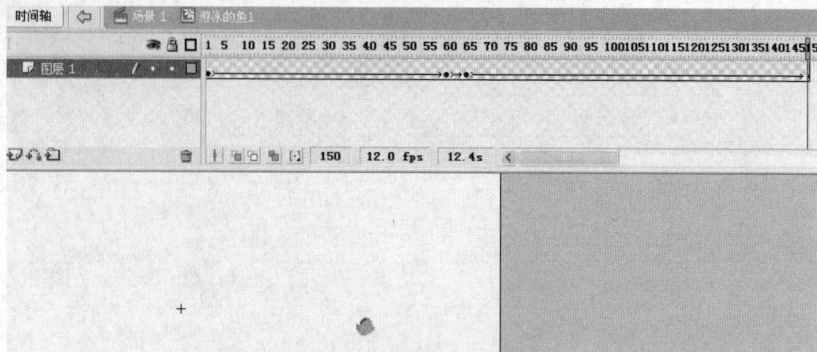

图 3-65　创建补间动画

辑"（如图 3-66）。

图 3-66　新建元件"游泳的鱼 2"

⑰在第 1 帧处，将影片剪辑"鱼 2"拖入到左下方位置，具体位置见图 3-67，选中影片剪辑"鱼 2"，并选择"修改"→"变形"→"水平翻转"。

⑱在第 90 帧、95 帧、180 帧处插入关键帧，把第 90 帧的影片剪辑"鱼 2"拖至右上方位置，具体位置见图 3-68。

⑲复制第 90 帧到第 95 帧处，右键单击影片剪辑"鱼 2"，选择"修改"→"变形"→"水平翻转"，将第 1 帧复制到第 180 帧，右键单击影片剪辑"鱼 2"，选择"修改"→"变形"→"水平翻转"。在第 1 帧到 90 帧之间创建补间动画（右键单击第 1 帧到第 90 帧之间的任意一帧，选择"创建补间动画"），在第 90 帧到第 95 帧之间创建补间动画，在第 65 帧到第 180 帧之间创建补间动画（见图 3-69）。

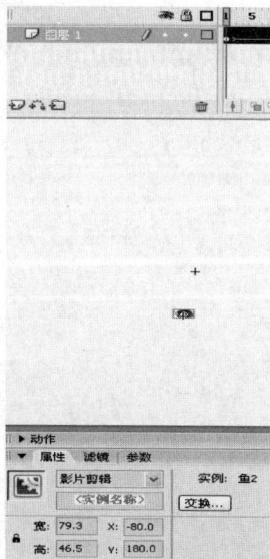

图 3-67　拖入"鱼 2"

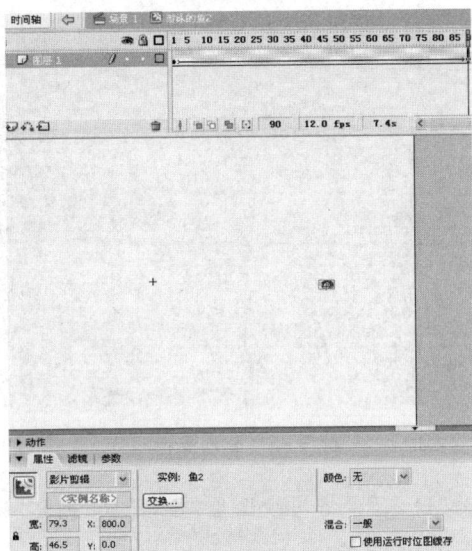

图 3-68　插入关键帧

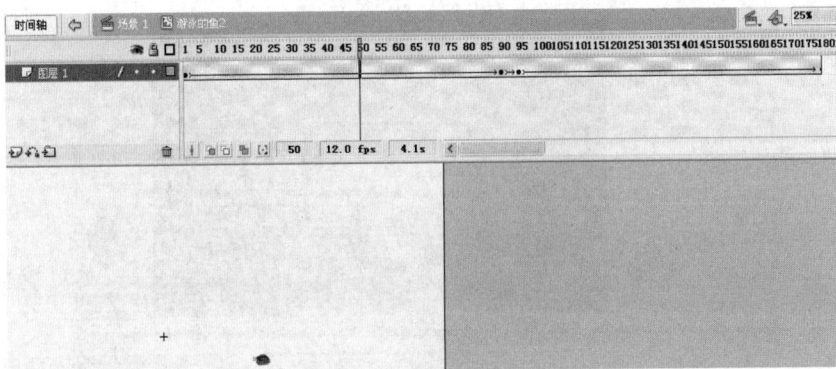

图 3-69　创建补间动画

⑳在背景图层上方新建两个新图层,分别为"鱼1"和"鱼2",将影片剪辑"游泳的鱼1"拖入到图层"鱼1"的第1帧处,并将位置放在背景图片的右下方;将影片剪辑"游泳的鱼2"拖入到图层"鱼2"的第1帧处,并将位置放在背景图片的左下方,见图3-70。

㉑插入背景音乐。到此整个"海底的鱼"的动画就基本完成了,为了增加动画气氛和更生动的效果,我们为这个动画插入一段背景音乐。在图层"鱼2"上面新增图层"music",在第1帧处打开"属性"面板,将"声音"菜单拉开选择"海洋摇篮

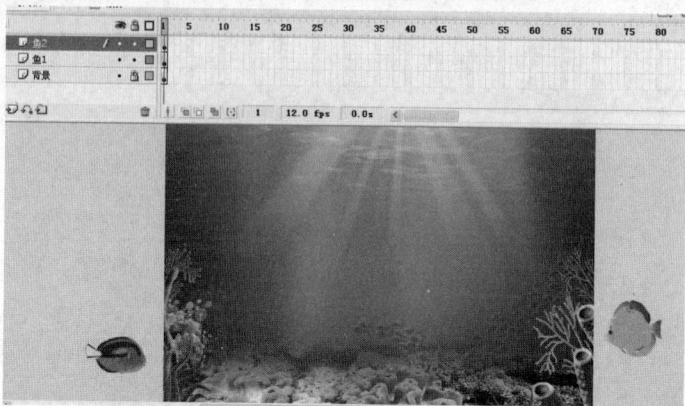

图 3-70　新建图层

曲.mp3”，将效果设为“淡入”，将同步设为“开始”和“循环”（见图 3-71）。

图 3-71　插入背景音乐

2. 测试与输出影片

①点击“控制→测试影片”菜单，观看动画效果。点击按钮，检查按钮是否正常。如果出现问题，请重复刚添加动作脚本的步骤，仔细检查脚本是否有误。

②点击“文件→导出→导出影片”菜单，将 Flash 导出 SWF 文件。此外，也可以先利用“文件→发布设置”进行导出的设置（如图 3-72 所示），然后点击“文

件→发布"菜单输出影片。

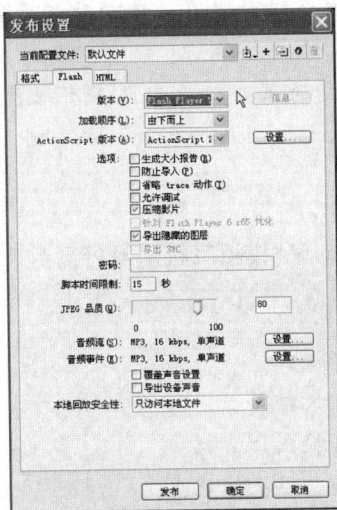

图 3-72 输出影片

【小知识】

绿色软件

我们知道，一般的软件都需要安装，随着软件容量的增大，其安装过程也越来越长。有些软件繁琐的安装过程令人厌烦：运行 setup，然后是选择目标路径，中间还有安装问答，还要不断地重复这个过程。更重要的是，安装软件后会使 C 盘的体积越来越大，导致电脑运行速度变慢。

现在好了，人们开发了所谓的绿色软件，不需要安装，使用起来非常方便。按绿色软件的"绿色"程度，可以分为狭义的绿色软件和广义的绿色软件。

狭义的绿色软件可以叫做纯绿色软件，就是指这个软件对现有的操作系统没有任何改变，除了软件存放的目录，不往电脑中任何地方写东西。要打开软件时，直接点出软件运行图标即可，删除的时候，直接删除软件所在的目录就可以了。

广义的绿色软件就是指不需要专门的安装程序，对系统的改变很少，手工操作 1～2 个动作就可以方便地完成这些改变，比如拷贝几个动态库，或者导入注册表，这里的关键是手工可以方便地完成这些改变，或者可以借助于批处理等脚本完成。

绿色软件，最大的特点是可便携使用，所以又称可携式软件（英文称为 Portable Application、Portable Software 或 Green Software）。因此，它可以存放于闪存中，需要时直接插入闪存即可使用，移除后也不会将任何记录（注册表消息等）留在本地计算机上。

著名的 Adobe 公司开发的系列软件，大多有绿色版的。如经常用的 Adobe Photoshop，Adobe Audition，Adobe Premiere，Adobe Flash 等均有绿色版。

【实践活动】

用 Flash 制作简易动画"模拟飞机从滑行到起飞和降落的全过程"

1. 实践目的
- 动画创作的通用工作流程
- 如何新建文档和设置文档属性
- 如何导入、调整、转换图形素材
- 插入普通帧和关键帧并设置帧的类型
- 创建补间动画
- 绘图纸外观和编辑多帧的使用
- 测试和发布 Flash 影片

2. 实践器材
- 计算机
- 预先处理好的图形素材
- Flash 软件

3. 实践内容及要求

模拟飞机从滑行到起飞和降落的全过程

要求：飞机滑行过程方向正确，平滑、起飞不断加速，降落不断减速。

4. 实践指导
- 新建 Flash 文档。
- 导入背景图像。
- 新建图层，改名为"飞机"，导入飞机素材，将对象转换为元件。
- 在"飞机"层的第 10、30、70、90、110 帧处分别插入关键帧，并调整飞机在各点的方向。在 130 帧处插入普通帧以延长时间。
- 在各关键帧之间分别创建补间动画。
- 在 1～10 帧设置加速，90～110 帧处设置减速。
- 测试影片。
- 导出和发布影片。

5. 实践注意事项

• 创建动作补间动画时注意时间轴中的箭头应为实线。

• 设置加减速运动时，单击关键帧打开属性面板，设置缓动，负值表示加速，正值表示减速。

【本章小结】

本章重点介绍了多媒体素材的分类，对文档、图形图像、音频、视频、动画等媒体素材的格式和特点，以及获取方式和处理技术进行了较为详细地介绍；并配合实例介绍了几种常用多媒体素材处理软件的使用方法，使读者能够较为全面地掌握多种媒体的一般处理技术。

【思考与练习】

1. 寻找各种文件，如各种教案、办公文件、信函、通知书、明信片等，运用 Word 进行格式编排。

2. 什么是矢量图和位图，各有什么特点？

3. 图形、图像都有哪些获取方法，运用这些方法分别搜集几种格式的图片，并分类保存。

4. 音频文件的格式有哪些？不同格式如何进行格式转换？

5. 在有伴奏带的情况下录制一首歌，对设备有哪些要求，要进行哪些设置？检验自己电脑的声卡、麦克风等设备，录制一首歌曲并运用 Audition 软件进行后期的处理，使人听起来更悦耳。

6. 视频都有哪些文件格式？在网上搜索不同格式的视频文件（如 AVI、MOV、MPG、ASF 等），并播放观看，注意它们的文件大小、画面质量和播放方式。

7. 运用会声会影制作一个电子相册，要求素材有大量图片，有前后字幕，中间也可添加一些文字，有背景音乐，有转场特效等。

8. 分小组完成一个主题的拍摄，并制成一个 DVD 或 VCD 光盘。主题可以是一场演出、一次幼儿活动、一个科学试验等。运用会声会影对得到的视频进行剪辑处理，添加旁白、字幕、背景音乐等，恰当使用一些特技，最后合成输出成一个视频文件。不同小组间进行交流、互评。

9. 动画文件都有哪些格式？常用的动画制作软件有哪几种？

10. 某个动画场景如下：蓝蓝的天上白云飘，鸟儿欢声唱，路边小草正茁壮成长，太阳正冉冉升起，小朋友们在草地上嬉戏玩耍……请利用 Flash CS3 制作一段帧速不低于 12f/s，时间大于 30 秒的动画。

第四章　多媒体课件制作

【本章学习提示】

多媒体课件制作能力已成为衡量教师教学能力的一项重要标志，本章旨在通过介绍多媒体课件的基础知识，多媒体课件的设计方法和通过案例教学讲解两个重要的多媒体课件制作工具的使用，使同学们具有一定的课件制作能力。具体来说，本章包括以下单元：①多媒体课件概述；②多媒体课件的设计原则与方法；③PowerPoint 课件设计与制作；④Flash 课件设计与制作。建议在学习的过程中注意：①结合实例分析和练习，体会多媒体课件在幼儿教学中的应用；②多多实践，从易到难，逐步提高多媒体教学课件的制作水平。

【本章学习目标】

1. 了解多媒体课件的相关概念、分类、特点及作用；
2. 掌握幼儿教学多媒体课件的设计原则；
3. 掌握多媒体课件制作的一般步骤；
4. 掌握 PowerPoint 和 Flash 课件制作技术。

第一节　多媒体课件概述

多媒体课件是一种根据教学目标设计，表达特定教学内容，反映一定教学策略的计算机教学软件，它采用多媒体技术综合处理文本、图形图像、动画、音视频等多媒体信息，具有直观、生动、形象、感染力强的特点，可以激发幼儿的学习兴趣和主动性，有效地提高幼儿在五大领域的认知、情感和技能。《幼儿园教育指导纲要(试行)》中指出：幼儿园应与家庭、社区密切合作，综合利用各种教育资源，共同为幼儿的发展创造良好的条件。多媒体课件能有效唤起幼儿进行创造活动的兴趣和愿望，有利于幼儿进行观察思考，促进幼儿园教学资源的整合。

一、多媒体课件的概念与类型

(一)多媒体课件的概念

多媒体课件是在多媒体计算机系统硬、软件环境中，利用多媒体编著工具开发出来的，实现教学设计过程、方法和策略的，具体反映教材内容、结构和教师教学意图的教学软件，属于多媒体教学软件的范畴。

对多媒体课件的认识，可以从技术和内容两个方面来理解。从技术上讲，多媒体课件是采用多媒体技术交互综合处理文、图、声、像等信息媒体以表现教学内容的一种计算机软件。从内容上讲，它是以教学理论和学习理论为指导，运用系统方法，针对教学目标和教学对象的特点，合理地选取与设计教学信息媒体并进行有机组合，从而形成优化的教学结构的一种教学系统，多媒体课件的内容通常包括两方面：一是利用符号、语言、文字、声音、图形、图像等多种信息媒体描述的教学信息；二是引导学习者通过人机交互作用展开学习过程的各种控制信息。多媒体课件中，各种媒体信息是按超文本或超媒体方式来组织的。

(二)多媒体课件的类型

多媒体课件的分类方法很多，如按课件的组织形式分类，按照课件的呈现方式分类，按照课件的制作软件分类，按照课件的教学功能分类等。根据对课件问题的研究应以教学理论特别是学习理论为依据的观点，本书根据学习类型来对课件进行分类，即不同类型的学习对应不同类型的课件。而学习的分类也是复杂的理论问题，这源于学习本身的复杂性和人们依据分类的标准不同，如根据学习的内容和结果，根据教育目标，根据各类学习的简繁程度等来进行分类。不管是哪种依据，最终必然形成不同学习方式的差异，课件类型的研究应以学习方式的差异为依据。

根据奥苏贝尔的学习分类，学习可分为"内容以现成的，相对定论的形式提供给学生"的接受学习，和"让学生自己去探索解决问题的原则和方法，进而获得知识"的发现学习。另外，区别于知识和技能等学习内容的不同，还可以加入操作学习，以此分类，对应的课件形式有演示型课件、探索型课件、互动型课件。

1. 互动型课件

互动型课件形式很丰富，包括操作与练习、游戏、模拟、测试、问题解答、检索等，大多数互动型课件是在学生熟悉了课程内容之后，让学生熟练地掌握诸如操作键盘、外语拼写等教学内容，是通过反复地练习而获得知识和技能。操练和练习可以放在游戏的环境中，以增强学习的趣味性，并在这些游戏中附加时间的因素，以帮助学生提高完成游戏的速度①。如金山打字学习软件中的熟悉键盘游戏，学习目标就是提高学生的打字速度。通过打字，控制游戏中人物的前进速度，从而完成一定的任务，以实现课件与学生学习的互动。在运用这个软件进行学习的过程中，良好的学习兴趣使学生在一种轻松和娱乐的心境中完成学习任务，在互动过程中，学生与计算机之间可以实时地相互交换信息，从而激发学习兴趣，强化认知，促使学生有效地学习，彻底改变传统教学模式中学生的被动地位。

2. 演示型课件

演示型课件适合表现的内容包括：其他手段难以表现的微观现象；真实实验中有危险的现象；真实试验中要很长时间或极短时间才能看到的现象；过去的过程或事件；需要反复观察的动态现象②。此类课件注重设计的表现力，如版面设计、背景设计、文字设计、视频音频设计等。各种信息媒介的表达和组合要做到优化设计、精心选择、取长补短、相辅相成；对于每一帧画面的设计从构图、大小、颜色、文字、解说、呈现方法等都精心设计（如图4-1所示），以符合学生的认知规律，激发学习兴趣。

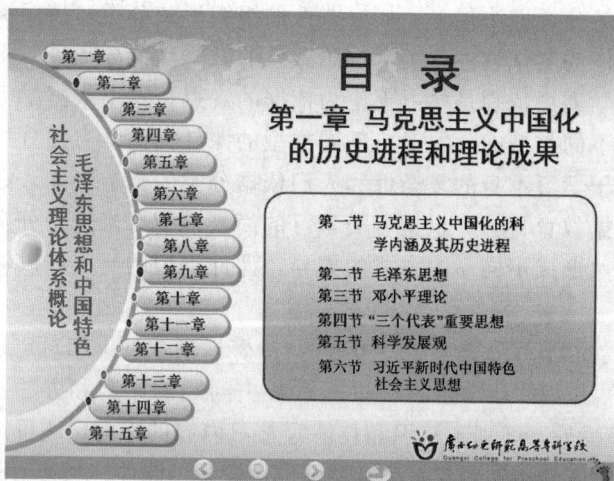

图 4-1　演示型课件

---

① 师书恩. 计算机辅助教学[M]. 北京：高等教育出版社，2001.

② 解月光. 现代教育技术理论与实践[M]. 长春：东北师范大学出版社，2010.148－150.

3. 探究型课件

此类课件更应注重情境的创设和问题的创意，更需要遵循课件制作的外部教学活动与学习心理过程相一致原则，以及激发、保持学习的积极性和主动性原则[1]。笔者通过"吉卜赛人的神奇读心术"游戏来分析说明。

"吉卜赛人读心术"是一个 flash 游戏（如图 4-2 所示），这个游戏吸引人的原因在于：机器能洞察人心，水晶球上显示的图案和你心中所想图案一致。其次，这些图案都形状奇异，学生会怀疑这些怪异的符号背后隐含着什么魔力。最后，水晶球上显示图案时的声音烘托了一种神秘感。

该 flash 游戏巧妙地创设了一种神秘的环境，但其本质是一个数学问题。按照游戏所要求的计算方法（即像 $23-(2+3)=18$ 这样计算），其结果都只能是 9 的倍数当中的一个。每操作一次，编号为 9、18、27、36、45、54、63、72、81 的图案都同时变化一次，变化后的图案相同；这些编号上图案的变化方式是随机的，即从一种图案变化到另一种图案是随机的，其他用来迷惑观众的编号图案保持不变，这样制造出来的效果具有更高明的迷惑性。

图 4-2　探究型课件

该游戏课件可以激发学生的探究兴趣，在反复游戏的过程中，学生可以发现

---

① 解月光. 现代教育技术理论与实践[M]. 长春：东北师范大学出版社，2010.148－150.

其背后的数学规律，如 20～29 之间的数按照此规则计算，其结果都是 18。

二、多媒体课件的特点与教学功能

(一)多媒体课件的特点①

1. 表现力强

多媒体课件具有呈现客观事物的时间顺序、空间结构和运动特征的能力。可以将一些抽象的概念、复杂的变化过程和运动形式，以内容生动、图像逼真、声音动听的教学信息展现在学生面前，引导学生去探索事物的本质及内在联系。

2. 交互性强

多媒体课件可以根据学生输入的信息，理解学生的意图，并运用适当的教学策略，指导学生进行有针对性的学习。利用其及时反馈信息，调整教学的深度和广度，保证学生获得知识的可靠性与完整性；给学生以自主权，学生通过反馈信息进行自我调整。

3. 共享性好

随着高速信息网的不断延伸，课件所包含的教学内容可以通过连接在网络上的计算机进行相互传递，网络上的信息资源可以实现共享。以网络、光盘为载体的多媒体课件，使知识的传播不再受时间、地点的限制，单位、家庭及社会都可以成为学习的"学校"，学习的时间可以根据个人情况加以选择。

(二)多媒体课件的教学功能

1. 学习内容形式丰富，优化学习环境

多媒体课件由文本、图形(图像)、动画、声音、视频等多种媒体信息组成，给学生提供的外部刺激不是单一的刺激，而是多种感官的综合刺激，这种刺激能引起学生的学习兴趣和提高学生学习的积极性。

---

① 百度文库. 浅谈幼儿多媒体课件在幼儿园教学中的应用[DB/OL]. http：//wenku. baidu. com/new/6954e68583d049649b665840. html.

2. 友好的交互界面，调动学生积极参与

多媒体课件交互方式丰富多样，能够更好地构建学生的学习环境。"交互"能引发学生的操作激情，从而激发学生学习兴趣，充分发挥学生的主动性，真正体现学生的认知主体的作用。

3. 丰富的学习资源，扩大学生知识面

多媒体课件提供大量的多媒体信息和资料，创设了丰富有效的教学情境，不仅利于学生对知识的获取和保持，而且大大地扩充了学生的知识深度和广度。

4. 超媒体组织信息，提供多种学习路径

超媒体是按照人的联想思维方式非线性地组织管理信息的一种先进技术。由于超媒体结构信息组织的联想性和非线性符合人类的认知规律，所以便于学生进行联想思维。另外，由于超媒体信息结构的动态性，学生可以按照自己的目标和认知特点重新组织信息，按照不同的学习路径进行学习。

(三)多媒体课件的评价

多媒体课件质量的优劣一般是从教育性、技术性和艺术性三个方面评价。

1. 教育性

课件的教育性评价是指课件一定要体现辅助教学是其根本目的这一原则，如果多媒体课件脱离了教学而进行设计，那么它做得再好也没有教学价值。所以，课件的教育教学性评价是最重要的评价指标，一般是从教学内容和教学设计两个方面进行评价。教学内容主要是看内容的科学性、规范性、知识体系结构和资源的应用等方面，如课件的教学内容是否正确、表达是否符合国家标准、知识结构是否完整、能否正确利用各种辅助资源等。教学设计主要是看目标设计、内容设计和学习设计，如课件的教学目的是否明确、目标定位是否符合教学实际、重点难点是否突出、教学交互性强弱、学生练习等。

2. 技术性

课件的技术性是指课件制作的技术手段和技术水平，是大家最为关切的评价指标。一般从运行环境、可操作性、软件选用与应用水平以及多媒体手段的利用等方面进行评价。如运行平台兼容性好坏、容错性能高低、有无清晰导航、操作

是否方便灵活、链接是否正确、切换时间长短、软件选用是否恰当或创新、软件应用水平高低、是否合理利用了各种多媒体技术、是否借助多媒体手段真正解决了一般教学手段难以解决的教学难点、突破了教学重点等。

3. 艺术性

多媒体能产生早期常规媒体无法比拟的视听效果，具有美学价值，可以很好地起到提高教学效果的作用，这就是为什么多媒体课件还有一项艺术性评价指标的原因。一般是从界面设计和媒体效果两个方面进行评价，如界面布局是否合理新颖、整体风格是否统一协调、色彩搭配是否协调、是否产生了良好的视觉效果、媒体选择是否切合教学主题、是否配合适当、媒体及元素制作是否精细逼真、能否对学生产生强烈的吸引力等。

(四)多媒体课件在幼儿园教学活动中的应用①

"兴趣是最好的老师，是幼儿主动学习、积极探讨的内在动力。"教育心理学研究表明，教育手段的新颖多样是吸引幼儿注意、激发学习兴趣、形成学习动机的条件。传统的幼儿园教学活动中，教师进行的大多是满堂灌，幼儿死记硬背，其结果致使幼儿产生厌烦，甚至丧失学习的自信心和积极性。而多媒体技术以其多样性、新颖性、艺术性、可操作性和创造性等特点，通过动态的画面和音响刺激，将教学信息转化为鲜明的视听形象展示在幼儿面前，使教学活动更生动形象，富有感染力，有效地激发了幼儿的学习兴趣。使幼儿的知识、技能、情感在不知不觉中得以发展。以下以幼儿园语言、社会、美术、数学活动为例加以说明。

1. 多媒体课件在幼儿园语言活动中的应用

(1)多媒体课件能够渲染欣赏氛围，培养幼儿对语言的感知力。欣赏优美的散文诗及儿歌，是幼儿语言活动中的一个十分重要的内容。通过对这些语言文字的理解、欣赏、朗诵，能培养幼儿对语言美的感悟及语言表达能力。相比传统的语言教学，多媒体课件更能完整地表现出诗歌的意境和内容，影响了幼儿对诗歌的理解和体验。如诗歌《春雨》，首先，画外音是滴答、滴答的下雨声，接着是配乐诗朗诵《春雨》，同时相应的动画画面也依次呈现在荧屏上：春雨下着，种子从

---

① 百度文库. 浅谈幼儿多媒体课件在幼儿园教学中的应用[DB/OL]. http://wenku. baidu. com/new/6954e68583d049649b665840. html.

泥土中长出小绿芽；梨树开出了小白花；青青的麦苗慢慢地长高；小朋友播撒种子在种植。多媒体课件将诗歌意境、内容和语言整合在一起，将诗歌的整体意境呈现在幼儿的面前，给了他们极美的视、听享受，使幼儿在美的感染下理解，又在理解的基础上学习、记忆，在学习、记忆的过程中，用语言、动作去表现自己对诗歌美好意境、美好情感的感受。这种教学效果是其他教学手段无法比拟的。

（2）多媒体课件能够营造动态情境，激发幼儿语言表达的积极性。由于幼儿间存在着个体差异，所以在语言方面也有明显的差异。运用多媒体课件营造一个丰富热烈的动态语言环境，成为一个必然的选择。如通过多媒体课件呈现给幼儿整个故事的背景，启发其思维；同时让幼儿参与语言活动，使他们的语言向着强势发展，整体提高幼儿的语言表达能力。

（3）利用多种模式相结合的课件，提高幼儿运用语言的能力。制作一种集演示、操作、游戏为一体的听听、说说、唱唱、做做的多媒体课件，让幼儿跟随电脑"娃娃"玩丰富多彩的游戏，在操作中感知，在游戏中学习，积累丰富的经验，提高幼儿在不同的情景中运用语言的能力。

2. 多媒体课件在社会活动中的应用

社会教育中有些内容离幼儿的现实生活及经验有较大距离，是无法现实地感知的，实施时具有一定的难度。在传统的社会教学中，幼儿对这些抽象事物认识与理解，往往局限于从教师语言描述中获得，即使使用一些挂图、模型等直观手段也显得比较呆板。相比之下，运用多媒体教学可以有效地弥补其不足，它能跨越时间和空间，把难以理解的或抽象的或微观的社会现象、社会事件或事物进行动态模拟，揭示出现象、事件或事物发展的规律及本质的特征，化抽象为具体，化难为易，化静为动，突出教育教学中的重点、难点，使难点重点直观化、感性化、形象化和具体化，易于幼儿观察、想象、理解。

3. 多媒体课件在美术教学活动中的应用

传统的美术教学模式，教师出示范例－讲解范例－幼儿模仿－教师讲评，对幼儿来说，枯燥的形式缺少审美的感知，幼儿的作品往往千篇一律，依样画葫芦，而多媒体声色并茂、动静结合、高度智能化等强大的技术，使传统教学中无法或难以表达的内容，形象直观地展现在幼儿的面前，幼儿在其中按照自己的意愿和兴趣来表达自己的体验和情感，获得满足，激发表现美、创造美的兴趣。

当今的社会日新月异，对人提出了更高的要求，只会模仿，不懂创新的人要被淘汰，多媒体教学在幼儿创新意识的培养中有着很大的优势。利用多媒体能突破时间和空间的限制这一特征，制作一个动画课件，通过声音的感受和图像的清晰，为幼儿提供创设了形象、直观的和谐情境，使幼儿思路开阔，想象丰富了，创造力也随之被调动起来了。

4. 多媒体课件在数学活动中的运用

多媒体课件视听结合、集图文声像为一体，富有吸引力和感染力，用于数学活动，有利于引发幼儿学习数学的兴趣。例如，小班数学活动《认识图形宝宝》，即让幼儿认识各种图形。如果教师单纯出示若干几何图形的图片，并机械重复演示给幼儿看，幼儿容易失去兴趣。制作《为图形宝宝找朋友》的课件，画面上有三个美丽的家，它们分别是小猪、小羊、小猴的家，小猪喜欢与三角形交朋友，小羊喜欢与圆形交朋友，小猴喜欢与正方形交朋友。当鼠标点击到某个形状，请幼儿帮它找朋友，并拉到相应的家里。如果找对了，就会发出小动物欢快的叫声，如果找错了，这个形状还会自动回到原来的位置，同时发出"你找错了，请再想想"的声音。运用电脑制作形态各异活泼可爱的小动物，配上色彩鲜艳的背景及活泼动听的声音，整个过程清晰、生动、形象、逼真，有效地刺激了幼儿的听觉、视听，使幼儿产生浓厚的学习兴趣和强烈的探究欲望，为完成活动目标奠定了良好的基础。

5. 多媒体课件在科学活动中的应用

幼儿园科学教育是指幼儿在教师的指导下，通过自身的活动，对周围自然世界进行感知、观察、操作来发现问题，寻求答案的探索过程。但是，由于幼儿对客观事物认识的直接经验不足，加上幼儿生活、学习条件的限制，使得幼儿对自然世界的感知很有限，而且参差不一。譬如说，在"青蛙"科学教育活动中，别说是城里的幼儿，就是农村的幼儿也大多没看到过青蛙，更不了解青蛙的生活，如果仅靠几张挂图、几个玩具，是很难让幼儿在头脑中建立真实的青蛙图像的。

运用现代多媒体技术正好可以解决这一难题，高清晰的投影、音频、视频、动画等多种媒体的综合应用，不仅可以真实再现自然世界，还可以使抽象、深奥的科学知识具体化、形象化、趣味化，让幼儿获得不易亲身感知或接触的经验，并将不能感知的事物和现象放大或模拟，从而激发幼儿对科学的兴趣，使他们主动观察、探索、思考。

可以说，由于自然科学的特殊性，使得在幼儿科学教育活动中，运用现代多媒体技术手段进行教学有着独特的作用，它可以帮助幼儿获得科学知识，促进幼儿形成良好的生活行为和科学行为。

另外，多媒体课件在幼儿音乐活动、生活活动、体育活动中都有着一定的作用，能有效帮助教师提高教学效果。

三、几种常见的多媒体课件制作工具

（一）PowerPoint

PowerPoint 是微软公司出品的制作幻灯片的软件，此软件制作的电子文稿广泛地应用于学术报告，会议等场所。用本软件制作课件也是目前中小学、幼儿园教师最常用的手段。就此软件来说，它的优点是做课件比较方便，不用多学，很容易上手，制作的课件可以在网上通过 IE 来进行演示文稿的播放；缺点就是功能来说就相对差了一点，还有需要注意易机使用时的音、视频文件的路径。

（二）Authorware

Authorware 是 Macromedia 公司推出的多媒体开发工具，由于它具有强大的创作能力、简便的用户界面及良好的可扩展性，所以深为广大用户的欢迎，成为应用最广泛的多媒体开发工具，缺点就是如果不借助其他的软件做起动画来比较困难，另一个就是打包后的文件比较大，不利于传播。

（三）FLASH

FLASH 是 Macromedia 公司出品的，用在互联网上动态的、可互动的 shockwave（多媒体播放器）。它的优点是体积小，可边下载边播放，这样就避免了用户长时间的等待。FLASH 可以用其生成动画，还可在网页中加入声音。这样你就能生成多媒体的图形和界面，而使文件的体积却很小。由于用 FLASH 制作小动画非常方便，所以常用于多媒体课件制作。

（四）方正奥思

方正奥思是我国方正技术研究院面向教育领域研究开发的一个可视化、交互式多媒体集成创作工具。方正奥思能在中文 Windows 环境下运行，具有直观、简便、友好的用户界面。通过奥思，创作人员能够根据自己的创意，将文本、图片、声音、动画、影像等多媒体素材进行集成，使它们融为一体并具有交互性，从而制作出各种多媒体应用软件产品。

方正奥思具有很强的文字、文本、图形编辑功能，支持多种媒体文件格式，提供多种声音、动画和影像播放方式，提供丰富多彩的图文过渡方式和动态特技效果，并具有强大的集成和交互能力；方正奥思直接面向各种多媒体创作人员，易学易用，无需编程；功能强大，支持光盘出版、多媒体数据库，提供网页输出，可以制作各种级别的多媒体应用，主要包括：多媒体课件、多媒体演示教学系统、电子出版物、多媒体演示查询系统、多媒体信息管理系统等。

第二节　多媒体课件的设计原则

多媒体课件的制作必须服务于教学，其目的是改革教学手段和提高教学质量，在设计和制作多媒体课件的过程中，遵循教育性、技术性、艺术性、经济性的原则，已经成为学界的共识。多媒体课件辅助幼儿园教育教学活动，适合孩子们的心理特点，但幼儿园教学活动有其自身的特点，幼儿园课件与小学、中学等其他层次的教学课件相比，有其特殊性。要创作出令人满意的课件，并在幼儿园教学活动中起到事半功倍的效果，还必须遵循以下几点。①

一、必要性原则

课件应作为一种为教学活动服务的辅助手段，运用多媒体课件的确能为教学活动注入生机，但并非意味着所有的教学活动都必须用多媒体课件。因此对于每一个教学活动是否运用多媒体，要以活动设计为依据，根据活动目标、活动内容及活动过程中的各个环节的需要而定。一个思路新颖、富有创意的教学活动设计是课件制作中的必要前提，在此基础上，将教学活动与课件巧妙组合，相融一体，使老师和孩子全身心地进入自己的角色，让孩子在欣赏中，自然接受，在玩和游戏中，轻松掌握，达到了导向、刺激、提示、启发、激发兴趣和加深印象的目的。如果无视课件的必要性，盲目运用，反而会起到分散孩子的思维注意力，产生负面的效果。

二、趣味性原则

趣味性就是指课件要富有一定的童趣。幼儿课件应以幼儿喜爱的动画、游戏

① 百度文库. 浅谈幼儿园多媒体课件的设计[DB/OL]. http://wenku.baidu.com/new/06113ad349649b6648d7479d.html.

的形式为主。把活动内容故事化、游戏化。使活动内容有规律地渗透于课件之中，让孩子与课件充分交互和渗入，成为课件当中的一个角色，成为活动当中的主体，充分发挥自己的能力，这样的课件才符合孩子的学习特点和思维水平。要达到这一点，则需要根据教学内容进行丰富的创意，即对活动设计进行创意和课件当中的每个角色、每个场景进行创意。在一个课件的运行当中，围绕活动目标，设置孩子感兴趣的片断和场景，来激发孩子的兴趣，加深孩子的印象。

三、形象性原则

孩子的知识经验少，思维形象具体，但想象力非常丰富，学习时需要某种事物的牵引或适当的点击，课件正是起到把知识形象化的作用，架起了孩子思维与客观事物相结合的桥梁。比如在欣赏诗《风和云彩》中是这样设计的：对于"天上的云彩真有趣，天上的风儿有本事"，画面上对应出现：蓝天草地的背景中，蓝蓝的天空上徐徐漂着几朵白云，人物化的风和云儿，在追来追去的嬉闹玩耍，很有情趣。针对儿歌中："吹呀吹，云彩变成小白船，竖起桅杆，扬起风帆，小白船呀漂呀漂，漂到远处看不见"：画面上出现了风吹云彩，然后风儿慢慢后退，云彩变成了一只小白船，一朵云彩变成了桅杆竖在小白船上，一朵变成了风帆，挂在了桅杆上，然后漂荡着的小白船，渐渐消失在天空中，使孩子完全融入其中。那云彩的有趣、风儿的本事和吹呀吹、漂呀漂等一系列的抽象动作，伴随老师那带有感情的讲解，合着老师抑扬顿挫的朗诵声，使幼儿陶醉在这首优美的诗歌中，在轻松、愉快、和谐的气氛中插上了想象的翅膀。

四、交互性原则

一个好的课件，必须有极强的交互性。孩子的兴趣来得快消失也快，要抓住孩子兴趣的最高点，不失时机地把孩子最感兴趣的东西，快速直接地展示在孩子的面前，使孩子的兴趣和思维得以连贯、加深、延续。场景和片段的转换，交互不能像下拉菜单一样，一级一级地拉下去，一级一级地返回来，那样孩子的兴趣将消失，孩子的思维将被打断，直接影响学习气氛和学习效果。

另外在制作课件的过程中，要注意课件的交互灵活性，也就是交互的可操作性和操作的随意性，交互不仅仅局限于按钮和热区的响应，也要有所创意。一个好的课件，必须能够根据教学过程的各个具体环节，实际变化需要，把这个情节的场景或片段及时地展现在孩子们的面前。而且能够根据情节变化，孩子的适应状况和知识掌握情况，反复调用，反复操作。如各个场景的按钮从片头到结尾，一直贯穿，这样老师就能在教学过程当中，根据课程进展随意转换，把孩子们不懂的地方、理解不深的场景片段，反复操作、反复播放。同时也让孩子自己操作，选择自己喜欢的场景和片断进行反复操作、观看。

五、真实性原则

幼儿教育是启蒙教育，幼儿园课件当中的事物、景象、动物和人物直接影响着孩子。所以在课件制作当中要认真负责，特别是在自然科学方面，更要给孩子以真实。取材方面，力争接近自然，接近真实，全面，不要给孩子以误导。

课件和活动设计也应该是一个有机的整体，课件是为了活动服务，不是为活动中的哪一个环节服务，要充分发挥老师的丰富想象力，创意无限，研究教案设计课件，只有紧紧围绕活动目标和孩子学习的兴趣和启发点，切实注意上述几点，才能制作出高水平的课件。

第三节　多媒体课件的制作步骤[①]

一、多媒体课件的一般开发方法与步骤

(一)课题选择

通常选择那些既适合于多媒体技术表现的、又是在教学活动中亟须解决的问题作为研究课题。课题选择应注意以下几个方面：

(1)教学要求：明确多媒体课件是对哪个学科的课程进行辅助教学，决定教学的内容和教学范围，明确多媒体课件所要实现的目的和达到的目标。

(2)教学对象：明确所制作的课件适合于哪类学习者使用，要着重考虑以下几点：学生的文化程度、年龄、学习能力、对计算机操作的能力和先置条件。

(3)课件类型：清楚所制作的课件属于哪种类型，了解课件的大体结构、主要模块以及各个主要模块之间的相互联系。

---

① 百度文库. 浅谈幼儿园多媒体课件的设计[DB/OL]. http：//wenku. baidu. com/new/06113ad349649b6648d7479d. html.

(二)课件的教学设计

课件的教学设计主要有教学单元的划分、选择适当的教学模式、多媒体信息的选择、知识结构的建立和形成性练习的设计等。

(三)软件的系统设计

多媒体课件具有存储信息量大和交互性友好的特征,软件的系统设计通常包括如下内容:

(1)软件的选择:根据课件的教学设计要求和教学模式,确定制作课件所需的工具软件。

(2)封面的设计:封面用于说明多媒体课件所包含的主要教学内容及该课件的使用方法等重要信息,它决定着课件总体设计是否合理、使用是否方便。

(3)建立教学单元间的层次结构:通过分析教学内容阐述教学,将教学内容分为一个个教学单元以及进一步再细分的知识点,形成一系列的学习子目标,并建立学习子目标间的逻辑结构和相互间的联系,生成学习目标的层次结构图。

(4)确定教学单元的超链接:设置实现跳转的条件,能从某个具体的信息或主题跳转到与其相关的另一个信息或主题,使其知识点与知识点之间的逻辑关系、层次关系及其连接关系形成一个非线性的结构。

(四)稿本编写

编写稿本是由学科教师按照教学的思路和要求对课件的教学内容进行描述的一种形式,也是软件制作者开发课件的直接依据。编写稿本工作就是具体地规定每个单元中计算机向学生传送什么信息、从学生处得到信息后又如何判断和反馈,最后在稿本的基础上根据计算机媒体的特征与计算机的特点编排程序。

(五)素材的准备

素材包括文本、图像、动画、声音、视频等。素材的准备工作一般主要包括文本的录入,图形、图像的制作与后期处理,动画的编制和视频的截取等。素材要以理想的形式呈现教学内容,不能选择那些不符合教学规律和教学内容的素材。

(六)课件的编辑

利用著作工具或程序语言对各种素材进行编辑,按照前面的教学设计所确定的课件结构和稿本设计的具体内容将各种素材有机地结合在一起，编辑成交互性强、操作灵活、视听效果好的多媒体课件。

(七)课件的试用与评价

课件编制完成后，要检查这个已完成课件的教学单元设计、教学设计、教学目标等是否都已达到了要求，对课件信息的呈现、交互性、教学过程控制、素材管理等进行评估。

(八)课件产品的成型

通过评价调试后的课件还需要经受一个时期的试用考验，以便进一步完善修改。最终确定多媒体课件教学设计、程序设计和素材设计之后，就可将此多媒体课件制作成产品推广使用。

二、课件设计实例分析——"洗手"课件的设计①

下面以华师大附属幼儿园小班的"洗手"课件为例，详述其设计过程：

图 4-3 为多媒体教学课件设计制作的基本流程，根据这一流程，课件设计步骤如下：

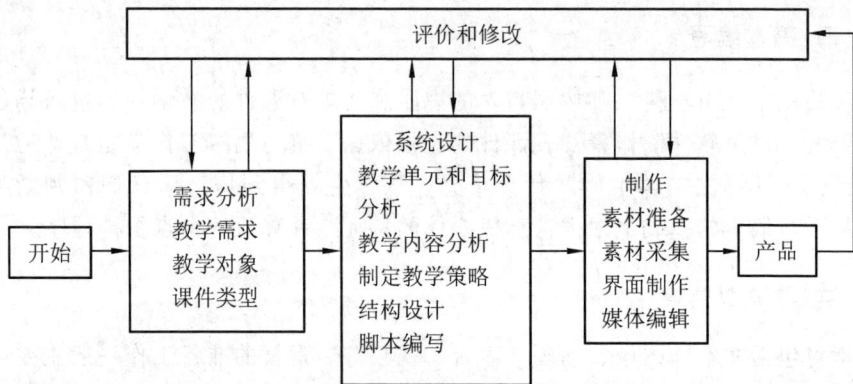

图 4-3 多媒体课件设计制作流程图

需求分析是课件设计的前提，直接影响着课件设计的好坏。本书着重讲述课件的需求分析和系统设计。

---

① 浅谈幼儿园多媒体课件的设计[DB/OL]. http: //www.docin.com/p-17259610. html.

(一)需求分析

需求分析包括使用者分析和可行性分析等。以下为"洗手"课件的需求分析:

(1)教学需求分析:洗手是幼儿生活的一种行为习惯,孩子通过家长、教师在日常生活中的教导逐渐学会怎么正确洗手。洗手虽然是一种实践活动,但教师亲自到水龙头下教导每个小孩似乎没有很大的必要性。而通过多媒体课件的演示,孩子们会被画面上的内容吸引,学习兴趣得到提高,再通过教师讲解洗手的过程,再结合平时的洗手习惯亲自体验怎么正确洗手,改掉一些坏的习惯;这样,相对于传统的教学方法,多媒体教学省时省力,孩子的能力也得到加强。

(2)教学对象分析:此课件使用的对象是2~3岁的儿童,这个年龄段的幼儿思维形象直观,理解能力弱,必须要通过教师的引导来学习;计算机操作能力差,课件的交互性操作要简单。

(3)课件类型分析:此类课件属于复合型课件。课件采用演示加互动的模式,孩子在观看学习洗手的过程后,通过一个小游戏来巩固知识。

(二)系统设计

(1)教学单元和目标分析。此课件的教学目标是让孩子理解洗手的每个步骤,掌握洗手的过程。它的重点和难点是描述洗手的每个步骤。"洗手"的内容主要分为7个教学单元:湿一湿、抹一抹、搓一搓、冲一冲、甩一甩、擦一擦和干净的手,每个教学单元体现的是洗手的每个步骤。因此把每个洗手步骤设计成一个场景,场景里加上问题、动画、导航等。

(2)教学策略。教学策略是指为达到预期目的,教师在教学活动中采取的教学方法。

"洗手"的步骤分别是:湿一湿、抹一抹、搓一搓、冲一冲、甩一甩、擦一擦和干净的手。相对应于这7个步骤,笔者设计了7个场景,最后再设计一个游戏场景来让孩子练习。教师在使用课件时,可以先演示洗手的步骤,中间过程可以适当提问孩子一些问题。最后让孩子来主动练习。

(3)教学评价。确定学生的行为是否达到目标,评价教学是否成功。按评价实施的时机分为教学之前、教学期间、教学之后的形成性评价;教师在使用课件之前已基本了解班级的每个孩子,然后通过观察课堂中孩子的表现和孩子使用课件后日常生活中洗手的表现,形成对课件的总体评价。

(4)编写脚本。脚本是系统设计的具体实现,是教学目标的详细注解,是课件制作者制作课件的最终依据。脚本分为文字脚本和制作脚本。

文字脚本是按课件教学内容出现的先后顺序，对每一部分内容及其呈现方式用文字进行描述的一种形式。它的格式如表 4-1 所示：

表 4-1　文字脚本样表

序号	内容	媒体类型	呈现方式

表 4-2 为"洗手"课件的文字脚本：

表 4-2　"洗手"课件的文字脚本

序号	内容	媒体类型	呈现方式
1	洗手、动画、游戏	活动影像（动画）、解说、导航	先调用动画，再同时调用声音和文字
2	湿一湿	同上	同上
3	抹一抹	同上	同上
4	搓一搓	同上	同上
5	冲一冲	同上	同上
6	甩一甩	同上	同上
7	擦一擦	同上	同上
8	干净的手	同上	同上
9	小朋友们，你会洗手了吗？请根据听到的声音来点点图片吧	同上	同上

制作脚本是在文字脚本的基础上，具体标明所呈现的各种信息内容的位置、大小及显示特点。它是制作课件的直接依据。它不是文字脚本的翻版，而是要根据教学需求和多媒体特点对画面进行构思，对所要表现的内容进行创意，对交互界面上信息呈现方式、控制方法进行统一的安排和设计。一般的制作脚本包括课件的系统结构说明、界面设计、知识单元的分析、连接关系的描述。对文本、图形、动画等的设计都要考虑课件界面、屏幕对象、风格等艺术性设计的要求。

脚本卡片是脚本的基本单元，文字稿本中给出的教学创意和教学设计的结构以及对课件制作的要求和指示是通过脚本卡片来描述的。多媒体课件是一屏一屏的方式呈现给学习者进行学习的，每一屏如何设计，如何制作应有相应说明。

制作脚本卡片的格式如表 4-3 所示：

表 4-3　脚本卡片样表

文件名：_____　　　类别（序号）：_____

屏幕画面		
		继续
		返回
进入方式： 1. 由____文件，通过_____按钮。 2. 由____文件，通过_____按钮。 3. 由____文件，通过_____按钮。		本屏呈现顺序说明： 解说：
键出方式： 1. 通过_____按钮，可进入____文件。 2. 通过_____按钮，可进入____文件。 3. 通过_____按钮，可进入____文件。		制作要求：

①以下为"洗手"课件的制作脚本卡片。

文件名：**课件主屏幕**　　　　　　类别（序号）：**主菜单画面**

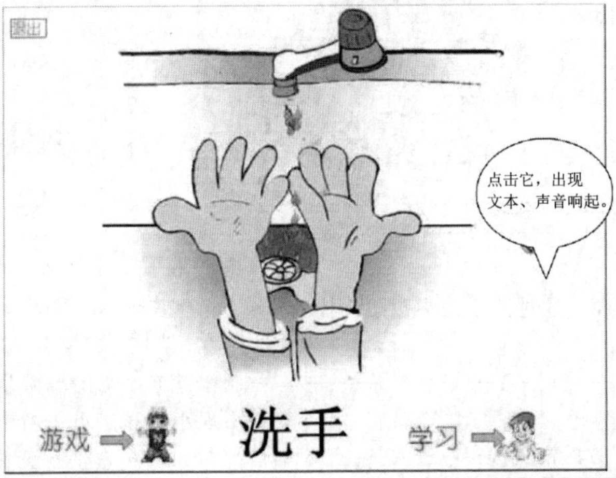

进入方式： 主菜单画面，打开文件即进入。	本屏呈现顺序说明：先出现图片，再出现文本，声音响起。文本的出现和声音同步。 解说："洗手"。 制作要求：洗手的图片出现在画面中央。旁边是一个喇叭的按钮，点击此按钮，画面下方出现"洗手"两个字，并播放配音"洗手"。"洗手"字号为 96，粗体，字体为宋体，颜色为黑色。"游戏"和"学习"字号为 44，字体为幼圆，字的颜色为红色；"退出"字号为 25，字体为幼圆，颜色为紫色。
键入方式： 1. 通过右下方洗手的小孩的按钮，进入"小脏手"的画面。 2. 通过左下方跳舞的小孩的按钮，进入"游戏"的画面。 3. 通过"退出"的图标，退出画面。	

图 4-4　设计主菜单画面

文件名：学习——小脏手　　　　　　　　类别（序号)：I-1

进入方式：

由主菜单画面，通过洗手的小孩图片按钮进入。

键出方式：

1. 通过右下方的箭头按钮，进入"湿一湿"的画面。

2. 通过左下方的箭头按钮，回到主菜单画面。

本屏呈现顺序说明：先出现图片，再出现文字，声音响起。文字的出现和声音同步。

解说："小脏手"。

制作要求：先出现游乐园，再由远到近慢慢出现小男孩。点击右上方的按钮暂停此播放过程，再次点击继续播放。点击喇叭的按钮，右下边出现"小脏手"，并同步播放配音。"小脏手"字号为 96，字体为宋体，颜色为黑色。

图 4-5　设计"小脏手"菜单画面

文件名：<u>学习——抹一抹</u>　　　　　类别（序号）：<u>I-3</u>

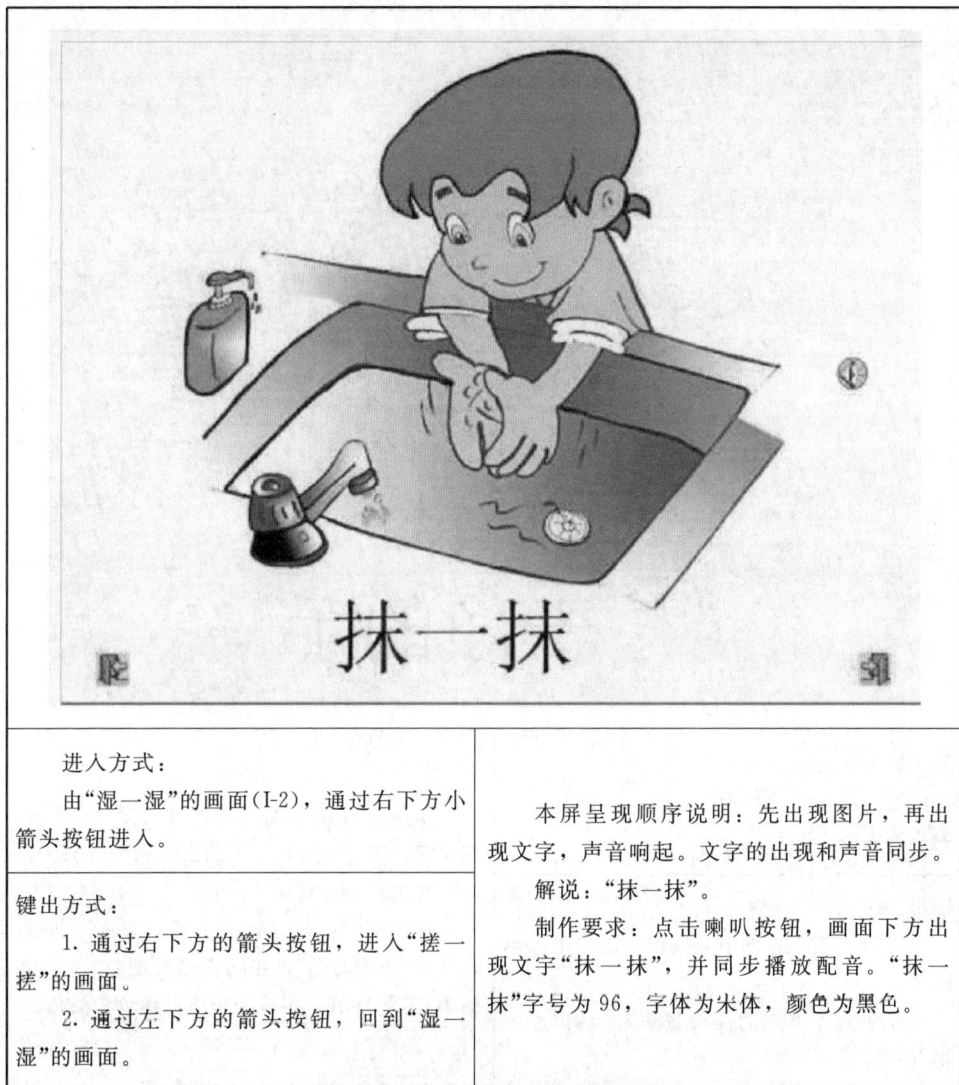

进入方式：

　　由"湿一湿"的画面(I-2)，通过右下方小箭头按钮进入。

键出方式：

　　1.通过右下方的箭头按钮，进入"搓一搓"的画面。

　　2.通过左下方的箭头按钮，回到"湿一湿"的画面。

　　本屏呈现顺序说明：先出现图片，再出现文字，声音响起。文字的出现和声音同步。

　　解说："抹一抹"。

　　制作要求：点击喇叭按钮，画面下方出现文字"抹一抹"，并同步播放配音。"抹一抹"字号为96，字体为宋体，颜色为黑色。

图 4-6　设计"抹一抹"菜单画面

文件名：<u>动画干净的手</u>　　　　类别（序号）：<u>I-7</u>

<table>
<tr><td>

进入方式：

　　由"擦一擦"的画面（I-6），通过右下方的小箭头按钮进入。

键出方式：

　　1. 通过右下方的箭头按钮，回到主菜单画面。

　　2. 通过左下方的箭头按钮，回到"擦一擦"的画面。

</td><td>

　　本屏呈现顺序说明：先出现图片，再出现文字，声音响起。文字的出现和声音同步。

　　解说："干净的手"。

　　制作要求：点击喇叭按钮，画面下方出现文字"干净的手"，并同步播放配音。"干净的手"字号为 96，字体为宋体，颜色为黑色。

</td></tr>
</table>

图 4-7　设计"干净的手"菜单画面

　　其中，场景"湿一湿"、"搓一搓"、"冲一冲"、"甩一甩"、"擦一擦"制作脚本与"抹一抹"类似，在此省略。

　　（2）游戏场景的制作脚本。

文件名：游戏——开始　　　　　　　　类别（序号）：Ⅱ-1

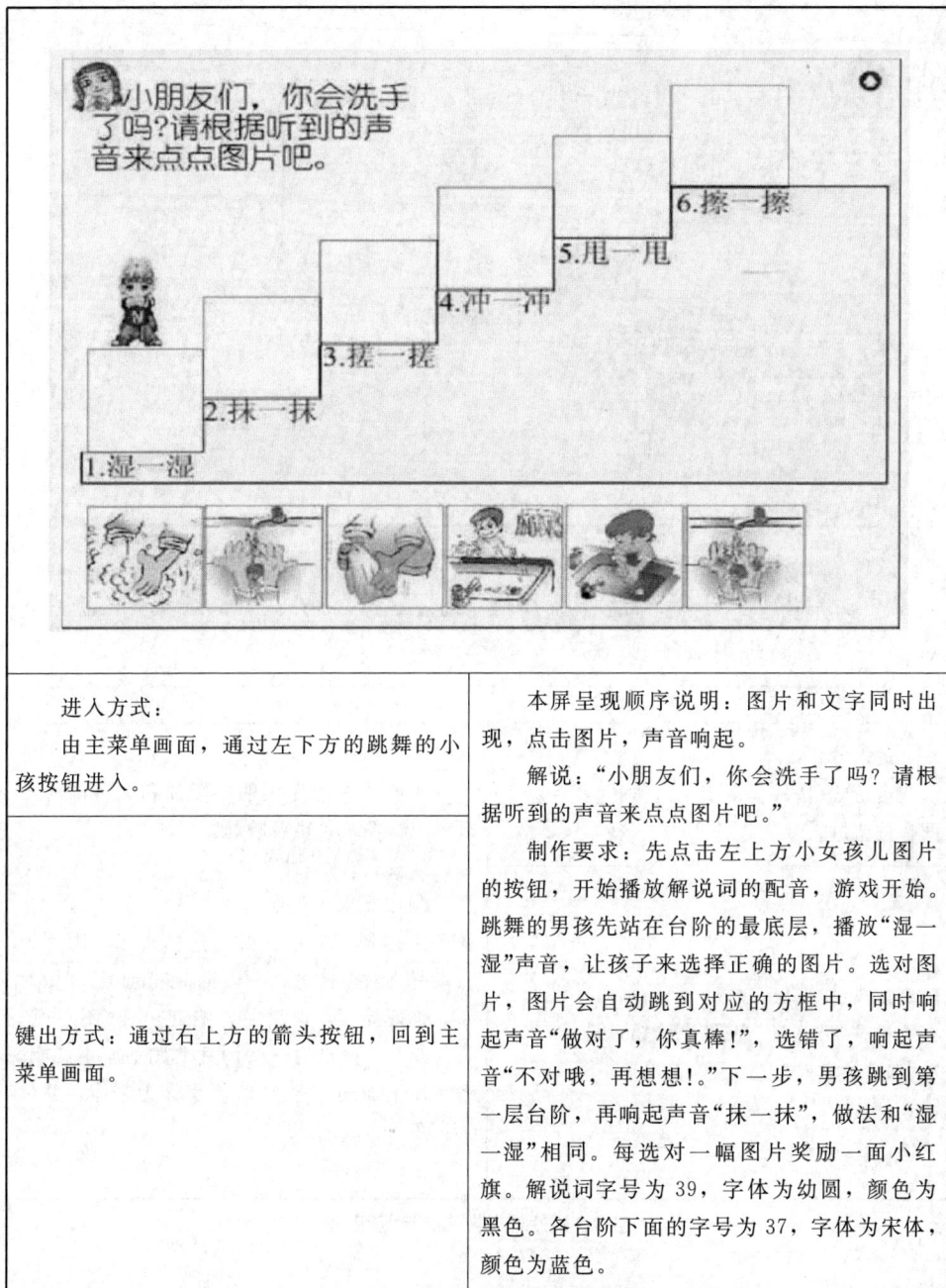

进入方式：

由主菜单画面，通过左下方的跳舞的小孩按钮进入。

键出方式：通过右上方的箭头按钮，回到主菜单画面。

本屏呈现顺序说明：图片和文字同时出现，点击图片，声音响起。

解说："小朋友们，你会洗手了吗？请根据听到的声音来点点图片吧。"

制作要求：先点击左上方小女孩儿图片的按钮，开始播放解说词的配音，游戏开始。跳舞的男孩先站在台阶的最底层，播放"湿一湿"声音，让孩子来选择正确的图片。选对图片，图片会自动跳到对应的方框中，同时响起声音"做对了，你真棒!"，选错了，响起声音"不对哦，再想想!。"下一步，男孩跳到第一层台阶，再响起声音"抹一抹"，做法和"湿一湿"相同。每选对一幅图片奖励一面小红旗。解说词字号为39，字体为幼圆，颜色为黑色。各台阶下面的字号为37，字体为宋体，颜色为蓝色。

图 4-8　设计动画游戏"开始"画面

文件名：游戏——冲一冲　　　　　　　类别（序号）：Ⅱ-4

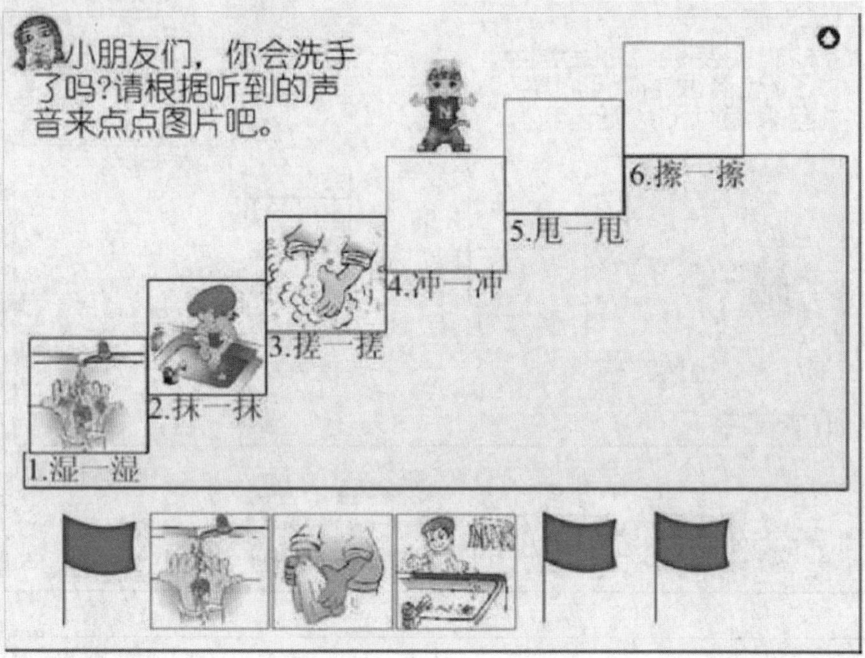

进入方式：

　由游戏"搓一搓"（Ⅱ-3），通过搓一搓的图片按钮进入。

键出方式：

　通过"冲一冲"的图片按钮，进入"甩一甩"的选择画面。

本屏呈现顺序说明：图片和文字同时出现，点击图片，声音响起。

　解说："冲一冲"。

　制作要求：先响起"冲一冲"的声音，让孩子来选择正确的图片。选择对了，图片会自动跳入对应的方框中，同时响起声音"做对了，你好棒！"，选错了，响起声音"不对哦，再想想！"。每选对一幅图片奖励一面小红旗。各台阶下面的字号为37，字体为宋体，颜色为蓝色。

图 4-9　设计"冲一冲"动画画面

文件：<u>游戏——结束</u>　　　类别(序号)：<u>Ⅱ-7</u>

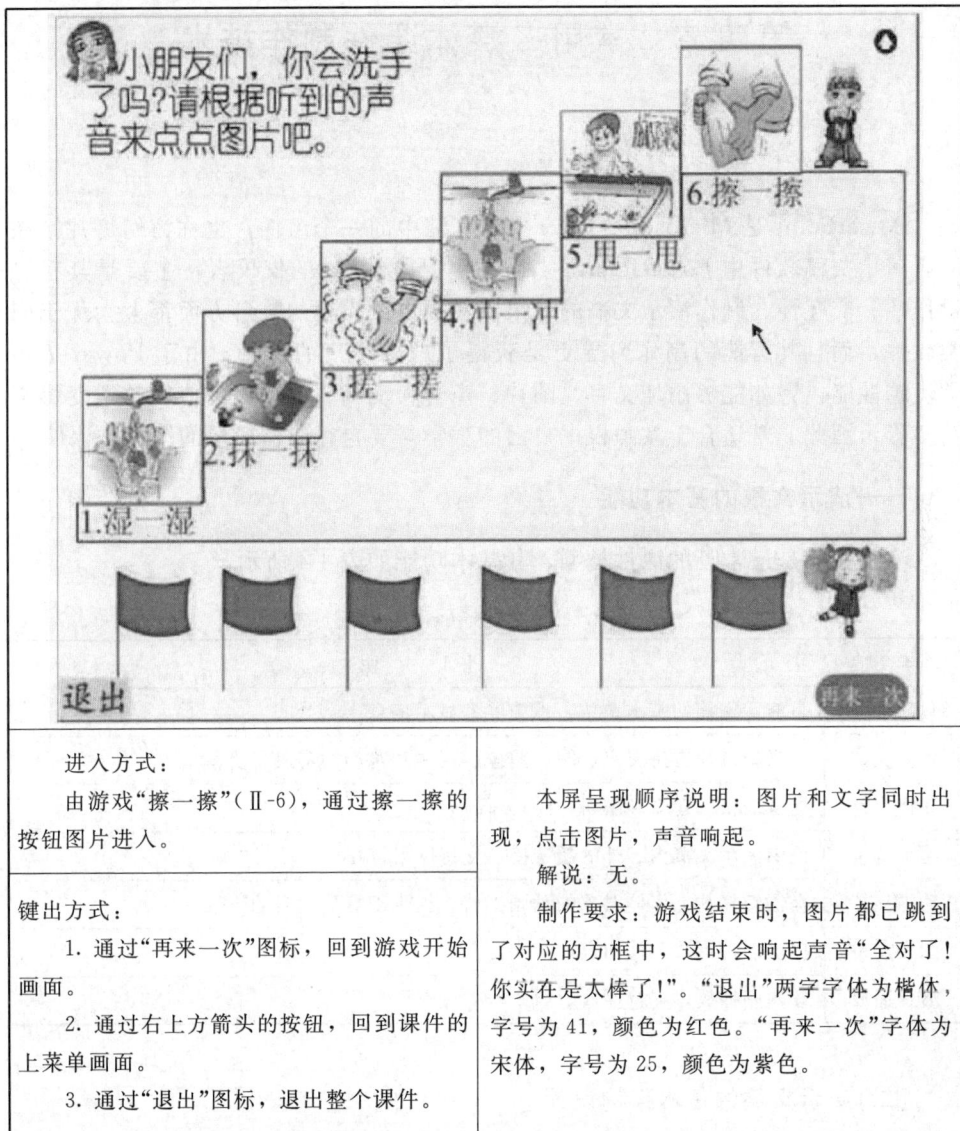

进入方式：

由游戏"擦一擦"(Ⅱ-6)，通过擦一擦的按钮图片进入。

键出方式：

1. 通过"再来一次"图标，回到游戏开始画面。

2. 通过右上方箭头的按钮，回到课件的上菜单画面。

3. 通过"退出"图标，退出整个课件。

本屏呈现顺序说明：图片和文字同时出现，点击图片，声音响起。

解说：无。

制作要求：游戏结束时，图片都已跳到了对应的方框中，这时会响起声音"全对了！你实在是太棒了！"。"退出"两字字体为楷体，字号为41，颜色为红色。"再来一次"字体为宋体，字号为25，颜色为紫色。

图 4-10　设计游戏"结束"动画

补充说明："游戏—抹一抹"、"游戏—擦一擦"、"游戏—甩一甩"的制作脚本与"游戏—冲一冲"类似，在此省略。

第四节　常用多媒体课件制作技术

一、PowerPoint **课件制作**[①]

PowerPoint 是 Microsoft Office 办公套装中的一个组件，也称为幻灯片。在所有演示文稿软件中 PowerPoint 一直被视为同类软件的佼佼者，主要是其在可操作性、交互性、制作演示文稿的效果以及提供的模板的数量方面都大大优于同类软件，而且其智能的制作向导更是获得了广大用户的青睐。由于 PowerPoint 的优越性能，譬如能够添加文字、图片、声音、动画、视频等，使得教学变得丰富多彩，因此非常适合于教师根据自己的教学需要自行制作简单的多媒体课件。

(一)演示文稿的基本功能

演示文稿是最常见的课件类型，其基本功能如表 4-4 所示。

表 4-4　演示文稿的基本功能

基本功能	说　　明
幻灯片支持	是演示文稿的基本单位，承载屏幕显示信息
媒体支持	每张幻灯片支持文字、图形图像、视频和声音的集成和使用
表格支持	提供表格的建立和编辑
超级链接	提供演示文稿内、外的超链接，支持网络链接
动画支持	提供幻灯片上媒体对象的动画支持，提供幻灯片切换动态效果
图表支持	提供多种形式数据图表
演示播放	按顺序播放，支持播放重组

(二)演示文稿的基本架构设计

教学演示文稿的一般形式是第一张幻灯片作为封面，展示题目，然后是目录幻灯片和内容幻灯片，在此基础上，根据教学需要添加一些超级链接，实现跳转或其他交互功能。演示文稿的基本架构如表 4-5 所示。

---

① 钟大鹏，蒋红星. 现代教育技术实用教程[M]. 北京：中国铁道出版社，2002.

表 4-5　演示文稿的基本架构

封面幻灯片	目录幻灯片	知识内容幻灯片
内容：标题 　　　作者 　　　其他信息 　　　（如单位、时间等）	内容：导航目录 　　　布局	内容：文字内容 　　　素材形式 　　　布局 　　　动画效果

(三)利用 PowerPoint 制作课件的一般步骤

在完成了教学设计，素材的搜集整理等准备工作之后，就是开始课件的具体制作了。

1. 课件整体制作一般步骤

(1)打开 Office PowerPoint 程序，新建 PowerPoint 文件。

(2)应用设计模板。

(3)逐张制作幻灯片。

(4)设计幻灯片之间的联系(超级链接)。

(5)设计幻灯片动画运动方案。

(6)设计幻灯片切换效果。

(7)预览效果，修改保存。

2. 单张幻灯片制作的一般步骤

(1)插入新幻灯片。

(2)应用设计模板。

(3)设置幻灯片版式。

(4)设置配色方案。

(5)设置幻灯片背景。

(6)在文本框中输入文字。

(7)在幻灯片中添加各种元素(插入图片、艺术字、声音等)。

(8)对各元素设置自定义动画。

(9)预览效果，修改完善。

(四)PowerPoint 课件制作实例——幼儿科学活动《认识图形》教学课件制作

鉴于 PowerPoint 已经在计算机相关课程中学习，其工作界面、功能菜单及其基本操作在此不再赘述。下面用 PowerPoint 2003 来完成此课件的制作。

1. 确定教学内容

教学活动目标：

(1)幼儿能认识并分辨出三种不同的图形。

(2)幼儿知道图形的简单特征。

(3)在认识图形的基础上，体验游戏的愉快。

2. 课件结构设计

课件呈现的结构图如图 4-11 所示。

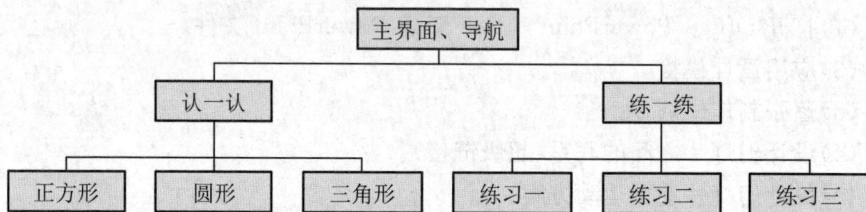

图 4-11　课件呈现的结构图

3. 主要教学内容及相关素材收集

文字、声音、图片来自互联网，或自行创作。

4. 课件制作

(1)课件主界面及导航的制作。

步骤 1：设置背景

课件中使用与主题内容相适应的背景，将起到烘托主题的作用。背景的设置大体有两种方法。

方法一：利用 PowerPoint 中的"幻灯片设计"设置课件背景。选择菜单栏中"格式/幻灯片设计"，在右边的"幻灯片设计"窗口中选择合适的应用设计模板，然后单击确定即可。如图 4-12 所示。

方法二：利用外部图片做课件背景。选择菜单栏中"格式/背景/填充效果/图

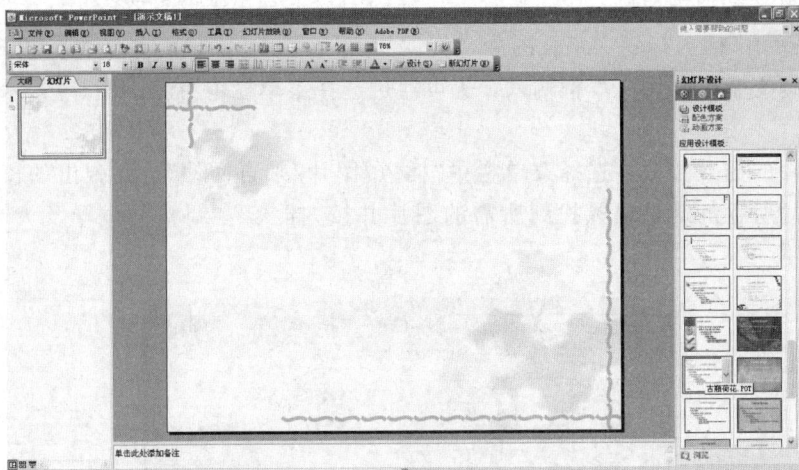

图 4-12　用幻灯片模板设置背景

片/选择图片",在弹出的窗口中,根据图片所存的地址位置找到所需的图片并插入,如图 4-13 所示。按"确定"后,再选择"全部应用"。

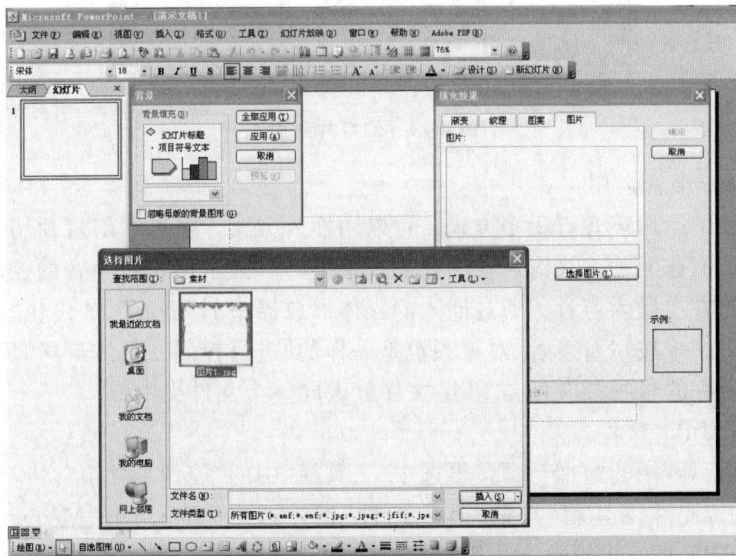

图 4-13　利用外部图片设置背景

　　以上所设置的背景,是设置课件中所有幻灯片的背景都一致。如果希望每张幻灯片的背景不一样,那么就不要点"全部应用",而点"应用"即可。背景的选取应以简单、素雅为原则，太过鲜艳、凌乱的图片不宜用来设置背景。

步骤 2：插入标题文字及图片

标题文字可利用文本框输入，也可通过选择菜单栏中"插入/图片/艺术字"方式插入。

图片的插入方法：选择菜单栏中"插入/图片/来自文件"，在弹出的窗口中，根据图片所存的地址位置找到所需的图片并按"插入"，调整其位置及大小，如图 4-14 所示。

图 4-14　幻灯片封面

步骤 3：声音运用

在课件中运用声音有很多方式，可以用插入方式，也可在幻灯片切换中添加背景声音，但这两种方式对声音的控制效果不好，为了便于对声音的控制，可采用"控件"的方式插入声音。通过插入的媒体播放器中的"播放"、"停止"、"暂停"和"调节音量"等按钮对声音(对视频也是一样的)进行控制。具体步骤如下：

①将做好的音视频文件与 PPT 文件放入同一个文件夹中。

②打开 PPT 文件。

③选"工具"栏的"自定义"，再选中"工具栏"中的"控件工具箱"。

④点击"控件工具箱"中的"其他控件"钮，选中"Windows Media Player"，用鼠标在 PPT 页面上点一下，则出现一个媒体播放器图标，根据需要任意调整图标的大小。

⑤点击"控件工具箱"中的"属性"钮。

⑥在"URL"的右边栏中填写音视频文件的文件名和拓展名。

⑦播放 PPT 即可演示该音视频文件，再保存该 PPT 文件即已添入。

为什么首先要"将做好的音视频文件与 PPT 文件放入同一个文件夹中"呢？这是因为，属性栏 URL 中设置声音文件的路径，只是一个路径的链接，声音文件并没有真正加载到 PowerPoint 的文件中去，这一点与插入图片不同。所以，当编辑的演示文稿要在另一台计算机上去播放时，由于音视频源文件没有同步移动和设置，所以 URL 所指的播放链接的目标源根本不存在，也就没有音视频的播放了。因此，在编辑的时候就应把声音文件和 PowerPoint 演示文稿存放在同一个文件夹里。

用同样的方式我们可以在 PPT 中嵌入动画，只是控件要选择"Shockwave Flash Object"，控件属性则是"movie"。

如果插入的声音全是 wav 格式的，可以先查看所有声音文件中最大的文件是多大，如 1200K，那么我们可以先选择"工具/选项/常规"，在"链接声音文件不小于"一栏中，将里面的数值改为比 1200K 稍大一些（如图 4-15 所示），点确定。然后再去插入 wav 格式的声音，那这些声音就全都嵌入到幻灯片，不需要外部链接了。

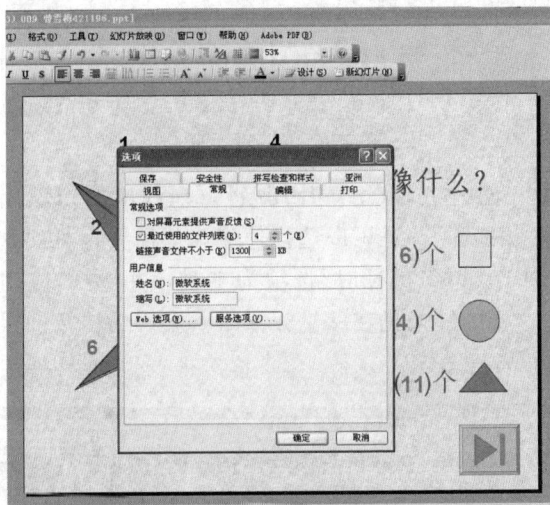

图 4-15　嵌入 wav 声音文件大小的设置

（2）课件其他界面及导航的制作。

插入课件内容、图片和按钮（方法同上）。

（3）对象超链接的设置（以认识正方形超链接为例）。

认识正方形的超链接：

幻灯片间的超链接可以在文字上做超链接，也以在图片上做超链接，这里选在文字上做超链接。鼠标选中"正方形"，然后单击鼠标右键，在弹出的菜单中选择"超链接"，然后选择"本文档中的位置"，然后选中"幻灯片 5"，点击确定即可。如图 4-16 所示。

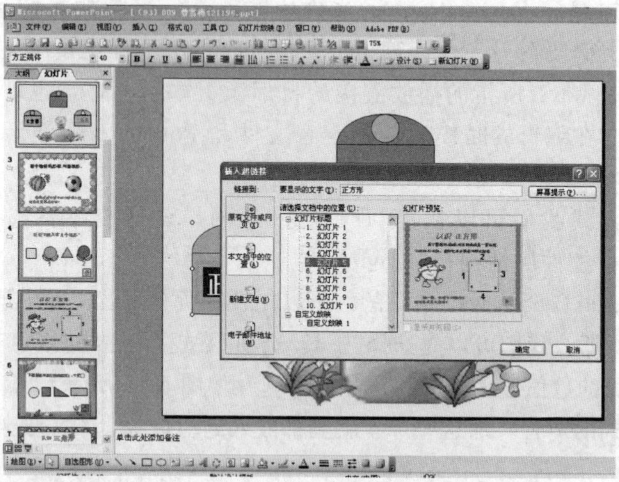

图 4-16　幻灯片超链接设置

（4）页面的切换设置。

幻灯片切换：

选择菜单栏中"幻灯片放映/幻灯片切换"，在弹出的幻灯片切换窗口中选择切换的方式，如"盒状展开"，还可以选择速度，如需要也可加入声音和设置换片方式。"换片方式"中的"单击鼠标时"选项为空时，并选择"应用于所有幻灯片"，此时鼠标被屏蔽。这样的好处是在课堂教学时不会因为鼠标的误动作造成幻灯片切换。如图 4-17 所示。

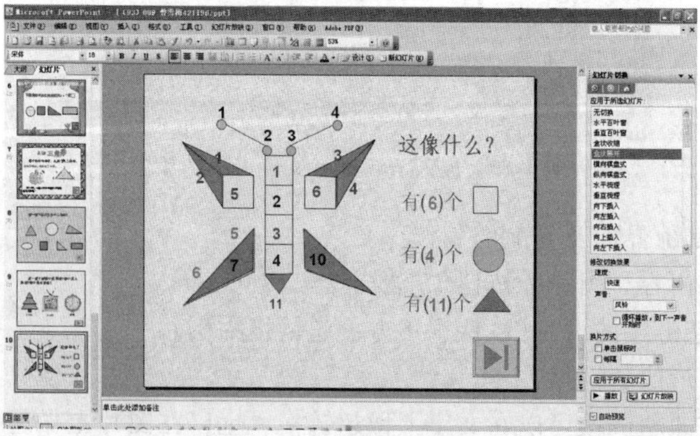

图 4-17　幻灯片切换设置

5. 课件的保存和演示

课件制作完毕，需要进行保存。具体执行过程如下：执行"文件/保存"或者"另存为……"。第一次执行"保存"时，系统会提示用户选择一个保存的地址和文件名称，以后再执行此命令时就不需要，系统会自动覆盖原文件。选择"另存为……"则需要选择保存地址和保存的文件名。在制作演示文稿的过程中应注意及时保存文件。以免出现由于一些意外情况导致 PowerPoint 2003 的不正常关闭，造成不必要的损失。

【技能拓展】

PowerPoint 2003 高级应用技巧——幼儿写字教学动画的制作

课件目标：以写开会的"开"字为例，教幼儿写字

操作步骤：

第一步：准备笔画素材。

①编辑艺术字。用 Word 2003 中"插入艺术字"，在"艺术字"字库对话框中双击第一款样式，如图 4-18 所示，然后在"编辑'艺术字'"对话框中输入制作的字，如"开"字，注意选择"楷体"，设置合适的字体。如图 4-19 所示。

②添加"分解图片"命令按钮。单击"工具"菜单—执行"自定义"命令—选择"命令"标签—单击"类别"框中的"绘图"选项，然后在"命令"框中找到"分解图片"命令，用鼠标左键将此命令拖至常用工具栏的适当位置。如图 4-20 所示。

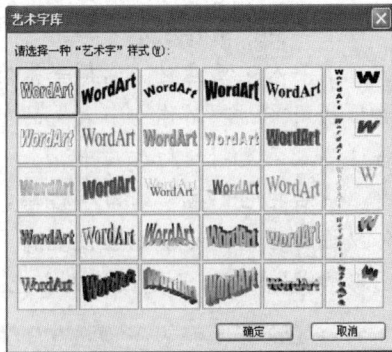

图 4-18 插入艺术字

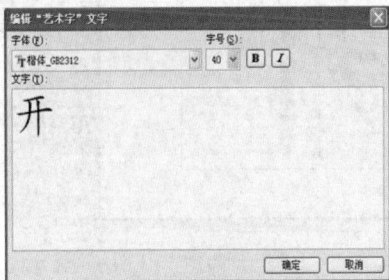

图 4-19 编辑艺术家

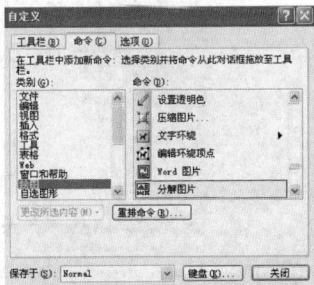

图 4-20 分解图片

③制作笔画。右击刚才插入的"开"字—执行"剪切"命令，然后单击"编辑"菜单→执行"选择性粘贴"命令→选中"图片"形式→单击"确定"按钮。

单击选中已经转化为图片格式的"开"字，随后单击刚添加的"分解图片"按钮。这是该字的笔画已经被分解成了各自独立的部分，拖动这些笔画将它们备用。如图 4-21 所示。

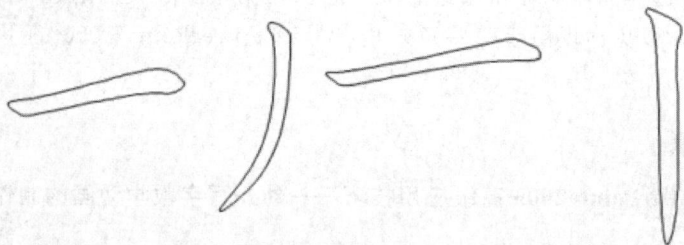

图 4-21　分解笔画

第二步：制作演示文稿。

①导入笔画素材。选择一张空白版式的幻灯片，并根据需要设置背景图案，然后利用"表格"制作一个大大的"田字格"。将 Word 窗口中的全部笔画圈选，并将这些笔画复制到幻灯片中。

最后把它们拖动到田字格中，组成一个正规的楷体字。为便于孩子们观看，可以把这些笔画的填充色设置得鲜艳一些。注：右击某一笔画，执行"设置自选图形格式"命令可为笔画填充颜色。如图 4-22 所示。

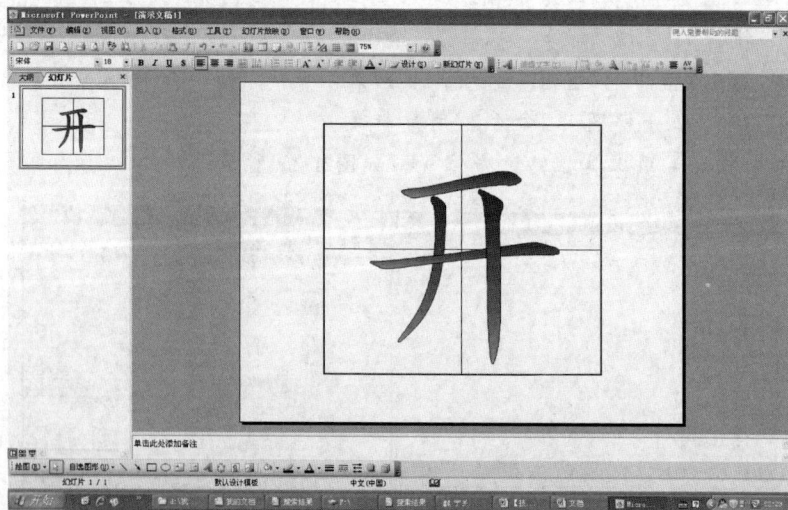

图 4-22　导入笔画素材

②设置动画演示效果。分别单击选中每一笔画，为其添加动画效果。经过试验，我们发现利用"擦除"效果最能体现出书写的韵味。如图 4-23 所示。

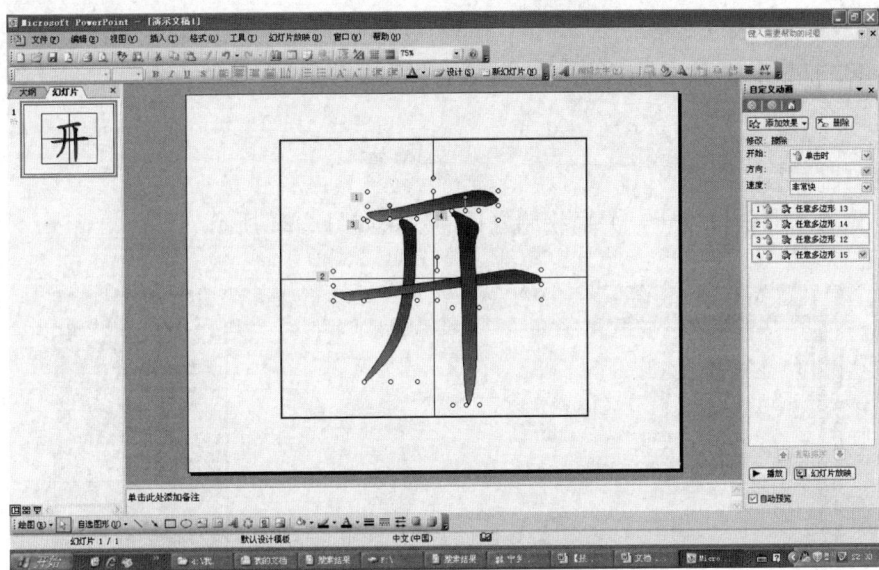

图 4-23　设置动画演示效果

二、Flash 课件制作

(一)Flash 课件制作的一般步骤

由于 Flash 功能强大，用 flash 制作出来的教学课件内容丰富多彩、表现形式多样，所以 flash 课件制作无固定模式或步骤，其关键在根据教学内容做出的课件表现形式设计，不同的课件形式决定了不同的 flash 课件制作步骤。不过，用目前的 Flash CS3 版本制作 Flash 课件，大致步骤为：

(1)首先进行课件设计，收集、整理、制作好所有课件素材。

(2)新建文档(课件类型)，即根据课件设计选择文档、演示文稿还是 Action-Script 脚本文件等，或者是从模板选择课件类型。

(3)确定制作课件的演示界面，设为场景 1。

(4)制作课件的具体教学内容，分别为场景 2、场景 3、场景 4……。

(5)设置课件控制按钮，使其链接到场景 2、场景 3、场景 4……；以便科学展示教学内容。

(6)预览、修改、保存。

下面通过具体的课件制作实例,让我们逐步熟悉 Flash 教学课件的制作技术。

(二)Flash 课件制作实例——某课件"导航界面"的制作

1. 课件界面绘制

先展示课件设计——界面绘制好后的效果如图 4-24 所示。

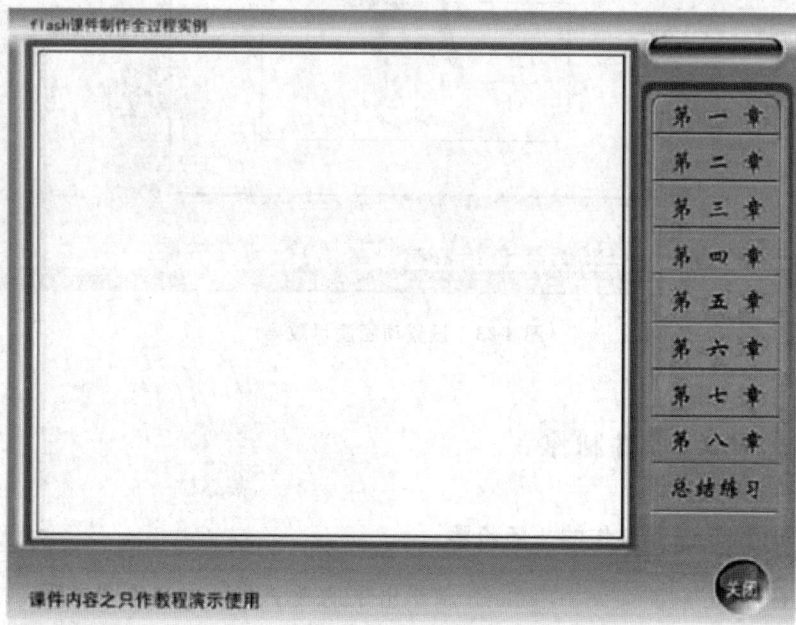

图 4-24　课件导航界面

界面的右上角那个圆角矩形是用来放置时钟用的,界面的右下角是关闭按钮,右侧栏是导航按钮区,左边为课件内容区。

首先,运行 Flash CS3,点击菜单栏的"文件"—"新建"命令,新建一个 flash 文档。

(1)修改场景到需要的大小,在舞台上随意点击,然后打开"属性"面板,如图 4-25 所示。

在场景的属性栏中,默认的场景大小是 550×400 像素,课件一般都是 800×

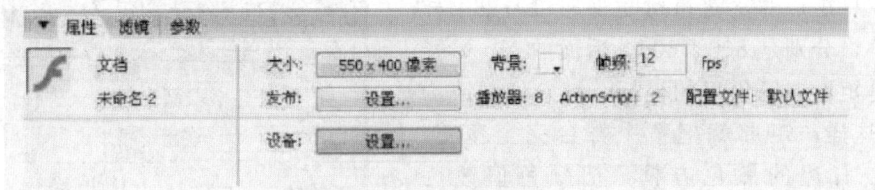

图 4-25 设置场景大小

600 像素大小，这个参数在做课件之处最好修改好，否则课件做好了再修改会非常麻烦。帧频默认值为 12，修改成 24。

(2)双击时间轴上的"图层 1"，改名为"界面"，这一层放置所绘制出来的界面。点击工具栏里的"矩形工具"，取消线条，如图 4-26 所示。

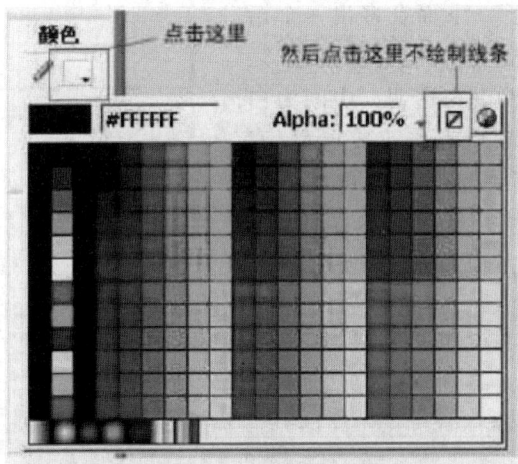

图 4-26 取消线条

也可以等图形绘制出来后，双击线条把它删除，效果相同。在场景上随意画出一个矩形，单击矩形选中，然后打开"属性"面板，如图 4-27 所示。

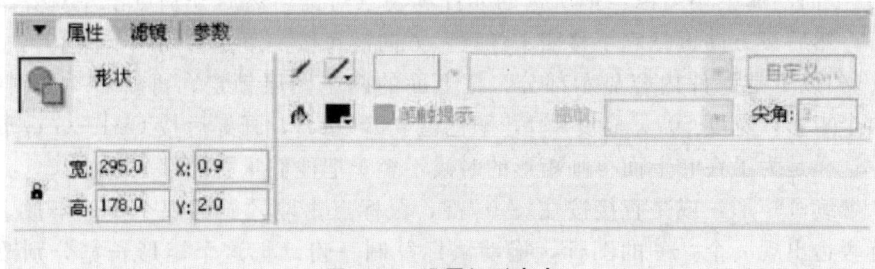

图 4-27 设置矩形大小

将矩形的宽度和高度改为和场景一样大小，分别是 800×600，后面的 X、Y 指的是矩形在场景里的坐标，把它们都改为0，这样，矩形就把整个舞台完全覆盖。点击右边的黑色方框，把颜色值改为 #9CA1A5。

（3）在时间轴上新建一个图层 2，同时锁定图层 1。在图层 2 再绘制一个长方形，长度 656 像素，高度 32 像素，然后打开混色器面板，调整渐变色。混色器的颜色设置如图 4-28 所示。

类型选择"线性"，下面会多出一个渐变条，带左右两个滑块，我们要的效果是一个白色长方形，上下为透明，中间为白色，把两个滑块的颜色都修改成白色（双击滑块修改），之后在渐变条的中间点击一下，增加一个滑块，然后把左右两个滑块的透明度（alpha）改为 0，效果如图 4-29 所示。

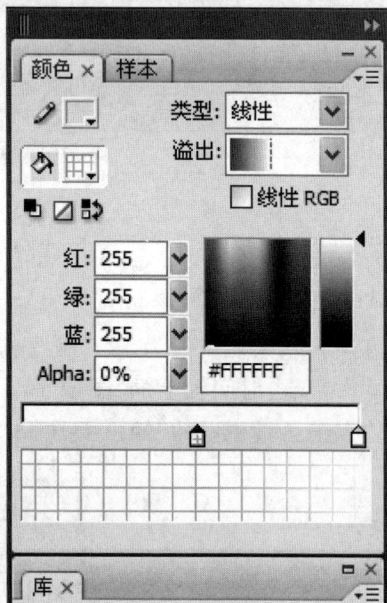

图 4-28　设置颜色

图 4-29　设置透明度

现在要把它放在相应的位置，选中它打开"对齐"面板，点击右侧的"相对于舞台"下面的那个小图像，把所选的元件和场景对齐。然后分别点击左对齐、上对齐，然后按方向键把它下移四个像素。方向键每按一下是移动一个像素。

（4）以下是课件内容显示部分，把上面的两个图层锁定，再新建一个图层，画出个矩形，宽度 507，高度 407，颜色值 #5F708A，画好后按 Ctrl+G 键形组合，这样是为了在它上面再画矩形的时候不至于把他们重叠的部分删除。

继续画矩形，或是直接按住"Alt"键，鼠标点击刚才画的那个矩形不放，当鼠标旁边出现一个"+"的图标，拖动鼠标复制一份，把这个矩形长宽分别改成

507 和 407，颜色值改为♯1A50B8，最后组合。

（5）这一步将把界面剩余的部分绘制完成，先来制作导航区的背景，最终效果可以参看上面的界面效果图。

选择矩形工具，把矩形的圆角设置成 10 点，在导航区画出一个矩形，参考大小：宽 136，高 434，然后打开混色器面板，选择线性渐变，右边的滑块颜色值为♯5E5E5E，左边的滑块颜色值为♯C1C1C1，并将右边的滑块透明度修改为0%，点击"填充变形工具"，把渐变修改成垂直的组合。同样的做法，在这个矩形上面再画出一个稍微小一点的圆角矩形，线性渐变，滑块颜色均为白色，右边透明度 48%，左边透明度 0%，组合，覆盖到之前的矩形上面。最后绘制一个灰色的圆角矩形框，仍然是线性渐变，滑块颜色一致，同样，左边透明度 100%，右边透明度 0%。绘制好后，选中，按 Ctrl＋C 键复制一个，然后按 Crtl＋Shift＋V"键"把复制的边框粘贴到同样的位置，选中它，把线条的渐变修改成从白色到透明，然后按键盘方向键，让它分别向右和向下移动一个像素，呈现整个矩形框刻到背景上的效果，现在把两个矩形框选中，组合一下，然后再把之前的两个矩形和这个组合后的矩形框选中，打开对齐面板，选择"水平居中对齐"，调整上下的位置。

导航部分中间的雕刻分割线的多少根据你的课件导航内容的多少来定。

（6）接下来做课件最下方的那个渐变效果。绘制一个矩形，把同角取消掉，矩形的宽度和舞台的宽度一样，高度从内容显示区的最下面开始，到场景的最下方结束，打开属性面板，把矩形的 X 坐标改为 0，Y 坐标改为 439。打开混色器，线性渐变，两个滑块的颜色均为白色，左边的透明度为 0%，效果如图 4-30所示。

图 4-30　设置渐变效果

（7）绘制课件的关闭按钮。

首先，把之前的图层全部锁定，然后新建一个图层，在这一层里，我们点击"圆形工具"，然后按住 Shift 键不放，画出一个正圆形，然后打开混色器面板，选择"放射状"渐变，详细设置如图 4-31 所示。

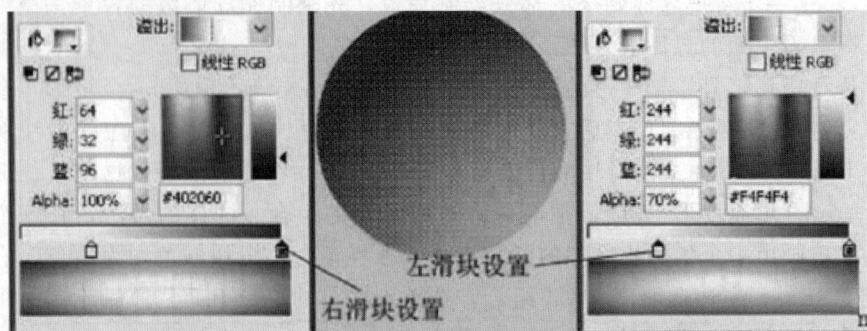

图 4-31　制作关闭按钮

调整它的渐变位置，最终效果如图 4-32 所示。

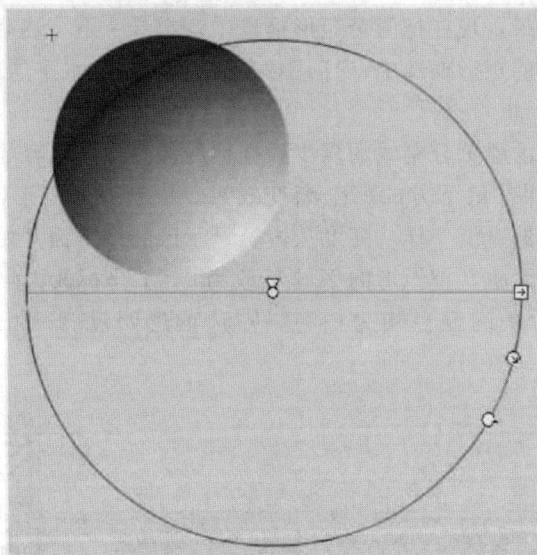

图 4-32　关闭按钮的渐变效果

　　把这个圆形组合，接着绘制高光，先绘制一个椭圆，形状大小随意，打开混色器面板，选择"放射状渐变"，方法同上，颜色为白色，修改渐变位置直到满意，组合后，缩放、旋转这个椭圆，将它放在紫色圆球的左上方，然后选择"文本工具"，在按钮上添加"关闭"两个文字，最后，全选，F8 转换成按钮元件。

　　绘制这个界面，在时间轴上新建了好几个图层，在实际的课件制作中，我们的界面背景只需要占一个图层就好了，尽量减少时间轴上的图层数，方便以后的修改，这时需要把所有的图形都转移到一个图层上去。

现在把所有图层解锁，从倒数第二层开始，点击图层上的关键帧，这样这个图层上的所有元件都会被选中，然后 Ctrl ＋ X 把这一帧的内容剪切掉，然后选中最后一层的关键帧，Ctrl＋Shift＋V 粘贴到当前位置，反复操作，直到时间轴上除了最后一个图层上的帧是关键帧，其余图层全部是空白关键帧，用垃圾桶把上面无用的图层全部删除。

2. 课件导航按钮的制作

在这一节里，我们将学习按钮的详细制作过程、补间动画的制作过程以及通过按钮控制影片剪辑的 AS 代码。

(1)打开以前制作的界面文件，把界面图层锁定，新建一个图层，我们先用文本工具在界面的左上角输入课件的名称，这里用"Flash 课件：制作全过程实例"。把这个文本也转移到界面层的第一帧，下面开始制作导航按钮。

(2)先输入导航文字内容，并放在合适的位置，用"对齐"面板的功能将他们对齐，然后为他们添加一个发光滤镜，如图 4-33 所示。

(3)选择"第一章"文字，按下键盘上的 F8 键，将它转换成按钮元件，然后双击这个按钮元件，将进入到元件的编辑界面；在 FLASH 里面，任何元件和组合，都可以通过双击进入修改，如图 4-34 所示。

上图在场景 1 后面框选的"第一章"就是给按钮起的名称，显示这个，就说明现在是在按钮的编辑区域。下面是按钮的时间线，它只有四帧，分别是：弹起、指针经过、按下和点击，按钮制作方法可参考第三章的相关内容。

图 4-33　导航按钮文字

到此，课件的界面基本制作完毕，可运用第三章所学技巧制作后续课件内容，并设置好链接即可。

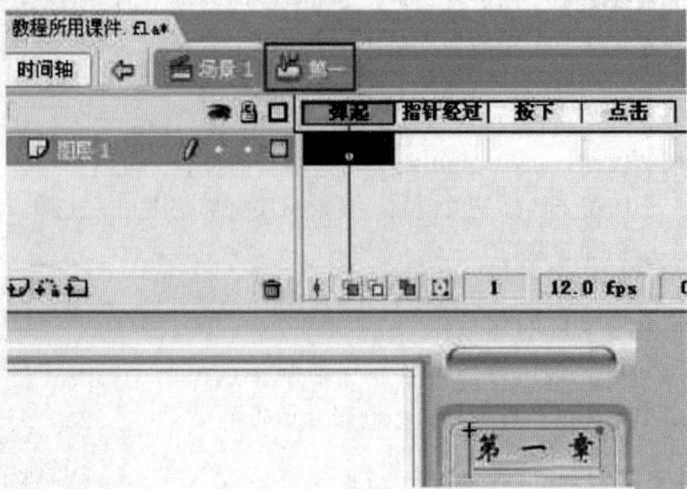

图 4-34　设置按钮

【技能拓展】

Flash 课件高级制作技巧——幼儿教学动画"看图识数"的制作

制作一个幼儿 Flash 动画，实现不同动物图片的幻灯片自动切换效果，名为"看图识数"（如图 4-35 所示）。该动画涉及 Flash 基础知识和相关技术，包括了以下重要的知识点：导入素材、场景、按钮元件、遮罩动画、形状动画、动作脚本、导出影片等。

图 4-35　课件的场景

1. 主要场景与动画制作

①建立新文件。点击菜单"文件→新建"，选择"Flash 文档"（如图 4-36 所示）。

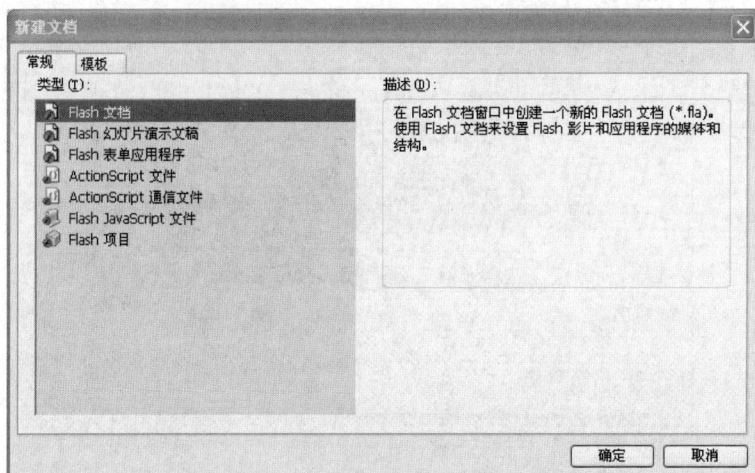

图 4-36　新建文件

②点击菜单"文件→导入→导入到库"，选中 photos 文件夹下的所有图片文件导入（如图 4-37 所示）。

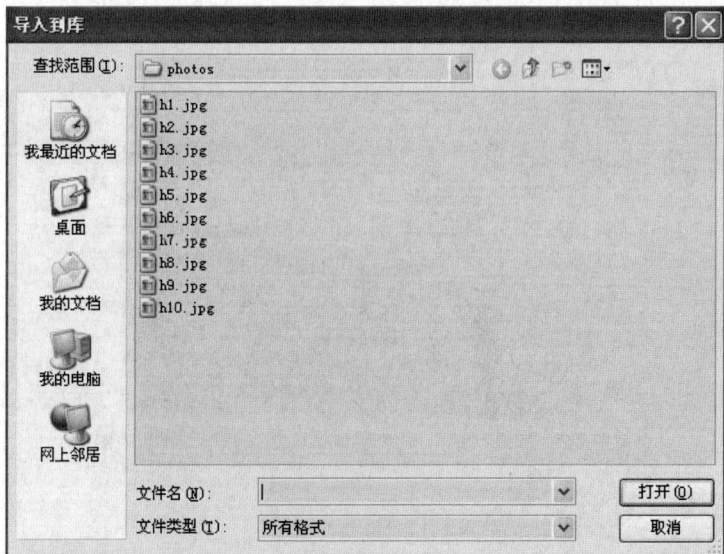

图 4-37　导入到库

③将图层 1 改名为"1 匹马",在第 1 帧处将库中的 h1.jpg 拖入到场景中,将下方的属性面板打开,将宽设为 550,高设为 400,X 设为 0,Y 设为 0,在第 30 帧处单击右键,选择插入帧(如图 4-38 所示)。

图 4-38　制作图层 1

④在"1 匹马"图层上方插入一个新图层,并命名为"2 只老虎",在第 1 帧处将库中的 h2.jpg 拖入到场景中,将下方的属性面板打开,将宽设为 550,高设为 400,X 设为 0,Y 设为 0。在第 30 帧处单击右键,选择"插入帧"(如图 4-39 所示)。

图 4-39　制作图层 2

⑤在"2只老虎"图层上方插入一个新图层，并命名为"老虎遮罩"，第1帧处场景中用矩形工具绘制一个矩形，打开属性面板，设定宽为30，高为400，X为0，Y为0(如图4-40所示)。

图4-40 插入"老虎遮罩"层

⑥在第30帧处插入关键帧，打开属性面板，将矩形设定宽为550，高为400，X为0，Y为0(如图4-41所示)。

图4-41 插入关键帧

⑦选择"老虎遮罩"图层所在时间轴 1～30 帧之间的任意 1 帧，打开属性面板，将补间动画设为"形状"(如图 4-42 所示)。

图 4-42　设置补间动画

⑧在"老虎遮罩"图层单击右键，选择"遮罩层"，第一个遮罩动画就设置好了(如图 4-43 所示)。

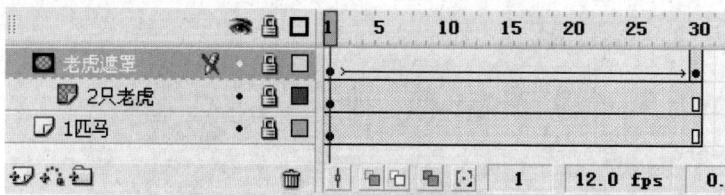

图 4-43　设置遮罩动画

⑨在"老虎遮罩"图层上方插入一个新图层，并命名为"3 只企鹅"，在第 30 帧处将库中的 h3.jpg 拖入到场景中，将下方的属性面板打开，将宽设为 550，高设为 400，X 设为 0，Y 设为 0。在第 60 帧处单击右键，选择"插入帧"(如图 4-44 所示)。

⑩在"3 只企鹅"图层上方插入一个新图层，并命名为"企鹅遮罩"，第 30 帧处场景中用矩形工具绘制一个矩形，打开属性面板，设定宽为 30，高为 400，X 为 520，Y 为 0(如图 4-45 所示)。

图 4-44　插入企鹅图层

图 4-45　插入"企鹅遮罩"层

⑪在第 60 帧处插入关键帧，打开属性面板，将矩形设定宽为 550，高为 400，X 为 0，Y 为 0(如图 4-46 所示)。

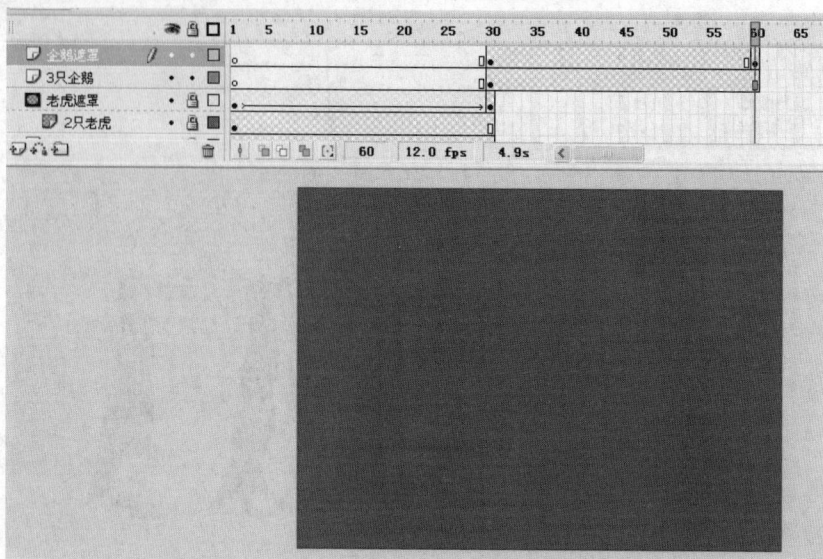

图 4-46　插入关键帧

⑫选择"企鹅遮罩"图层所在时间轴 30～60 帧之间的任意 1 帧，打开属性面板，将补间动画设为"形状"（如图 4-47 所示）。

图 4-47　设置补间动画

⑬在"企鹅遮罩"图层单击右键，选择"遮罩层"，第二个遮罩动画就设置好了（如图 4-48 所示）。

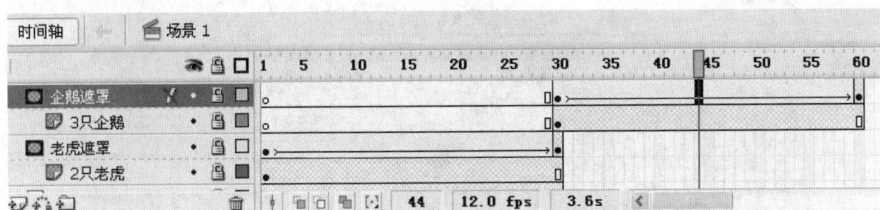

图 4-48　设置"企鹅遮罩"

⑭在"企鹅遮罩"图层上方插入一个新图层，并命名为"4 只麻雀"，在第 60 帧处将库中的 h4.jpg 拖入到场景中，将下方的属性面板打开，将宽设为 550，高设为 400，X 设为 0，Y 设为 0。在第 90 帧处单击右键，选择"插入帧"（如图 4-49 所示）。

图 4-49　插入麻雀层

⑮在"4 只麻雀"图层上方插入一个新图层，并命名为"麻雀遮罩"，在第 60 帧处场景中用矩形工具绘制一个矩形，打开属性面板，设定宽为 550，高为 20，X 为 0，Y 为 0（如图 4-50 所示）。

⑯在第 90 帧处插入关键帧，打开属性面板，将矩形设定宽为 550，高为 400，X 为 0，Y 为 0（如图 4-51 所示）。

⑰选择"麻雀遮罩"图层所在时间轴 60～90 帧之间的任意 1 帧，打开属性面板，将补间动画设为"形状"（如图 4-52 所示）。

图 4-50　插入"麻雀遮罩"层

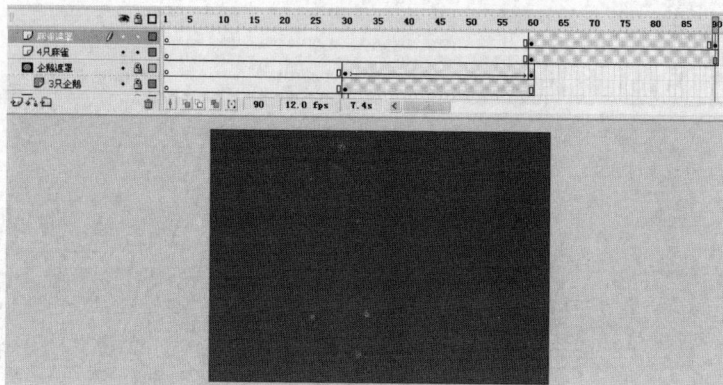

图 4-51　插入关键帧

图 4-52　设置补间动画

⑱在"麻雀遮罩"图层单击右键，选择"遮罩层"，第三个遮罩动画就设置好了（如图 4-53 所示）。

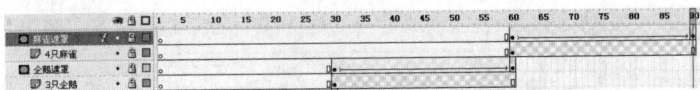

图 4-53　设置"麻雀遮罩"

⑲在"麻雀遮罩"图层上方插入一个新图层，并命名为"5 只斑马"，在第 90 帧处将库中的 h5.jpg 拖入到场景中，将下方的属性面板打开，将宽设为 550，高设为 400，X 设为 0，Y 设为 0。在第 120 帧处单击右键，选择"插入帧"（如图 4-54 所示）。

图 4-54　插入斑马图层

⑳在"5 只斑马"图层上方插入一个新图层，并命名为"斑马遮罩"，在第 90 帧处场景中用矩形工具绘制一个矩形，打开属性面板，设定宽为 550，高为 20，X 为 0，Y 为 380（如图 4-55 所示）。

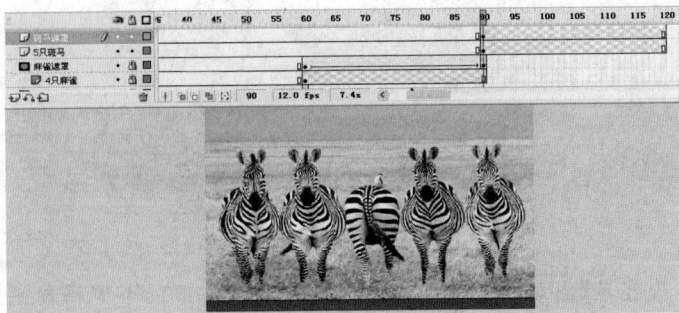

图 4-55　插入"斑马遮罩"层

㉑在第 120 帧处插入关键帧，打开属性面板，将矩形设定宽为 550，高为 400，X 为 0，Y 为 0（如图 4-56 所示）。

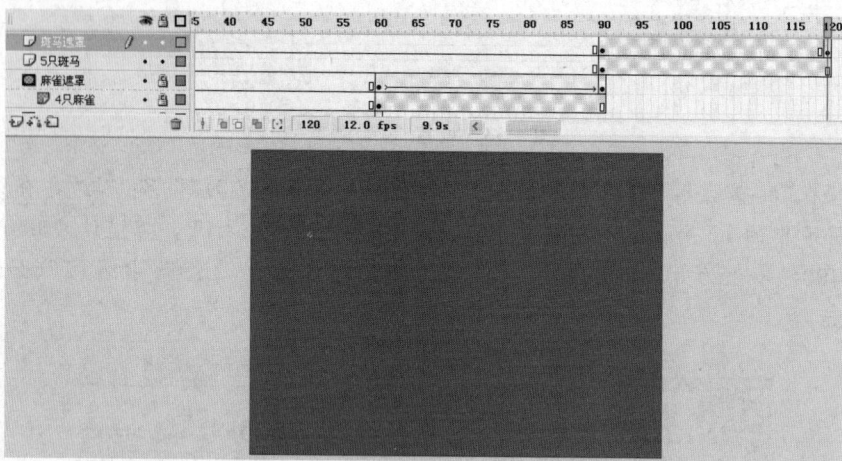

图 4-56　插入关键帧

㉒选择"斑马遮罩"图层所在时间轴 90～120 帧之间的任意 1 帧，打开属性面板，将补间动画设为"形状"（如图 4-57 所示）。

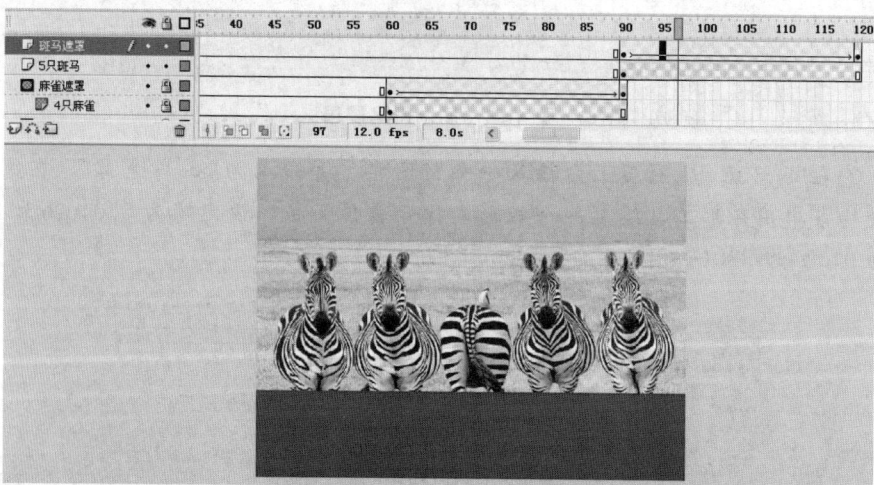

图 4-57　设置补间动画

㉓在"斑马遮罩"图层单击右键，选择"遮罩层"，第四个遮罩动画就设置好了（如图 4-58 所示）。

至此我们已经制作了一个由五张动物图片形成各种不同自动切换效果的

228

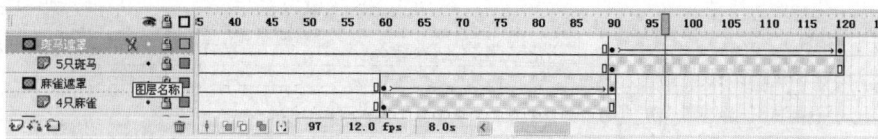

图 4-58 设置"斑马遮罩"

Flash 动画，在第 2 步导入的库中还有 h6～h10 图片，同学们可以参照老虎、企鹅、麻雀和斑马的遮罩动画制作步骤，添加更多的动物图片与其他不同的自动切换效果，具体的制作方法不再赘述。

2. 制作交互按钮

通过以上的步骤我们已经基本完成"看图识数"动画的场景与主要动画。但是，如果我们想在动画播放过程中控制动画播放与暂停，就需要通过制作交互式按钮来实现。

具有交互的动画可以使用户通过鼠标或键盘操作，参与控制动画，使动画画面产生跳跃变化或执行其他一些动作（即程序，也叫脚本）。Flash 的交互是通过动作脚本（ActionScript）来实现的。Flash ActionScript 是 Flash 内置的编程语言，可以实现各种复杂功能和效果。

Flash 可以为三种对象分配动作脚本，分别是下面三种对象：关键帧（Key Frame）、按钮（Button）实例、电影剪辑（Movie Clip）实例。

下面，我们将以以上场景为例，讲述如何运用动作脚本实现影片播放的控制。

（1）修改文档属性

单击菜单"修改"——"文档"，将标题设为"看图识数"，尺寸的高设为 450px，帧频为 10fps（如图 4-59 所示）。

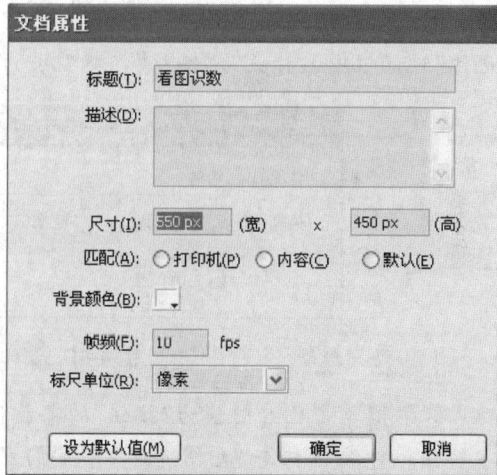

图 4-59 修改文档属性

（2）制作按钮元件

①在"1 匹马"图层下方插入一个新图层，并命名为"按钮图层"，在第 1 帧处使用文本工具在 1 匹马图片下方的空白场景处添加文字："播放"，字体为"华文行楷"，字号为 38（如图 4-60 所示）。

②右键单击文本框"播放"，在弹出的菜单中选择"转换为元件"，在"转换为

图 4-60　插入按钮图层

元件"对话框中名称设为"播放"，类型设为"按钮"（如图 4-61 所示）。

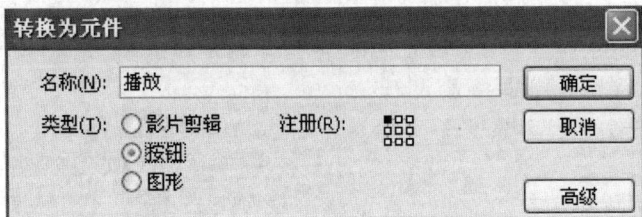

图 4-61　制作播放按钮

　　③右键单击已经转换为"按钮"的播放按钮，在弹出的菜单中选择"编辑"，进入按钮元件编辑状态（见图 4-62），我们发现按钮元件的时间轴包含向上（Up）、经过（Over）、向下（Down）和点击（Hit）四个帧，每个帧分别对应了按钮的四个状态，分别是：

　　·按钮弹起状态：当鼠标指针没有接触按钮，按钮默认呈现的状态。

　　·鼠标指向状态：当鼠标移动到按钮上方，但是没有按下鼠标键时的状态。

　　·鼠标按下状态：当鼠标左键单击按钮，并且按住左键不放时的状态。

• 鼠标响应区域：设置鼠标可以激活按钮的区域。

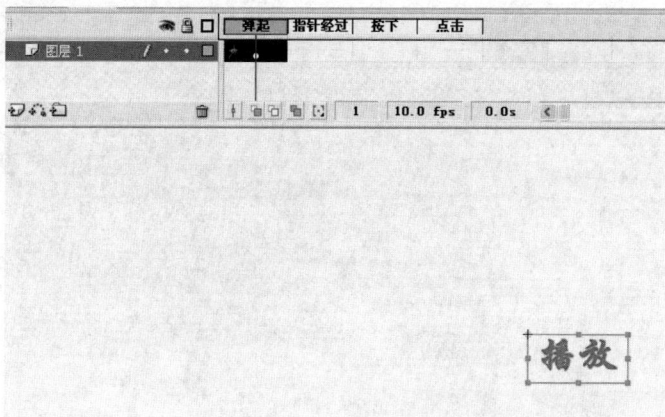

图 4-62 编辑播放按钮

当按钮处于哪个状态，按钮在屏幕上就呈现对应那个帧的内容。按钮元件内部的帧编辑方法与普通帧是完全一样的，可以在这些帧中放置位图、声音、电影剪辑等任何元素，可以添加图层，由此可以创作出各种具有特殊效果的动态按钮。

本实例中我们简单设置一下四个帧的状态：右键单击"指针经过"、"按下"、"点击"帧，在弹出菜单中选择"插入关键帧"命令，将各帧按钮形状设为一样（如图 4-63 所示）。

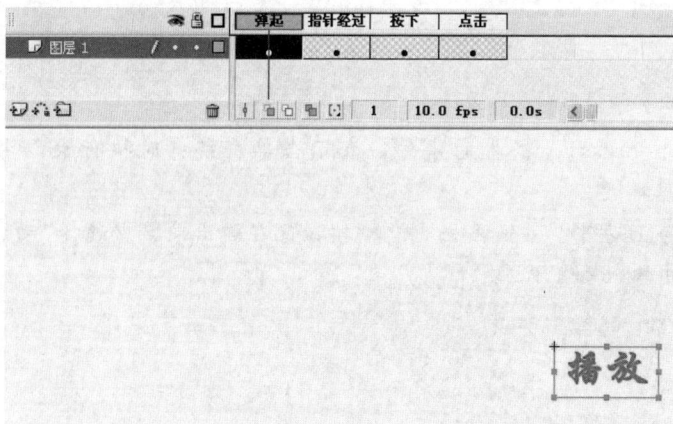

图 4-63 重复编辑播放按钮

④参照以上步骤，在场景空白处"播放"按钮的旁边再添加一个"暂停"按钮

（如图 4-64 所示）。

图 4-64　制作暂停按钮

（3）添加动作脚本

①设置播放动作。在舞台上右键单击"播放"按钮，在弹出菜单中选择"动作"，在右侧的代码窗口中输入如下代码：

on(press)

{

Play（）；

}

提示：on(press)是鼠标的事件，表示当单击鼠标时执行大括号中的语句。Play 表示开始播放。

②设置停止动作。右键单击"暂停"按钮，在弹出菜单中选择"动作"，在右侧的代码窗口中输入如下代码：

on(press)

{

stop（）；

}

Stop 表示停止播放。

(4)测试与输出影片

①点击"控制→测试影片"菜单，观看动画效果。点击按钮，检查按钮是否正常。如果出现问题，请重复刚添加动作脚本的步骤，仔细检查脚本是否有误。

②点击"文件→导出→导出影片"菜单，将 Flash 导出为 SWF 文件。此外，也可以先利用"文件→发布设置"进行导出的设置(如图 4-65 所示)，然后点击"文件→发布"菜单输出影片。

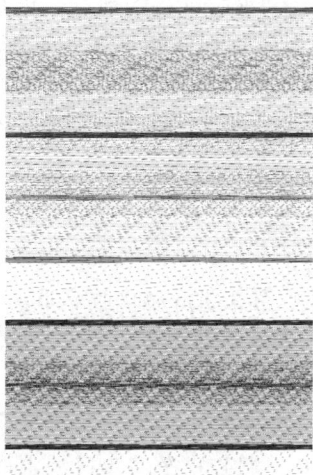

图 4-65　发布设置

【本章小结】

已经有很多教材对多媒体课件的设计与制作进行过更为详尽地介绍，但是，本书本章不同于其他教材的特点在于：以幼儿园活动课为研究的对象，内容上体现了幼儿园活动的特点。因为幼儿教学多媒体课件的设计与制作，必须符合幼儿认知的特点，必须在学前教育理论的指导下进行。由于教学活动始终围绕幼儿的"学"为中心来开展，所以幼儿学习理论理所当然地成为直接指导我们进行课件开发的理论。幼儿园多媒体课件的分类、特点及教学功能、设计原则也应体现不同于其他层次课件的特点。

根据操作学习、接受学习、发现学习的学习分类，将课件分成互动型课件、演示型课件、探索型课件三种类型，这与其他层次的教学课件是一致的。

幼儿园多媒体课件的主要教学功能有：优化学习环境，调动学生积极参与，提供多种学习路径，扩大学生知识面。

在设计和制作多媒体课件的过程中应该遵循教育性、技术性、艺术性、经济性的原则。幼儿园课件要在幼儿园教学活动中起到相应的作用，还必须遵循必要性、趣味性、形象性、交互性和真实性原则。

多媒体课件的设计与开发是按照一定的步骤逐步实现的过程，一般来说，课件的开发可分为以下几个阶段：课题选择、课件的教学设计、软件的系统设计、稿本与脚本编写、素材的准备、课件的编辑、课件的试用与评价、课件产品的成型。在这几个阶段中，脚本编写在课件开发中具有十分重要的地位，是需求分析的具体体现，是软件结构设计和素材准备的前提，更是合作开发的基础。

本章中，我们还通过实例较详细介绍了 PowerPoint 和 Flash 课件制作软件的使用方法。

当然，由于篇幅所限，PowerPoint 和 Flash 课件制作方法和技术的介绍还远远不够，有兴趣的同学可以参考其他教材进一步学习。

【思考与练习】

1. 简述多媒体课件在幼儿园教学活动中的应用。

2. 请结合幼儿园教育教学活动的内容，写一份幼儿园教学课件的文字脚本和卡片脚本。

3. 自选题材，用 PowerPoint 软件制作一个幼儿园教学课件。

4. 自选题材，用 flash 软件制作一个幼儿园教学课件。

第五章 现代教育技术
在幼儿教育中的应用

【本章学习提示】

　　随着教育信息化的深入发展，大量现代信息技术被应用于幼儿园教学、科研和管理工作中，改变了传统幼儿园教育的观念、模式、内容和方法，促进了幼儿园教育的改革与发展，同时也改变了师生传统的教学与学习方式。了解与掌握幼儿教育信息化的相关理论知识及实践技术，对于提高幼儿园教育教学质量、管理水平，探索信息化幼儿园的建设，促进幼儿教师终身教育均有着十分重要的意义。

【本章学习目标】

1. 了解幼儿园信息化应用系统的类型和功能，会使用相关教学管理系统；
2. 学会设计和制作幼儿园专题网站；
3. 掌握幼儿教育资源的概念及相关开发技术，能开发幼儿教育资源；
4. 了解幼儿电脑游戏的特点，能指导幼儿正确操作电脑，玩电脑游戏；
5. 学会利用信息化手段接受继续教育、自我学习以及从事教科研活动。

第一节　幼儿园信息化应用系统

一、多媒体教学系统

　　随着计算机技术及电子技术的迅速发展和普及，多媒体计算机在教学中以其特有的方便快捷、交互性、多样化的教学信息表达方式备受青睐。多媒体系统是对文本、图形、图像、动画、音频和视频等多种媒体信息进行综合处理与加工、播放及存储的一个计算机综合系统，它由硬件系统与软件系统两大部分构成。

(一)多媒体硬件系统

多媒体硬件系统主要包括多媒体计算机、多媒体输入输出系统、多媒体教室、网络教室等硬件设备。如图 5-1 所示。

1. 多媒体计算机

多媒体计算机可以是 MPC，也可以是工作站或其他大、中型机。

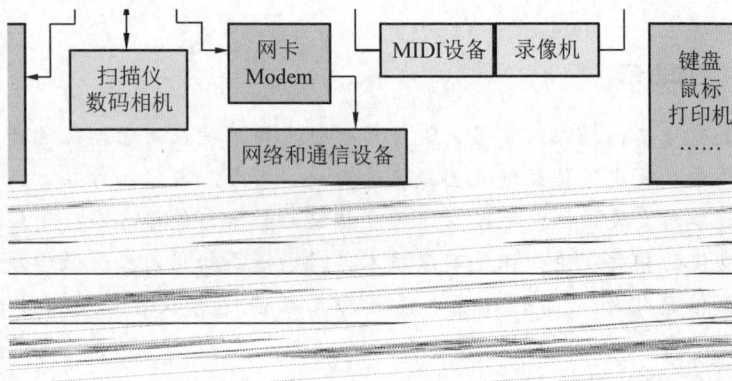

图 5-1　多媒体硬件系统结构图

MPC 是 Multimedia Personal Computer 的缩写，意指多媒体个人计算机，是目前应用最为广泛的多媒体计算机系统，通常可以通过两种途径获取：一是直接购买厂家生产的 MPC；二是在原有的 PC 机基础上增加多媒体套件升级为 MPC。套件主要有声卡、CD-ROM 驱动器、多媒体视频采集卡、音箱等，再安装其驱动程序和软件支撑环境即可使用。由于多媒体计算机要求有较高的处理速度和较大的存储空间，因此使用 MPC 既要有功能强、运算速度快的 CPU，又要有较大的内存空间。另外，高分辨率的显示接口也是必不可少的。

多媒体工作站采用已形成的工业标准 P05IX 和 xPG3，其特点是：整体运算速度高、存储容量大、具有较强的图形处理能力、支持 TCP/IP 网络传输协议以及拥有大量科学计算或工程设计软件包等。如戴尔公司的 Precision T5500 多媒体工作站，它能够同步进行多种信息处理及计算应用。它与 MPC 的区别在于不是采用在主机上增加多媒体板卡的办法来获得视频和音频功能，而是从总体设计上采用先进的均衡体系结构，使系统的硬件和软件相互协调工作，发挥更大功能。

2．多媒体板卡

多媒体板卡是根据多媒体系统获取或处理各种媒体信息的，需要插接在计算机上，以解决输入和输出问题的硬件设备。常用的多媒体板卡包括显卡、声卡和视频卡等。

显卡又称显示适配器，它是计算机主机与显示器之间的接口，用于将主机中的数字信号转换成图像信号并在显示器上显示出来。

声卡可以用来录制、编辑和回放数字音频文件，控制各声源的音量并加以混合，在记录和回放数字音频文件时进行压缩和解压缩，采用语音合成技术让计算机朗读文本，具有初步的语音识别功能，另外还有 MIDI 接口以及输出功率放大等功能。

视频卡是一种基于 PC 机的多媒体视频信号处理平台，它可以汇集视频源和音频源的信号，经过捕获、压缩、存储、编辑和特技制作等处理，产生非常亮丽的视频图像画面。

3．多媒体设备

常用的多媒体设备有显示器、光盘存储器、音箱、扫描仪、数码相机、数字摄像机、触摸屏、投影机、刻录机和视频展示台等。下面对第二章中没有述及的设备简要进行介绍。

(1)显示器：显示器是一种计算机输出显示设备，它由显示器件(如 CRT、LCD)、扫描电路、视放电路和接口转换电路组成，为了能清晰地显示出字符、汉字、图形，其分辨率和视放带宽比电视机要高出许多。

(2)扫描仪：扫描仪是一种静态图像采集设备。它内部有一套光电转换系统，可以把各种以纸张为载体的图文信息扫描、传输到计算机中，再由计算机进行图文信息的编辑、存储、打印输出等处理。比如利用扫描仪获取照片、课文的插图、杂志图片、手绘图画等。

(3)触摸屏：触摸屏是一种定位设备。当用户用手指或者其他设备触摸安装在计算机显示器前面的触摸屏时，所摸到的位置(以坐标形式)被触摸屏控制器检测到，并通过接口发送到 CPU，从而确定用户所输入的信息。

(4)刻录机：由于多媒体课件中使用了大量的音频、图像、视频和动画等多媒体素材，使课件容积很大，使用传统存储工具(如磁盘等)备份多媒体课件难度很大。光盘存储空间大，价格低，携带方便。利用光盘刻录机能方便地将课件刻录到光盘上，便于教学、交流和保存等。

4. 多媒体教室

多媒体教室由多媒体计算机、投影仪、数字视频展示台、中央控制系统、投影屏幕、音响设备等多种现代教学设备组成。通常以中央控制设备为中心，由计算机把视觉、听觉内容通过中央控制设备输入给投影仪、音响设备，完成视听信号的放大、再现。

(二)多媒体软件系统

1. 多媒体软件系统的概念及其特点

多媒体软件系统是指能使多媒体硬件设备有机协调运行的各类程序及电子文档的总和。它综合运用了计算机处理各种媒体的最新技术，如数据压缩、数据采样、二维及三维动画制作等，能灵活地调度使用多媒体数据，使各种媒体硬件和谐地工作，使多媒体个人电脑(MPC)形象逼真地传播和处理信息，所以说多媒体软件是多媒体技术的灵魂。

多媒体软件的基本特点有：①运行于一种多媒体操作系统中；②具有高度集成性，即能高度地综合集成多种媒体信息；③具有良好的交互性，即使用户能随意控制软件及媒体。

2. 多媒体软件系统的构成

从功能上可以把多媒体软件系统分为多媒体驱动程序、多媒体操作系统、多媒体数据准备软件、多媒体编辑创作软件和多媒体应用软件等五类。从结构上可将多媒体软件划分为三层，如图 5-2 所示。

(1)多媒体驱动程序：多媒体软件中直接和硬件打交道的软件称为驱动程序。它完成硬件设备的初始化、设备的各种控制与操作等基本硬件功能的调用。这种软件一般随硬件提供，也可以在标准操作系统中预置。

(2)多媒体操作系统：多媒体计算机系统的核心。它处于驱动程序之上、应用软件之下，负责多媒体环境下的多任务调度、媒体间的同步、多媒体外设的管理等。

(3)多媒体数据准备软件(即前已述及的多媒体素材制作软件)：用于采集、加工多媒体数据的软件。如视频采集、声音录制、图像扫描、动画制作等软件及对声、文、图、像进行加工处理的软件。

(4)多媒体编辑和创作软件：一是多媒体创作工具软件，其功能是把各种多媒体数据按照应用的要求集成编辑为一个节目，如教学 Title、网页制作工具

用、（数据库、超媒体……）	VOD……）	软件系统层次	（准备、创作、使维护……）
多媒体操作系统			
多媒体驱动程序			

多媒体硬件

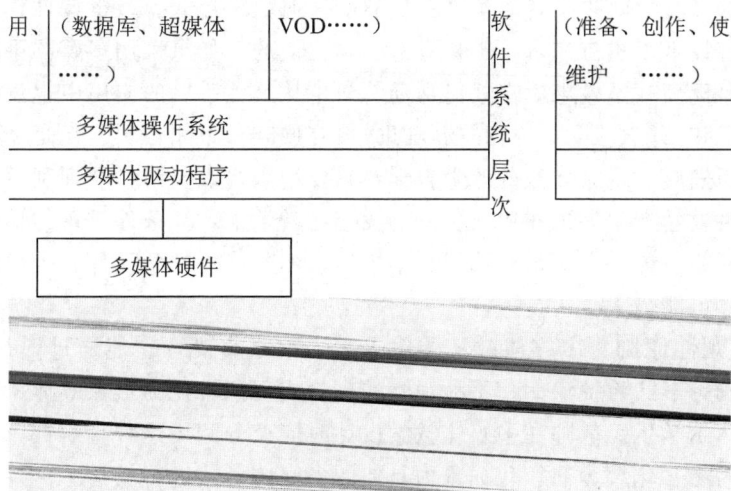

图 5-2　多媒体软件系统层次

FrontPage 等；二是支持多媒体开发的程序设计语言。有基于脚本语言的写作工具，如 Tool Book；基于流程图的写作工具，如 Authorware；基于时序的写作工具，如 Action。多媒体课件制作软件一般属于此类。

（5）多媒体应用软件：在多媒体操作系统之上开发的、面向应用的软件系统，与具体应用不可分割。它是根据多媒体系统终端用户要求而定制的，如用创作工具制作的特定教学节目；或者是面向某一领域的用户开发的应用软件系统，它是面向大规模用户的系统产品，具有特殊的用户群。

（三）多媒体辅助教学的基本原则和方法

在第二章中我们对教学媒体的选用原则与方法进行了较为详细地介绍，在那里，我们主要关注的是如何根据教学内容和目标，设计和选择具有最佳教学效果的教学媒体，可以说，这是多媒体教学微观层面上的具体问题。那么，从整个教学设计和组织上来说，对多媒体教学的认识和应用还有必要进行进一步讨论。

1. 多媒体教学的基本原则

利用多媒体辅助教学，应当遵循什么原则？由于教学有法，但无定法，所以对这一问题的回答或表述也就众说纷纭。在这里，针对幼儿教育教学的特点，我们提出如下一些原则，以供参考。

（1）实效性原则。多媒体教学最根本的目的在于实现教学过程的最优化，最大限度地提高教学效果。背离了这一目的的任何教学形式、教学课件，就是做得再好、再有技术、再有艺术，也是没有教学价值的。如果采用多媒体手段进行辅助教学，对提高教学效果没有任何帮助，学生从这些手段的应用中也没有获得任何新的知识和技能，那么，这样的"辅助"最好抛弃，不用也罢。但是，随着信息技术的不断发展，绝大多数的课堂教学，只要恰当组织资源，合理利用多媒体手段，总能对教学产生促进作用。所以，我们在教学中，在条件许可的情况下，要尽可能采用多媒体教学，精心选择教学媒体，不断优化教学设计，确保能提升教学效果并尽可能最大化。

(2)直观性原则。多媒体教学的优点之一就是直观，它能通过图片、音乐、视频、动画等形式将抽象的、不易观察的事物或现象转化为形象具体、生动逼真的内容展示给学生。教师在多媒体教学设计时应充分利用这种直观性，为学生设计出化难为易、化繁为简、化抽象为具体的多媒体形式进行教学。

(3)情景性原则。幼儿学习活动，最大的难度在幼儿直接经验的不足和在无刺激环境下兴趣的缺失。要解决这一难题，最经济有效的办法是为幼儿创设一定的真实环境或逼真的虚拟环境，让幼儿真实体验或置身于体验再现中，这样不仅能有效弥补幼儿直接经验的不足，而且幼儿在好奇心的驱使下，能极大地提高他们探求答案的兴趣。要创设这样的环境，利用多媒体是目前最为有效的手段。所以，作为幼儿教师，在教育教学中要仔细考虑幼儿的生活环境和身心发展状况，充分发挥多媒体的优势，为幼儿创设有利于增加他们经验、激发他们学习兴趣的学习环境，为提升教学效果奠定基础。

(4)多样性原则。多媒体的特点就是"多"，即教学媒体的形式具有多样性，同一个教学内容可以用不同的媒体表现。但是，不同的媒体表现同一教学内容，在不同的教学环境下所达到的效果是不同的。还有，不能忽视传统教学媒体、教学手段的作用，它们有时是不可替代的，是经过多年教学实践检验了的传统经验。这就要求我们教师要认真分析教学对象、教学环境，选择不同的教学媒体(含传统媒体)组合，不同的教学组织形式，以期寻求教学效果的最优。

(5)适度性原则。一堂课的教学，不是用到的多媒体越多就越好。用一个媒体或几个媒体的组合能达到优化教学的目的就行了，不要画蛇添足地塞进并非必要的媒体，那样只会增加教学的负担，起不到应有的教学效果。试想，一堂课多媒体从头至尾不停，成了多媒体的展示会，还会有良好的教学效果吗？所以，多媒体的应用要适度。

(6)辅助性原则。永远不要忘了，多媒体只是一种教学辅助手段，永远不能取代教师成为教育者。所以，我们在教学中不要忘了自己的主导地位，全部使用多媒体，一切依赖多媒体，那就本末倒置了。在教学设计时，要设计教师的"教"；在教学过程中，要突出引导学生的"学"，在教与学的交流中借助多媒体手段。

2. 多媒体教学方法

多媒体既然是一种教学手段，必定对教学方法的改变产生一定的影响，但基本的教学方法是不会改变的，如启发式教学、发现法教学等。但是，由于现代教学中大量地采用多媒体，使得人们开始研究使用多媒体的教学方法。有人将多媒体教学法分为演示型、交互型和与传统教学相结合型三种方法[①]。

演示型多媒体教学法是教师完全用多媒体课件来代替传统教学中的板书，运用计算机对文本、图形、图像、动画和声音等多种媒体信息进行综合处理与控制，变成图、文、声三位一体直接输出，将学生带进形象、生动、色彩缤纷的教学情境之中。在这种教学方法中，教师是主体，起主导地位；学生是接受者，有意义地接受学习。一般用于大课教学。

交互型多媒体教学法是教师运用多媒体网络教室与学生进行互动教学。互动教学，主要指师生互动，生生互动，人机交互。这种互动，改变了传统教学中的以教师为中心的模式，学生不再是被动的接受者，而是处在教学的中心位置。一般适用于小课教学。对硬件要求高。

与传统教学相结合的教学法是教师主要以传统教学为主导，在教学过程中碰到课程中比较抽象、难以理解或教师用语言不易描述的内容时，运用计算机多媒体技术来完成。这种方法教学手段灵活，以教师为主导，可用于大、小课教学。对幼儿教育教学来说，通常采用这种方法进行教学。

二、校园运行辅助系统

(一)校园网络系统

1. 校园网基本概念

校园网（Campus Network）是利用网络设备、通信介质和相应的协议（如TCP/IP 协议等）以及各类系统管理软件，将校园网内计算机和各种终端设备有

---

① 孙振军，刘颖. 多媒体教学方法的研究与比较[J]. 防灾技术高等专科学校学报，2004 (12).

机地集成在一起,同时又通过防火墙与外部的互联网络连接,以用于教学、科研、学校管理、信息资源共享和远程教育等服务的局域网。校园网一般采用"主干加分支"的结构,利用高速网络技术构建整个校园主干网,其中包含一个或多个的出口连接外部 Internet,学校各部门的局域网或计算机终端则作为校园网的分支通过交换设备或集中设备连接到学校的主干网,见图 5-3。目前常用的主干网技术有三种:快速以太网/千兆以太网(Fast Ethernet/Gigabit Ethernet)技术、FDDI 光纤分布式数据接口技术和 ATM 异步传输模式(Asynchronous Transfer Mode)技术。

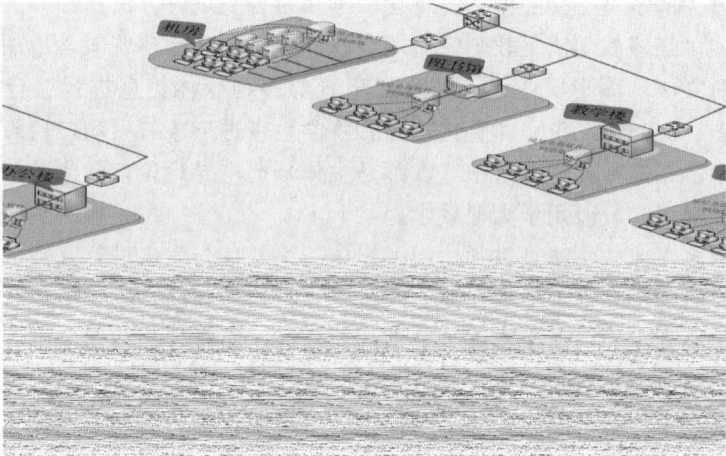

图 5-3 校园网络图

2. 校园网的硬件组成

校园网的硬件通常由服务器、工作站、网间互联设备、传输媒质等部分组成。

(1)服务器:服务器(Server)是网络上一种为客户端计算机提供各种服务的高性能的计算机。由于服务器是针对具体的网络应用而特别制定的,所以在处理能力、稳定性、可靠性、安全性、可扩展性、可管理性等方面比普通计算机要强。服务器根据其在网络中所执行的任务不同可分为 Web 服务器、数据库服务器、视频服务器、FTP 服务器、Mail 服务器、打印服务器、网关服务器、域名服务器等。上述服务器既可以安装在同一台物理服务器上,也可以分别安装在多台物理服务器上。

(2)工作站:在校园网中,工作站(Work station)是一台客户机,即网络服务的一个用户。但有时也将工作站当做一台特殊的服务器使用，如打印机或备份磁带机的专用工作站。工作站一般通过网卡连接网络，并需安装相关的程序与协议才可以访问网络资源。

（3）路由器：路由器（Router）是连接多个网络或网段的网络设备，它能将不同网络或网段之间的数据信息进行"翻译"，以使它们能够相互"读"懂对方的数据，从而构成一个更大的网络。通常路由器有两大典型功能，即数据通道功能和控制功能，数据通道功能一般由硬件来完成，控制功能一般用软件来实现。

（4）集线器：集线器（Hub）是计算机网络中连接多个计算机或其他设备的连接设备。Hub 主要提供信号放大和中转的功能，把一个端口接收的信号向所有端口分发出去，有些集线器还可以通过软件对端口进行配置和管理。通常集线器到各节点间的连接使用双绞线、光纤、同轴电缆等，端口的数量从 4 个到 24 个不等，如果网络中计算机的数目较多，可将集线器级联使用或选用可堆叠集线器。

（5）交换机：交换机（Switch）的外形与集线器很接近，也是一个多端口的连接设备，主要区别在于：从工作方式看，集线器采用广播模式，也就是说集线器的某个端口工作的时候，其他所有端口都能够收到信息，容易产生广播风暴。当网络规模较大时，网络性能会受到严重影响。而当交换机工作的时候，只有发出请示的端口和目的端口之间相互响应，而不影响其他端口（即点对点方式）。从带宽看，集线器不管有多少个端口，所有端口都是共享一条带宽，在同一时刻只能有两个端口传送数据，其他端口只能等待；而交换机每个端口都有一条独占的带宽，当两个端口工作时，并不影响其他端口的工作，因此，交换机的数据传送速率通常要比集线器快很多。此外，学校网络中心的核心交换机还具有路由功能。

（6）网关：网关（Gateway）是网络连接设备的重要组成部分，它不仅具有路由的功能，而且能对两个网络段中使用不同传输协议的数据进行互相的翻译转换，从而使不同的网络之间能进行互联。网关一般是一台专用的计算机，该机器上配置有实现网关功能的软件，这些软件具有网络协议转换、数据格式转换等功能。

（7）防火墙：防火墙（Firewall）是指一种将内部网和外部网分开的硬件或软件技术。防火墙对流经它的网络通信进行扫描，这样能够过滤掉一些攻击，以免其在目标计算机上被执行。防火墙还可以关闭不使用的端口，而且它还能禁止特定端口的流出通信，封锁特洛伊木马等程序。最后，它可以禁止来自特殊站点的访问，从而防止来自不明入侵者的所有通信。

（8）双绞线：双绞线（Twisted Pair）是由两根相互绝缘的铜导线按照特定规

格互相缠绕在一起而成的网络传输介质。它的原理是：如果外界电磁信号在两条导线上产生的干扰大小相等而相位相反，那么这个干扰信号就会相互抵消。常用的无屏蔽层双绞线由4对双绞线和一个塑料护套构成。由于线缆的长度受到衰减的严重限制，所以在当前的技术下，传输数据的距离一般限定在100米范围内，双绞线是目前局域网中使用最多的传输媒质。

(9)光纤：光纤(Fiber)是以光脉冲的形式来传输信号，材质以玻璃或有机玻璃为主的网络传输介质。它由纤维芯、包层和保护套组成。光纤按其传输方式可分为单模光纤(直线传播)和多模光纤(折射传播)。单模光纤较多模光纤具有更高的容量和更大的传输距离，但价格比较昂贵。光纤具有极高的传输带宽，目前技术可以以1000Mb/s以上的速率进行传输。光纤的衰减极低，抗电磁干扰能力很强，所以传输距离可达20千米以上。但光纤价格高，安装复杂和精细，需要使用专门的光纤连接器和转换器。

3. 校园网的基本功能

校园网经过几个阶段的发展，已成为为学校师生提供教学、科研和综合信息服务的高速多媒体网络，其主要功能有如下几方面：

(1)信息发布：学校的Web主页犹如学校的一个窗口，学校可以通过这扇窗口向世界各地的人们充分展示学校的形象。一般说来，学校主页的主要内容应包括：学校历史、院系、部门介绍、专业设置、招生与分配信息、教学与科研信息等。学校主页上可以发布学校的各种重大事件、会议通知和安排，也可以发布各种公文，这样既节省了时间和费用，又增强了公示的效果。

(2)教学应用：校园网的主要功能就是教学应用，它可以由网络教学平台提供支持，以网络教学信息资源库为信息来源，运用多种网络工具完成网络教学任务。网络教学支持平台是学校开展网络教学活动的支撑系统，它可以包括网络备课、网络授课、网上学习、网上练习、在线考试、虚拟实验室、网络教学评价、作业递交与批改、课程辅导答疑、师生交流、教学管理等模块。教学信息资源库是学校进行网络教学的重要组成部分，它包括多媒体素材库、教案库、课件库、试题库、学科资料库等。同时资源库还为师生提供全文检索、属性检索，提供资源的增减与归类，还可以提供压缩打包下载等功能。

(3)管理应用：建立在校园网络基础上的学校管理信息系统(MIS)可以为学校在人事、教务、财务、日程安排、后勤管理等方面提供一个先进的分布式管理系统。使原有的管理模式从纵向、单通道的、主要依靠个人的经验、判断和决策的简单模式，发展成为现代的、多向的、多通道的网络状的复杂模式，从而提高管理效率，大大提高原有人工管理或单机管理系统的效率，扩大管理系统的应用领域。能更加及时地收集、统计、分析学校的各种信息，以利于学校的行政管理和教学管理，充分发挥学校的整体功能，更好地为教育工作服务。

（4）科研应用：校园网络可以使用户共享各类计算机软、硬件资源及学术信息资源，从而提高科研的效率。另外，校园网络还可以降低科研的成本。科研人员可以通过校园网络形成一个工作小组，在不同办公室里的科研人员可以很方便地通过网络与其他成员交流设计思想和设计方案。同时，人们还可利用校园网络的对外联网，检索世界各地的信息资料，也可以使用电子公告栏（BBS）与世界各地的专家探讨最新的思想，发表、交流学术观点，交换论文等。

（5）数字化图书馆：校园网络的建设对数字化图书馆的建设与应用有着巨大影响。数字图书馆以数字化格式存储海量的多媒体信息并能对这些信息资源进行高效的操作，它的资源数字化、联系网络化、获取自主化等优点是传统图书馆无法比拟的。数字图书馆对于教育的支持服务是全方位和个性化的，可以及时响应远程用户的需求。不仅可以联机查询、借阅，还可为管理人员提供业务数据，及时分析研究，加强宏观管理。更为重要的是，每个用户都可以通过校园网络方便地对图书馆的图书、文献信息进行检索与阅读，读者可以访问图书馆的联机数据库，可以在自己家中和办公室里通过校园网络阅读报刊或检索资料。

（二）数字智能化校园广播系统

1. 数字智能化校园广播系统基本概念

数字化智能校园广播系统是利用现代计算机、网络通讯等技术，以传统的广播系统为基础，根据用户对广播系统功能的要求，由计算机来控制、管理、播放的广播系统。数字化智能校园广播系统具有广播时间、内容及方式智能化的特点，与传统广播系统相比，它更具功能完善、音质失真度低、可靠性更高、安装简单的明显优势。

2. 数字智能化校园广播系统的功能及组成

数字化智能校园广播系统基本功能有：传统广播系统所有功能、数字网络化广播、多路分区播音、个性定时播音、领导网上讲话、自由点播、系统基于以太网 TCP/IP 协议、教室音频扩音、音频素材制作、联合源库。

数字化校园网络广播系统由系统音频服务器、采播工作机、领导工作机、教师工作机、数字广播终端和红外线遥控器组成。如图 5-4 所示。

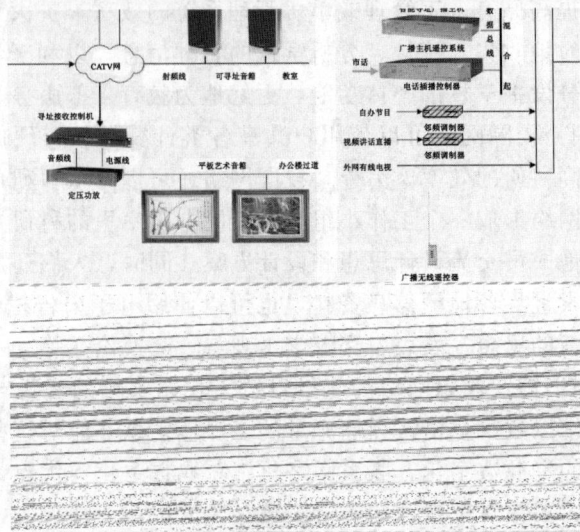

图 5-4　数字智能化校园广播系统架构

(三)校园监控系统

1. 校园监控系统基本概念

校园监控是利用监控设备对学校场所进行全方位、全高清视频立体化管理和监控。另外可以对摄像机、云台进行远程控制,设置各种报警与联动,并对监控内容进行数字录像和储存,对数字录像文件进行编辑、检索和回放。学校管理人员在控制室中能观察到所有重要地点的情况,将监测区的情况以视频图像等方式实时传送到管理中心,值班人员通过主控显示器可以随时了解学校各个地方的实时情况。

2. 校园监控系统的组成

校园监控系统结构可分为:视频数据采集、数据传输、控制和显示记录四部分。各部分之间关系如图 5-5 所示:

(1)数据采集部分:是安装在现场的数据采集设备,它包括摄像机、镜头、防护罩、支架和电动云台等。其任务是对被摄体进行摄像和视频进行采集,并把获得的声、光信号转换成电信号。

(2)数据传输部分:把现场数据采集设备发出的数字信号传送到控制室,它一般包括线缆、数据交换机、线路驱动设备等。

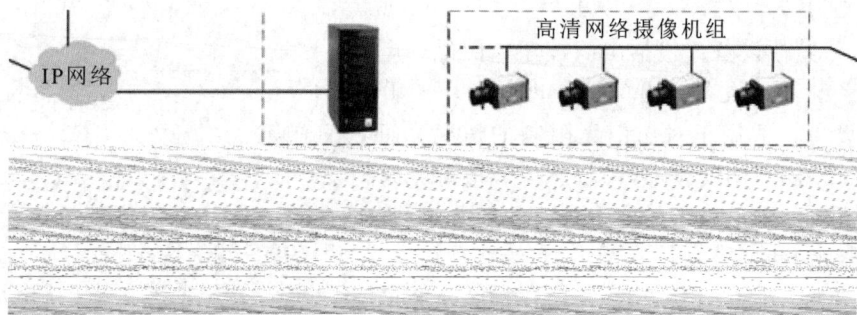

IP网络

高清网络摄像机组

图 5-5　校园监控系统图

（3）显示与记录部分：把现场传来的数字信号转换成图像在监视设备上显示，并且可以把视频图像等数据用网络存储服务器保存下来，它主要包括监视器、网络存储服务器等设备。

（4）控制部分：负责所有设备的控制与图像信号的处理。

（四）校园门禁系统

1. 校园门禁系统基本概念

门禁系统（全名为出入口门禁安全管理系统）是新型现代化安全管理系统，它集微机自动识别技术和现代安全管理措施为一体，涉及电子、机械、光学、计算机技术、通讯技术、生物技术等诸多新技术，是解决重要部门出入口实现安全防范管理的有效措施。它能实现对进出通道的权限、方式、时段及出入查询进行管理，还具有实时监控、异常报警的功能，在学校、医院、银行、工厂等部门得到了广泛的应用。

2. 校园门禁系统的组成

校园门禁系统结构主要由门禁控制器、读卡器、电控锁、卡片及其他设备几部分组成，其系统架构如图 5-6 所示：

（1）门禁控制器：门禁系统的核心部分，相当于计算机的 CPU，它负责整个系统输入、输出信息的处理、储存和控制等。

（2）读卡器：读取卡片中数据（生物特征信息）的设备。

（3）电控锁：门禁系统中锁门的执行部件。用户应根据门的材料、出门要求等需求选取不同的锁具，主要有电磁锁、阳极锁和阴极锁三类。

（4）卡片：开门的钥匙。可以在卡片上打印持卡人的个人照片，开门卡、胸卡合二为一。

(5)其他设备：包括出门按钮、门磁、电源等系统辅助设备。出门按钮即按一下打开门的设备，适用于对出门无限制的情况。门磁用于检测门的安全/开关状态等。电源则是整个系统的供电设备，分为普通和后备式（带蓄电池的）两种。

另外，配合门禁系统，为了确保幼儿的安全，有的幼儿园还建有安全接送系统（通过刷卡、读指纹接送幼儿）。

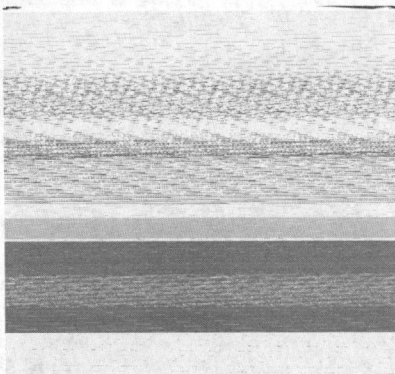

图 5-6　门禁系统结构图

三、幼儿园信息管理应用系统

(一)幼儿园园务管理系统——OA办公系统

"幼儿园管理OA系统"包含了幼儿园园务管理、园务通知、教师助理、保健卫生、营养分析、食谱安排、作息安排、安全管理、通讯录、短信中心等，有些功能齐全的幼儿园园务管理系统甚至还包括教学管理系统。基于B/S技术的幼儿园园务管理系统可以做到在线、即时、通畅、稳定、高效、保密，如果一所幼儿园拥有功能强大的"幼儿园管理OA系统"，即使你出差在外，也可以自如地全面了解幼儿园的运作情况，轻松地远程进行幼儿园的管理工作。

1.OA办公系统的基本概念

OA办公系统是Office Automation的缩写，指办公室自动化或自动化办公。是将现代化办公和计算机网络功能结合起来的一种新型的办公方式，是当前新技术革命中一个技术应用领域，属于信息化社会的产物。办公室自动化系统一般指实现办公室内事务性业务的自动化，通常办公室的业务，主要是进行大量文件的处理，起草文件、通知、各种业务文本，接受外来文件存档，查询本部门文件和外来文件，产生文件复件等。所以，采用计算机文字处理技术生产各种文档，存储各种文档，采用其他先进设备，如复印机、传真机等复制、传递文档，或者采用计算机网络技术传递文档，是办公室自动化的基本特征。

2.OA办公系统的基本功能

OA办公系统在日常办公中主要的功能有如下几方面：

（1）建立内部的通信平台。建立组织内部的邮件系统，使组织内部的通信和信息交流快捷通畅。

（2）建立信息发布的平台。在内部建立一个有效的信息发布和交流的场所，例如电子公告、电子论坛、电子刊物，使内部的规章制度、新闻简报、技术交流、公告事项等能够在企业或机关内部员工之间得到广泛的传播，使员工能够了解单位的发展动态。

（3）实现工作流程的自动化。这牵涉到流转过程的实时监控、跟踪，解决多岗位、多部门之间的协同工作问题，实现高效率的协作。各个单位都存在着大量流程化的工作，如公文的处理、收发文、各种审批、请示、汇报等，都是一些流程化的工作，通过实现工作流程的自动化，就可以规范各项工作，提高单位协同工作的效率。

（4）实现文档管理的自动化。可使各类文档（包括各种文件、知识、信息）能够按权限进行保存、共享和使用，并有一个方便的查找手段。每个单位都会有大量的文档，在手工办公的情况下这些文档都保存在每个人的文件柜里。因此，文档的保存、共享、使用和再利用是十分困难的。另外，在手工办公的情况下文档的检索存在非常大的难度。文档多了，需要什么东西不能及时找到，甚至找不到。办公自动化使各种文档实现电子化，通过电子文件柜的形式实现文档的保管，按权限进行使用和共享。实现办公自动化以后，比如说，单位来了一个新员工，只要管理员给他注册一个身份文件，给他一个口令，自己上网就可以看到这个单位积累下来的东西，如规章制度、各种技术文件等，只要身份符合可以阅览的范围权限，他自然而然都能看到，这样就减少了很多培训环节。

（5）辅助办公。牵涉的内容比较多，像会议管理、车辆管理、物品管理、图书管理等与我们日常事务性的办公工作相结合的各种辅助办公，实现了这些辅助办公的自动化。

（6）信息集成。每一个单位，都存在大量的业务系统，如购销存、ERP 等各种业务系统，企业的信息源往往都在这个业务系统里，办公自动化系统应该跟这些业务系统实现很好的集成，使相关的人员能够有效地获得整体的信息，提高整体的反应速度和决策能力。

（7）实现分布式办公。这就是要支持多分支机构、跨地域的办公模式以及移动办公。现在，地域分布越来越广，移动办公和跨地域办公成为很迫切的一种需求。

(二)幼儿园教学管理系统

幼儿园教学管理系统有的是独立的，有的是集合在园务管理系统中。

幼儿园教学管理系统主要是为幼儿园教学管理和教师教学提供服务，一般设有教务公共信息、课程安排、教案管理、班级管理、教师档案管理、教学资源(备课资源、数字图书馆等)管理、教学用具管理等功能。

(三)幼儿成长系统

幼儿成长系统主要用于建立幼儿成长档案，内容有幼儿学籍、生活饮食、体检记录、疾病登记、疫苗接种、学习记录、成长亮点等。

(四)家园互动系统

为了有效建立幼儿家长和幼儿园之间的联系，幼儿园一般会基于网站建立家园互动系统，不仅网站开通了BBS，留言板等，还对家长开放权限，让家长可以访问幼儿的成长信息等，更为现代的是，一些幼儿园还将家长接送系统、短信平台、视频监控系统整合在一起，达到幼儿一到校，刷完ID卡或指纹卡，家长第一时间就能收到幼儿到校的信息，并且能够通过网络视频看到自己小孩在幼儿园生活的情况。

【小知识】

应用软件的 C/S 和 B/S 架构

C/S(Client/Server，客户机/服务器)模式又称C/S结构，是软件系统体系结构的一种。C/S模式简单地讲就是基于企业内部网络的应用系统。C/S模式的应用系统最大的好处是不依赖企业外网环境，即无论企业是否能够上网，都不影响其应用。

其服务器通常采用高性能的PC、工作站或小型机，并采用大型数据库系统，如ORACLE、SQL Server等。其客户端一般就是PC。

其最大的特点就是客户端需要安装专用的客户端软件，只适用于局域网运行。优点是能充分发挥客户端PC的处理能力，客户端响应速度快。

B/S(Browser/Server，浏览器/服务器)模式又称B/S结构。它是随着Internet技术的兴起，对C/S模式应用的扩展。在这种结构下，用户工作界面是通过IE浏览器来实现的，所以用户不用安装专用的客户端。B/S模式最大的好处是运行维护比较简便，能实现不同的人员，从不同的地点，以不同的接入方式(比如 LAN，WAN，Internet/Intranet 等）访问和操作共同的数据；最大的缺点是对企业外网环境依赖性太强，由于各种原因引起企业外网中断都会造成系统瘫痪。

由于移动办公的需要，现在大多数应用软件都在用 B/S 架构开发。

【知识拓展】

数字化幼儿园的概念

随着信息技术在教育领域的深入应用，自 20 世纪末以来，"数字化校园"的概念开始在大中小学兴起，并得到广泛认可和应用。现在，已开始进入幼儿园。

所谓数字化幼儿园，是以信息技术为基础，实现环境、资源和活动的全面数字化。具体来说，是以幼儿园的校园网为依托，构建集教育、教学、管理、娱乐为一体的新型数字化的学习、工作和生活环境，并科学规范地对这些信息资源进行整合和集成，以形成统一的用户管理、统一的权限控制、统一的资源管理和通过组织和业务流程再造，推动幼儿园进行制度创新、管理创新，最终实现教育信息化、决策科学化和管理规范化。

数字化幼儿园具体包括以下五大领域，即数字化的环境、数字化的教学、数字化的管理、数字化的科研、数字化的生活。数字化的环境就是网络的基础支撑平台，包括网络的硬件设施设备、支持系统和安全保障；数字化的教学就是在网络环境下构建一个虚拟的教学空间，完成老师备课、课堂教学、作业批改、辅导答疑、考试成绩评定、学生评价等一系列教学活动；数字化的管理就是通过网络来实现管理手段的创新，达到提高办事效率和质量，降低管理成本的目的；数字化的科研就是依托校园网络建立一个可聚合与共享资源的科技创新平台，实现计算资源、存储资源、数据资源、信息资源和专家资源的全面共享，提高科研整体水平；数字化的生活包括数字化的商务、娱乐、阅读等网络生活。

进行数字化幼儿园建设，首先就是要建立门户中心、身份认证中心、数据中心三大中心，实现校园信息系统的门户、身份认证、数据的三个统一，这是校园信息化的基础。

【实践活动】

1. 参观 1~2 所幼儿园，实地熟悉幼儿园运行辅助系统——校园广播、校园网络、校园监控、门禁系统、幼儿安全接送系统等。

2. 在计算机机房操作熟悉幼儿园信息管理系统（如园务管理系统等）。

第二节　幼儿园网站设计与开发

一、幼儿园网站的设计

(一)幼儿园网站的功能

如今，互联网已成为人们日常生活中不可或缺的重要组成部分，而基于互联网的网站作为对外展示的窗口和信息交流平台，已成为企事业单位、政府部门以及个人对外形象的重要标志，各部门、单位都纷纷建立自己的网站来发布和收集信息。不仅如此，越来越多的企事业单位还将自己的商务活动放到网站上，甚至政府也将政务活动放到网站上，网站已成为信息处理的新平台。教育行业也不例外，莫说大中小学，就是幼儿园，也把其网站看做是自己的"商标"，宣传自己的特色，彰显自己的个性。因为网站作为一个直观、高效、便捷的宣传和管理平台，是园方宣传自身、沟通社会、联系家长最有效的平台。

一般来说，幼儿园网站具有如下重要功能：

(1)为幼儿园提供了一种成本最低但最有效的宣传平台。在这个平台上，幼儿园可以将自己的一切信息推介给观众，让社会了解你，让世界了解你。通过展示自己独特的风采，树立自己的品牌形象。

(2)为幼儿园和家长的沟通建立了一座桥梁。网络是一种全天开放的平台，通过它，家长可以随时了解幼儿园以及自己孩子的最新信息，甚至可以通过网络视频现场看到自己孩子的生活和学习，家长可以及时反馈自己的意见和建议，和园方交流沟通。

(3)是幼儿园实现信息化管理的平台，是信息管理应用系统的载体。幼儿园信息管理应用一般包括园务管理系统、幼儿(学生)成长管理系统、门禁系统、视频监控系统、家校通、教学资源管理系统等，它们一般都是寄住在网站上的，以网站为入口，在外网或内网上运行。

(4)幼儿园网站是全体幼教工作者教学交流、师生互动、资源共享的教育教学平台。幼儿园网站上一般都会建有教学资源库系统，甚至有专门的教学管理系统等，为全体师生提供教学服务和互动交流的平台。

(二)幼儿园网站的内容设计

幼儿园网站的内容虽然不一，但板块大致是相同的，一般会建有园所简介、教师风采、教育教学、幼儿成长、家园互动、家长教育等板块，至于哪些作为一级栏目，哪些作为二级栏目，则按包含原则设计，即从大到小。图 5-7 就是某幼儿园栏目设计规划——北京师范大学实验幼儿园网站首页显示的一级栏目。

图 5-7　北京师范大学实验幼儿园栏目设计规划图

(三)幼儿园网站的个性设计

最能体现幼儿园网站特色的还是网站的个性化界面和个性化内容。

1. 个性化界面设计

网站首页是幼儿园网站的一张"脸"，必然是"千园千面"，设计得好就能吸引特定的读者对象。一般说来，幼儿园网站首页设计应主题鲜明、导航清晰、色彩亮丽、辅以卡通化、拟物化的 LOGO 造型。不同的主题、色彩搭配和风格各异的造型就能展现幼儿园自身的个性。图 5-8 是青岛银海幼儿园的首页(http：//child.yinhai.com.cn：88/)：

图 5-8　青岛银海幼儿园首页

图 5-9 是九叶网为入盟幼儿园设计的首页样式(http：//s54901.s.9ye.com/)：

图 5-9　九叶网为入盟幼儿园设计的首页样式

2. 个性化内容设计

只有网站中个性化的内容才能真正体现幼儿园的内涵，所以，幼儿园网站中必须要有丰富的园务信息、幼儿成长信息、教学资源以及应用系统，才能真正发挥网站的作用，提升网站的知名度。但是现在，很多幼儿园网站还只停留在信息发布这一功能上，园务管理、资源学习、交互信息等方面还远未建设运用起来。

如果一个幼儿园网站能做到：在内容构成上，你有的我也有，但我的更全面、更具特色，甚至我有的你却没有；在网站的功能上，我有更多的应用系统在发挥作用；在资源共享上，我有更大的用户群。那么，它必将是一个优秀的幼儿园网站。

(四)幼儿园网站的创建

那么怎样建立自己的幼儿园网站呢？一般来说只有两种途径：

1. 请他人代建

在幼儿园自身技术力量或设备不足的情况下，可以请他人(如网络公司)代建，但是，其网站的设计思想(结构、内容、个性等)得由幼儿园精心策划后提出。

2. 幼儿园自建

如果幼儿园自身具有人力物力，可以自行承担建设任务。可按如下步骤进行：

(1)撰写幼儿园专题网站策划书。策划书中主要包括网站内容、服务对象、特色及时间、资金投入等。

(2)申请域名、向服务商购买网络空间(或自行购买网络设备，建设网络机房)并备案。可以找 ISP，也可以到万维网 http：//www. net. cn/申请注册域名，并按规定登记备案。

(3)使用网站开发工具(如 Dreamweaver 等)制作幼儿园专题网站。

(4)上传网站资料，配置网站参数，网站方可正式运行。

二、幼儿园网站制作技术简介

(一)网站制作基本概念

网站(Website)是指因特网上一块固定的面向全世界发布消息的地方，由域名(也就是网站地址)和网站空间构成，通常包括主页和其他具有超链接文件的页面。狭义的网站只是指主页及其下级页面构成的网页的集合。简单地说，网站是一种通讯工具，人们可以通过网站来发布自己想要公开的资讯，或者利用网站来提供相关的网络服务。人们可以通过网页浏览器来访问网站，获取自己需要的资讯或者享受网络服务。

1. 什么是网页

网页是一种存储在 Web 服务器上，通过 Web 进行传输，并被浏览器所解析和显示的文档类型，其内容需根据一定的规则，使用 Dreamweaver 等工具制作，由 HTML 语言构成。

2. 网页特点

(1)从文件角度讲，网页是由 HTML 语言编写而成的特殊文本文件。所以网页文件通常又被称为 HTML 文件，其文件扩展名通常为 . html 或 . htm。

(2)从组成元素角度讲，网页是由文本、图片和超链接等多种对象构成的多媒体页面。

3. 站点

网页是站点的基本信息单位，一个站点通常由多个网页构成，这些网页之间使用链接地址(URL 地址)相互连接在一起，构成一个完整的站点，用户能够通过单击链接地址转换到其他页面。

站点特点如下：

(1)站点存储在 Web 服务器上。当用户访问一个站点时，该站点中首先被打开的页面称为首页或主页。

(2)本地站点中的所有内容一般被组织在外部存储器的同一个目录中，根据站点栏目或者资源类型对文件进行分类，分别放置在不同的子目录中。

(3)本地站点在制作完毕后，如果不经过发布是不能被其他浏览者访问的，发布就是将本地站点的内容传输到连接在 Internet 上的 Web 服务器中。

4. 超文本、超媒体和超链接

(1)什么是超文本？超文本是指在文本中包含了与其他文本链接的文件。

(2)超文本的特点。它的链接对象是纯文本，使用了超级链接的文本下方带有下划线，单击文件中已经定义了超链接的文字，便可以显示与该文字相关的说明的文字资料。

从组成上看，超文本可描述为：

超文本＝文本＋超链接

(3)什么是超媒体？超媒体进一步扩展了超文本所链接的信息类型。它利用集成化的方法将多种媒体的信息联系在一起，用户不仅可以从一个文本跳到另一个文本，而且可以激活一段音乐，显示一个图形，播放一段动画。

(4)超媒体的特点。从组成上看超媒体可描述为：

超媒体＝媒体＋超链接

(5)什么是超链接？超链接是 WWW 上使用最多的一种技术。它是超文本、超媒体以及与其他媒体之间的链接，也是一种从源端点到目标端点的链接。

(6)超链接的作用。通过超链接这种方式，可以实现不同网页之间的跳转。

(二)网站制作技术简介

常用的网站制作软件有 Dreamweaver、FrontPage 等，其中在幼儿园网站制作中用得最多的是 Dreamweaver 软件，它与 Fireworks，Flash 一起称作网页制作三剑客，应用十分广泛。

1. 网页基本结构

HTML 定义了 3 种标记用于描述页面的整体结构，以及浏览器和 HTML 制作工具对 HTML 页面的确认。

一般的页面结构如下：

```
<HTML>
  <HEAD>
    头部信息
  </HEAD>
  <BODY>
    文档主体，正文部分
  </BODY>
</HTML>
```

2. 网页制作基本步骤

(1)选定主题。

(2)收集资料。

(3)构思阶段。

(4)总体设计。

(5)修改。

(6)测试。

(7)上传。

(8)维护。

(三)Adobe Dreamweaver CS3 网站开发技术简介

图 5-10 为 Adobe Dreamweaver CS3 的操作界面图。

1. 创建站点

一旦创建好站点结构，必须在 Dreamweaver 中指定新站点，这样就可以使用带 FTP 功能的 Dreamweaver 将站点上传到 Web 服务器中。

在创建网页之前最好建立本地站点，站点的本地根目录应该是一个专门为该站点创建的文件夹。

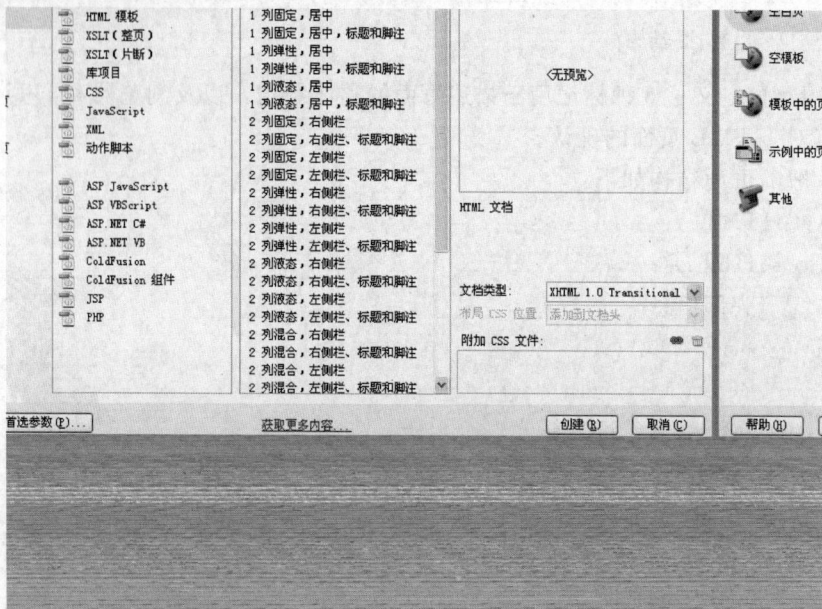

图 5-10 Adobe Dreamweaver CS3

2. 管理站点

(1)站点中建立文件和文件夹。

(2)将其他文件和文件夹导入到站点中。

(3)站点中的文件和文件夹的复制、移动和删除。

(4)导出和导入站点。

3. 制作网页

(1)新建网页文件。

• 执行"文件"→"新建"命令；

• 在"新建文档"对话框的"类别"列表中选择"基本页"；

• 在"基本页"列表中选择"HTML"项，创建一个新的网页文档。

(2)网页的保存和打开。执行"文件"→"保存"命令，进入"另存为"对话框，进行相应设置，设置完毕，单击"保存"即可。

注意：新建网页后，应该立即保存，这样以后在页面中插入的图片、链接可以以相对路径保存。

如果要对网页进行编辑，首先需要打开该网页文件，其操作为：执行"文件/

打开"命令或在文件面板中双击网页。

4. 设置网页属性

（1）在 Dreamweaver 中，执行"修改/页面属性"命令或单击属性面板中的"页面属性"按钮，则可打开"页面属性"对话框。

（2）在"分类"中选择"外观"，可定义页面中的默认文本字体、文本字号、文本颜色、背景颜色和背景图像等页面的基本属性。

（3）在"分类"中选择"链接"，可以对链接效果进行相应设置。

5. 插入图像与多媒体

（1）插入图像。

（2）网页中添加 Flash 动画。

（3）添加音频与视频。

【实践活动】

幼儿园专题网站制作

使用 Dreamweaver CS 3.0 制作一个幼儿园专题网站（首页）。参考样本如图 5-11 所示。

说明：背景图案可以自行设计，也可在网上下载获得。

图 5-11　幼儿园专题网站制作案例

第三节 幼儿教育资源开发

教学资源库是指按照统一的符合国际标准的技术规范和课程内在逻辑关系构建的，由优秀的数字化媒体素材、知识点素材及示范性教学案例等教学基本素材构成的，可不断扩充的开放式教学支持系统。教学资源库的功能包括资源采集、资源验证、资源检索、资源浏览和下载等。建设教学资源库是为了整合优秀的教学资源，从而实现资源的共享，达到提高教学质量的根本目的。教学资源库的建设也是为了促进教育技术与课程的整合，为创新教学模式提供有力的支持。

一、教学资源库概述

(一)教学资源库的构成

教学资源库的建设以校园网为基础，教学资源库建设包括媒体素材库、试题库、试卷库、案例库、课件库、文献资料库、常见问题解答库、资源目录索引库的建设和网络课程建设以及网络教学资源管理系统的研制开发。媒体素材库是整个资源库的基础部分，课件库中的课件、案例库中的案例、常见问题解答、网络课程，甚至试题库都可能使用媒体素材库中的媒体数据。基于网络教学资源库的教学工具、学习系统、授课系统、教学资源编辑和制作系统都可能要与媒体素材库、试题库、课件库、案例库、常见问题解库、资源目录索引库和网络课程发生关联，考试系统要与试题体系发生关联，评价系统则涉及教学资源的各个部分。因此，教育资源管理系统应具备要完成所有类型的资源管理功能和系统管理功能。

(二)教学资源库的功能模块

教学资源管理功能主要是完成对所有类型资源的管理功能，包括资源的索引编制、发布、修改、删除、传输、审核和检索等。具体功能包括：

1. 资源检索

为用户快速地找到自己所需要的资源提供各种检索途径，支持单键查询、复合查询、模糊查询，并支持通配符、关联查询的段落定位查询、精确查询等多种方式。

2. 资源的上载和批量录入

资源上载系统允许教育工作者通过互联网将优秀的教育教学资源，如教案、课件、论文等上载到临时资源库的具体目录中，并且系统能够对上载的临时资源进行自动分类，然后又通过资源的审查人员进行修订和审核后再增加到资源库中，以供其他用户共享。同时，教师和学生也可以将自己在实际教学和学习中所碰到的问题上载到问题库中以寻求有权威的教师和专家的解答。资源的录入主要由具有审核权限的老师将已经审核通过的教育资源直接存入资源库中，而无需通过临时资源库的周转。资源的录入包括单个录入和批量录入两种方式，单个录入以提交表单的形式实现，而批量录入则是通过特定的接口将大量资源一次性存入数据库。

3. 资源的审核与发布

任何新上载的资源都需要经过严格的审批，合格后才能进入正式资源库，系统支持资源审核人员通过互联网进行远程评审，完成对资源的审核与发布工作。审核员定期检查临时资源库中存储的新资源，根据教育资源评价标准对教育工作者所上载的资源进行审核。资源管理系统提供资源评分机制，将各项指标的得分和权重进行统计分析，最终给出资源的审核结果。对于不合格的资源，可将其立即删除。如通过审核，可将该资源转移到正式资源库中，即完成发布工作。为保证资源属性值的准确性，系统应具备属性校正接口，资源审核员在发布之前要对资源的属性进行精确校正。

4. 资源的浏览

资源管理系统应提供明确的导航系统，以方便用户对资源的自然浏览。用户可以根据导航栏的层层提示定位到某一个资源文件上。对于每一个资源文件，都具备相关属性的显示功能，如提供该资源的内容简介、关键字、作者信息等。同时具备相关资源显示功能，可按学科类型、作者或关键词的相关度实现。

5. 资源的下载

用户可将自己需要的资源从资源库下载到本地计算机的硬盘上，对于需要付费的资源，需要先付费确认后才能正确下载；支持多文件压缩下载功能，当用户选择多个资源文件下载时，系统能自动将文件压缩成一个自解压的可执行文件供用户下载；支持断点续传，当出现网络故障时，用户可从上一次成功连接时资源下载的位置继续完成下载；在用户下载资源的过程中，系统提供下载的动态信息。

为了保证教学资源库系统的正常运行，还需要强大的系统管理功能，具体包括数据备份、用户管理、权限管理、网络故障管理等。

（1）数据备份

为防止数据意外破坏的出现，资源库系统应具备数据备份的功能。可以通过数据导出接口进行数据备份。数据的备份介质可以是光盘，也可以通过磁盘阵列或镜像光盘塔的形式备份或通过硬盘直接备份，但无论采用哪种备份形式，一定要保证服务器内容的完整性，避免资源的丢失或误删除。

（2）用户管理

系统允许用户自由注册账号，但具备身份审核机制，系统管理员对用户进行基于政策的管理、认证、添加或删除账号。为方便用户的自我服务，具备用户个人资料修改等简单功能。同时提供用户数据获取接口，方便互联。系统可以了解用户的网络行为，用户的计费信息等。

（3）用户权限控制

为不同级别的用户进行权限分配和控制。设置不同权限，以确保数据的安全性。提供用户级别管理功能，对权限性质相同的多个用户，可避免逐个管理的重复性，通过将多个用户设为一组后统一管理。操作级别分为：管理员级别、审核员级别（具有审核权限的教师）和普通用户级别（一般教师和学生）。此处的用户权限控制可以共用教学支撑平台、教学信息管理平台等的用户管理模块，实现一体化管理。系统平台中的注册用户能够自动使用资源库。系统中将保留一个超级用户，可对所有模块功能进行操作。具备这三类操作级别的用户具体权限如下：

①管理员：可进行共享资源的维护、审批、账号管理、权限设置和系统初始化，并具有普通用户的所有权限。

②审核员：可进行资源审核、发布、删除和批量录入，并具有普通用户的所有权限。

③普通用户：可进行上载、检索、在线浏览和付费下载（只针对需要付费的资源），并对个人资源进行维护。

（4）网络故障管理

通过使用事件查看器和事件日志，收集有关硬件、软件、系统问题的信息，并提供故障的跟踪记录，分析并排除故障，保证网络提供连续可靠的服务。可采用三类日志系统记录故障：利用应用程序日志记录程序事件，对发生错误的应用程序进行处理；利用安全日志记录有效和无效的登录尝试以及与资源使用相关的事件，如创建、打开或删除文件或其他对象。利用系统日志记录系统组件的事件，如在启动过程将加载的驱动程序或其他系统组件的失败情况记录在系统日志中。

二、幼儿教育资源开发技术简介

(一)动态网站开发技术

静态网站是指全部由 HTML 代码格式页面组成的网站，所有的内容包含在网页文件中，早期的网站大都是静态网站。那什么是动态网站呢？动态网站并不是指具有动画功能的网站，而是指基于数据库开发，使用网站开发程序如 ASP、.NET 等编程语言对网站进行编程开发而完成的网站。就网站开发技术角度而言，动态网站是由特定程序开发而成，利用数据库功能可以实现网站数据的无限扩大，且网站都具有管理后台，使得网站信息维护与更新方便、快捷。常用的动态网站开发技术有：

1. PHP

即 Hypertext Preprocessor(超文本预处理器)，它是当今 Internet 上最为火热的脚本语言，其语法借鉴了 C、Java、PERL 等语言，但只需要很少的编程知识你就能使用 PHP 建立一个真正交互的 Web 站点。

它与 HTML 语言具有非常好的兼容性，使用者可以直接在脚本代码中加入 HTML 标签，或者在 HTML 标签中加入脚本代码从而更好地实现页面控制。PHP 提供了标准的数据库接口，数据库连接方便，兼容性强；扩展性强；可以进行面向对象编程。

2. ASP

即 Active Server Pages，它是微软开发的一种类似 HTML(超文本标识语言)、Script(脚本)与 CGI(公用网关接口)的结合体，它没有提供自己专门的编程语言，而是允许用户使用许多已有的脚本语言编写 ASP 的应用程序。ASP 的程序编制比 HTML 更方便且更有灵活性。它是在 Web 服务器端运行，运行后再将运行结果以 HTML 格式传送至客户端的浏览器。因此 ASP 与一般的脚本语言相比，要安全得多。

ASP 的最大好处是可以包含 HTML 标签，也可以直接存取数据库及使用无限扩充的 ActiveX 控件，因此在程序编制上要比 HTML 方便而且更富有灵活性。

通过使用 ASP 的组件和对象技术，用户可以直接使用 ActiveX 控件，调用对象方法和属性，以简单的方式实现强大的交互功能。

但 ASP 技术也非完美无缺，由于它基本上是局限于微软的操作系统平台之上，主要工作环境是微软的 IIS 应用程序结构，又因 ActiveX 对象具有平台特性，所以 ASP 技术不能很容易地实现在跨平台 Web 服务器上工作。

3. JSP

即 Java Server Pages，它是由 Sun Microsystem 公司于 1999 年 6 月推出的新技术，是基于 Java Servlet 以及整个 Java 体系的 Web 开发技术。

JSP 和 ASP 在技术方面有许多相似之处，不过两者来源于不同的技术规范组织，以至 ASP 一般只应用于 Windows NT/2000 平台，而 JSP 则可以在 85％以上的服务器上运行，而且基于 JSP 技术的应用程序比基于 ASP 的应用程序易于维护和管理，所以被许多人认为是未来最有发展前途的动态网站技术。

(二)数据库技术

数据库技术是一种计算机辅助管理数据的方法，它研究如何组织和存储数据，如何高效地获取和处理数据，是通过研究数据库的结构、存储、设计、管理以及应用的基本理论和实现方法，并利用这些理论来实现对数据库中的数据进行处理、分析和理解的技术。即数据库技术是研究、管理和应用数据库的一门软件科学。

按照数据模型的发展演变过程，数据库技术主要经历了三个发展阶段：第一代是网状和层次数据库系统；第二代是关系数据库系统；第三代是以面向对象数据模型为主要特征的数据库系统。目前在教学资源库开发中应用较为广泛的数据库系统有：MySQL、SQL Server、Oracle、DB2 等。

(1)Mysql 是最受欢迎的开源 SQL 数据库管理系统，它由 MySQL AB 开发、发布和支持。它是一个快速的、多线程、多用户和健壮的 SQL 数据库服务器。MySQL 服务器支持关键任务、重负载生产系统的使用，也可以将它嵌入到一个大配置(mass-deployed)的软件中去。

(2)SQL Server 是由微软开发的数据库管理系统，是 Web 上最流行的用于存储数据的数据库，它已广泛用于电子商务、银行、保险、电力等与数据库有关的行业。SQL Server 提供了众多的 Web 和电子商务功能，如对 XML 和 Internet 标准的丰富支持，通过 Web 对数据进行轻松安全的访问，具有强大的、灵活的、基于 Web 的和安全的应用程序管理等。而且，由于其易操作性及其友好的操作界面，深受广大用户的喜爱。

（3）Oracle 是世界上使用最广泛的关系数据系统之一。它具有：良好的开放性，能在包括 Windows 的所有主流平台上运行；可伸缩性，并行性；良好的安全性，提供了安全的数据保护和恢复功能。目前广泛应用于各企事业单位构建大小不一的数据库系统。

三、学前教育资源库的构建——以湖南学前教育资源库为例

下面以湖南学前教育资源库（参见网址 http：//www.ecerc.net/）为例，说明如何构建学前教育资源库，以便于为我们在今后的工作中建设学前教育资源时借鉴和指导。

（一）按学前教育研究体系构建学前教育资源库内容

表 5-1　学前教育资源库按学前教育研究体系构建内容

研究类别	研究方向	研究内容
（一）幼教法规政策与管理	1. 国外幼教法规政策与管理体制	A 主要发达国家幼教法规政策与管理体制
		B 代表性发展中国家幼教法规政策与管理体制
	2. 我国幼教法规政策与管理体制	A 国家幼教法规政策与管理体制
		B 湖南省及代表性兄弟省市幼教法规政策与管理体制
（二）幼教事业发展	1. 国外幼教发展	A 主要发达国家幼教发展的历史与现状
		B 代表性发展中国家幼教发展的历史与现状
	2. 我国幼教发展	A 我国幼教发展历史
		B 我国幼教发展现状
	3. 湖南幼教发展	A 湖南幼教发展历史
		B 湖南幼教发展现状
		C 湖南各地市幼教发展现状
	4. 湖南公办幼儿园的发展	A 湖南全省公办幼儿园的发展
		B 湖南各地市公办幼儿园的发展
	5. 湖南民办幼儿园的发展	A 湖南全省民办幼儿园的发展
		B 湖南各地市民办幼儿园的发展
	6. 湖南幼教名园与特色园	A 湖南城市幼教名园与特色园
		B 湖南乡镇与农村幼教名园与特色园

研究类别	研究方向	研究内容
（三）幼儿教师培养与培训	1. 我国幼儿教师培养的历史与走向	A 全国幼儿教师培养的历史与走向
		B 湖南幼儿教师培养的历史与走向
	2. 我国知名幼儿教师培养机构	A 全国知名幼儿教师培养机构
		B 湖南知名幼儿教师培养机构
	3. 幼儿教师培养方案	A 研究生层次幼儿教师培养方案
		B 本科层次幼儿教师培养方案
		C 专科层次幼儿教师培养方案
		D 中专层次幼儿教师培养方案
	4. 精品课程	A 国家级精品课程
		B 湖南精品课程
	5. 网络课程	与幼教有关的网络课程
	6. 教学成果	A 国家级教学成果
		B 省级教学成果
	7. 试题库	模拟试题、考试真题
	8. 幼儿教师继续教育	A 全国幼儿教师继续教育情况
		B 湖南幼儿教师继续教育
	9. 专家风范	A 外省市专家
		B 湖南专家
（四）幼儿园教育教学	1. 我国幼儿园教育改革的历史与前沿	A 全国幼儿园教育改革的历史与前沿
		B 湖南幼儿园教育改革的历史与前沿
	2. 经典课程方案与教育模式	A 世界知名经典课程方案与教育模式
		B 全国知名经典课程方案与教育模式
		C 湖南知名经典课程方案与教育模式
	3. 教学大纲	主要学前教育专业课程教学大纲
	4. 教案与课件	优秀教学教案与多媒体教学课件
	5. 园本课程	A 全国园本课程方案
		B 湖南园本课程方案

续表

研究类别	研究方向	研究内容
（四）幼儿园教育教学	6. 自制玩教具	幼儿园自制的教具和玩具
	7. 幼儿园优秀教育素材	A 健康领域的优秀教育素材
		B 语言领域的优秀教育素材
		C 艺术领域的优秀教育素材
		D 社会领域的优秀教育素材
		E 科学领域的优秀教育素材
	8. 幼儿园优秀活动案例	A 健康领域的优秀教育活动
		B 语言领域的优秀教育活动
		C 艺术领域的优秀教育活动
		D 社会领域的优秀教育活动
		E 科学领域的优秀教育活动
	9. 名园办园方案与规划	国内知名幼儿园的办园方案和规划
	10. 人才需求	幼儿园人才招聘
（五）幼儿教师专业成长	1. 我国幼儿教师队伍建设（学历分布、年龄分布、地域分布、专业素养水平）	A 全国幼儿教师队伍情况
		B 湖南幼儿教师队伍情况
	2. 我国幼教名师	A 全国幼教名师
		B 湖南幼教名师
	3. 幼儿教师素质展示	A 幼儿教师才艺展示
		B 幼儿教师优秀观察记录展示
		C 幼儿教师优秀教育反思展示
		D 幼儿教师优秀教育随笔展示
		E 幼儿教师优质师幼互动展示
		F 幼儿教师优质家长工作展示
	4. 博客群	幼儿教师博客群

续表

研究类别	研究方向	研究内容
（六）幼儿发展与评价	1. 幼儿发展数据	A 全国幼儿发展数据
		B 湖南幼儿发展数据
	2. 有关幼儿发展的研究与理论	A 世界有关幼儿发展的研究与理论
		B 我国有关幼儿发展的研究与理论
		C 湖南有关幼儿发展的研究
		D 经典的幼儿发展评价工具介绍与使用注意事项
	3. 幼儿发展咨询	A 幼儿身体保健
		B 幼儿心理保健
		C 儿童成长常见问题与解答
（七）幼教科研	1. 我国幼教科研历史与现状	A 全国幼教科研历史与现状
		B 湖南幼教科研历史与现状
	2. 幼教重要科研机构与团体	A 全国与湖南的幼教科研机构
		B 国家级与湖南地方幼教科研团体
	3. 幼教名著	A 世界幼教名著
		B 全国幼教名著
		C 湖南幼教名著
	4. 幼教重要刊物与论文	A 重要幼教刊物
		B 重要幼教论文
	5. 重要幼教科研项目与成果	A 外省市重要幼教科研项目与成果
		B 湖南重要幼教科研项目与成果
	6. 重要幼教研讨会	国内外重要的关于幼教的研讨会
	7. 知名幼教专家讲坛	国内外知名幼教专家讲坛

续表

研究类别	研究方向	研究内容
（八）幼儿家庭与社区教育	1. 我国家庭与社区教育现状	A 全国家庭与社区教育现状
		B 湖南家庭与社区教育现状
	2. 家庭教育资源	A 亲子游戏
		B 亲子共读经典
		C 少儿歌曲
		D 少儿舞蹈
		E 少儿绘画
		F 少儿英语
	3. 湖南地域与人文教育资源	A 湖南全省地域与人文教育资源
		B 湖南各地市地域与人文教育资源
	4. 家庭与社区教育的研究与实践	A 相关理论成果（世界的、全国的、湖南的）
		B 成功家教案例
		C 社区建设与教育案例
	5. 家校通	家长和学校联系的平台
（九）婴幼儿用品与社会服务	1. 婴幼儿用品	A 营养保健品
		B 日常用品
		C 玩具
		D 学习用品
		E 动漫卡通与游戏
		F 综合服务
	2. 知名婴幼儿用品厂家	A 湖南婴幼儿用品厂家
		B 外地婴幼儿用品厂家
	3. 知名早教服务机构（月嫂服务机构、亲子园、少儿培训中心等）	A 湖南早教服务机构
		B 外省市早教服务机构

（二）按用户对象构建学前教育资源库内容

表 5-2　学前教育资源库按用户对象构建内容

用户对象	资源内容	资源形式
学前师范院校教师	教学大纲	文本、电子书
	精彩教案	文本、电子书
	课件展播	PPT、FLASH
	教学成果	文本、图片
	教学心得	文本、图片、视频
	幼教刊物与论文	文本、电子书
	管理制度	文本
	教学范例	视频
	案例分析	文本、视频
	教学素材	文本、动画、图片、音频、视频
	网上虚拟实验	软件、平台
	模拟试题库	文本、FLASH
	网络课程	文本、动画、图片、音频、视频
	精品课程	文本、动画、图片、音频、视频
	常见问题解答	文本、视频
	教师教育	文本、图片、音频、视频
	幼教科研	文本、图片
	幼教资讯	文本、图片、音频、视频
	幼教发展	文本、图片、视频
	专家讲坛	文本、音频、视频
	教师博客	文本、图片、音频、视频
	幼教名师	文本、图片
	名园推荐	文本、图片、视频

续表

用户对象	资源内容	资源形式
学前师范院校学生	教学大纲	文本、电子书
	精彩教案	文本、电子书
	课件展播	PPT、FLASH
	教学成果	文本、图片
	幼教刊物及论文	文本、电子书
	管理制度	文本
	教学范例	视频
	案例分析	文本、视频
	教学素材	文本、动画、图片、音频、视频
	网上虚拟实验	软件、平台
	模拟试题库	文本、FLASH
	网络课程	文本、动画、图片、音频、视频
	精品课程	文本、动画、图片、音频、视频
	常见问题解答	文本、视频
	幼教科研	文本、图片
	幼教资讯	文本、图片、音频、视频
	幼教发展	文本、图片、视频
	专家讲坛	文本、音频、视频
	学生博客	文本、图片、音频、视频
	幼教名师	文本、图片
	优秀学生	文本、图片
	名园推荐	文本、图片、视频

续表

用户对象	资源内容	资源形式
幼儿园教师	幼教方案	文本、图片
	精彩教案	文本、电子书
	课件展播	PPT、FLASH
	教学成果	文本、图片
	教学心得	文本、图片、视频
	幼教刊物与论文	文本、电子书
	管理制度	文本、图片
	教学范例	视频
	案例分析	文本、视频
	教学素材	文本、动画、图片、音频、视频
	网上虚拟实验	软件、平台
	模拟试题库	文本、FLASH
	园本课程	文本、动画、图片、音频、视频
	网络课程	文本、动画、图片、音频、视频
	精品课程	文本、动画、图片、音频、视频
	常见问题解答	文本、视频
	幼教科研	文本、图片
	幼教资讯	文本、图片、音频、视频
	幼教发展	文本、图片、视频
	幼教名师	文本、图片
	专家讲坛	文本、音频、视频
	幼师博客	文本、图片、音频、视频
	继续教育	文本、音频、视频
	名园推荐	文本、图片、视频
	家校联系	文本、图片

用户对象		资源内容	资源形式
幼儿教育管理者	幼儿行政机构管理者	政策法规	文本
		幼教资讯	文本、图片、音频、视频
		常见问题解答	文本、视频
		幼教科研	文本、图片
		幼教发展	文本、图片、视频
		专家讲坛	文本、音频、视频
		幼教博客	文本、图片、音频、视频
		名园推荐	文本、图片、视频
	幼儿园管理者	政策法规	文本
		幼教资讯	文本、图片、音频、视频
		教学教改	文本、图片、视频
		常见问题解答	文本、视频
		幼教科研	文本、图片
		幼教发展	文本、图片、视频
		专家讲坛	文本、音频、视频
		幼教博客	文本、图片
		名园推荐	文本、图片、视频
	早教服务机构管理者	政策法规	文本
		幼教资讯	文本、图片、音频、视频
		常见问题解答	文本、视频
		幼教科研	文本、图片
		幼教发展	文本、图片、视频
		专家讲坛	文本、音频、视频
		幼教博客	文本、图片、音频、视频
		名园推荐	文本、图片、视频

续表

用户对象		资源内容	资源形式
幼儿家长		亲子乐园	文本、动画、软件
		家教观念	文本、图片、视频
		营养膳食	文本、图片、视频
		卫生保健	文本、视频
		教育误区	文本、视频
		育儿心得	文本、图片、视频
		育儿答疑	文本、图片、视频
		常见问题解答	文本、视频
		专家讲坛	文本、音频、视频
		宝宝博客	文本、图片
		幼教名师	文本、图片
		名园推荐	文本、图片、视频
		幼教资讯	文本、图片、音频、视频
		家校联系	文本
幼儿	0～3岁幼儿	亲子乐园	文本、动画、软件
		益智游戏	FLASH
		动画	FLASH
		故事集锦	文本、动画、音频、视频
		宝宝涂鸦	画图软件
		儿童歌曲	音频、视频
		儿童舞蹈	文本、视频
		儿童英语	文本、音频、视频
		明星秀	图片、视频
	3～6岁幼儿	亲子乐园	文本、动画、软件
		益智游戏	FLASH
		动画	FLASH
		故事集锦	文本、动画、音频、视频

用户对象		资源内容	资源形式
幼儿	3～6岁幼儿	宝宝涂鸦	画图软件
		儿童歌曲	文本、音频、视频
		儿童舞蹈	文本、视频
		儿童英语	文本、音频、视频
		拼音学习	文本、音频、视频
	6～9岁儿童	口语交际	文本、视频
		明星秀	图片、视频
		宝宝博客	文本、图片、音频、视频
		亲子乐园	文本、动画、软件
		益智游戏	FLASH
		动画	FLASH
		故事集锦	文本、动画、音频、视频
		儿童美术	文本、图片、动画、音频、视频
		儿童歌曲	文本、音频、视频
		儿童舞蹈	文本、视频
		儿童英语	文本、音频、视频
		拼音学习	文本、音频、视频
		口语交际	文本、视频
		模拟试题库	文本、FLASH
		明星秀	图片、视频
		宝宝博客	文本、图片、音频、视频
幼儿教育及用品商	幼儿园	园所介绍	文本、图片、视频
		招生信息	文本、图片
		人才需求	文本、图片
	幼儿用品商	厂家介绍	文本、图片、视频
		品牌介绍	文本、图片、视频
		人才需求	文本

用户对象		资源内容	资源形式
幼儿教育及用品商	幼儿用品商	文教用品	文本、图片、视频
		玩具游戏	文本、图片、视频
		食品保健	文本、图片、视频
		服装服饰	文本、图片、视频
		日常用品	文本、图片、视频
		动漫卡通	图片、动画、音频、视频
		综合服务	文本、图片、视频

注：本表于 2009 年创定，现网站中的内容已有所改变。

以上两个表格比较全面地列出了学前教育资源的类别与表现形式。从中可以看出，凡涉及幼教法规政策与管理、幼教事业发展、幼师培养与培训、幼儿园教育教学、幼师专业成长、幼儿发展与评价、幼教科研、幼儿家庭与社区教育、婴幼儿用品与社会服务等方面的资源均可纳入学前教育资源库的内容。在学前教育资源库网站栏目的设计上，可以按照学前师范院校教师、学前师范专业学生、幼儿园教师、幼教管理及研究者、幼儿家长、0～9 岁幼儿和儿童、幼教服务及用品商七大类用户进行设计，小型幼教资源库可以参照表中对应所列资源内容设计主栏目和二级栏目。在资源的表现形式上，可以是各种形式的文本、图片、音频、视频、动画、课件、网络课程、教学软件、游戏软件等。当然，这两个表格仅提供一个参考，由于研究的视点不同，总结、构建的形式也就会有很大不同，但大致内容上是差别不大的。

作为幼儿教师，必须掌握幼儿教育资源库的组成内容以及幼儿教育资源的建设技能。而作为学前师范教育专业的学生——未来的幼儿教师，从现在开始就可以利用在本教材中所学习的知识和技能自制作品，收藏、收集、整理并汇成自己的幼儿教育资源集。

【实践活动】

为学前教育资源库的建设贡献自己的力量

请打开湖南学前教育资源库网（网址 http：//www.ecerc.net/），进入注册界面，成为注册会员，然后，按网站要求上传各种教育资源，并获取奖励积分，分享资源库的各种资源。

第四节　幼儿电脑游戏教育

邓小平说："电脑的普及应从娃娃抓起。"这说明了幼儿学习电脑的重要性。从幼儿的心智发展规律来看，三四岁以上的幼儿已经具备了学习和使用电脑的内在条件，在他们眼里，打开后的电脑就是一个变化的智力玩具。所以，让幼儿尤其是学前儿童接触电脑、学习电脑是非常必要的。

幼儿学电脑，学什么？不容置疑，是以电脑游戏为主，通过电脑游戏，让幼儿在玩乐中获得对电脑的学习，如认识键盘，了解打字，学习语言、数字等。因此，本节我们特别介绍幼儿电脑游戏。

一、幼儿电脑游戏概述

(一)电脑游戏及其分类

电脑游戏(Personal computer games，Computer games 或 PC games)是指在电子计算机或类计算机的电子产品(如手机、街机、GBA、掌中宝等)上运行的游戏软件。这种软件主要具有大众娱乐或专业电子竞技的功能。

电脑游戏是在 20 世纪 60 年代随着电子计算机的出现而产生的。20 世纪 80 年代以后，随着电脑技术、多媒体技术和网络技术的迅猛发展，电脑游戏从游戏类别、表现形式、内容、图形效果、玩法技能等方面都得到了多元化的发展，已经成为人们尤其是青少年生活学习中不可或缺的娱乐活动。电脑游戏产业也成为了 IT 产业的一个重要组成部分。

(1)按游戏对象分，电脑游戏可分为幼儿电脑游戏、儿童电脑游戏、青少年电脑游戏和成人电脑游戏。

(2)按游戏运行环境分，电脑游戏可分为单机电脑游戏和网络电脑游戏。

(3)按参与对象多少分，电脑游戏可分为单人电脑游戏、双人电脑游戏和多人电脑游戏。

(4)按游戏目的分，电脑游戏可分为纯娱乐休闲电脑游戏、益智电脑游戏和竞技电脑游戏。

(5)按游戏内容或表现形式分，电脑游戏可分为角色扮演游戏、动作游戏、冒险游戏、策略游戏、即时战略游戏、格斗游戏、射击游戏、科幻飞行模拟游戏、真实飞行模拟游戏、体育游戏、育成游戏、卡片游戏、桌面游戏、音乐游戏、泥巴游戏等。

(二)幼儿电脑游戏及其分类

显然，适合幼儿玩的电脑游戏就是幼儿电脑游戏，即是说：游戏软件及其游戏环境都必须符合幼儿的身心发展规律。

幼儿电脑游戏从游戏形式或者内容来看，种类繁多，如益智类、学习类、动作类、体育类、图画类、冒险类、休闲类等。但不管怎样的称呼，从游戏目的来看，我们认为都可以分为益智类和行为教育类两大类，因为即使是纯休闲类游戏，或多或少都具有发展幼儿智力的作用，譬如，一般幼儿玩电脑游戏时都比较专注，这有助于发展幼儿的注意力。下面对各类幼儿游戏做个简要介绍。

(1)益智游戏：是以促进幼儿智力的发展为主要目标的电脑游戏。如连连看、智力拼图、走迷宫、记忆翻牌、俄罗斯方块等，通过这些游戏，能有效培养幼儿的观察力、记忆力、思维力，甚至想象力。

(2)学习游戏：是以促进幼儿学习语言、数学、科学、生活等知识为目标的电脑游戏。如语文识字、数字排序、数学计算、英文打字、种花收果、身体辨认、生活对错等，这些游戏能有效加强幼儿的语言文字、数字概念、数学计算、自然世界、生活习惯等知识的学习。

(3)动作冒险游戏：是当游戏转化为现实时有一定的危险，需要幼儿的勇敢才能达到游戏目标的电脑游戏。如超级玛丽、坦克大战、××勇士大战××、××历险记、冒险岛、动物生存、拯救生灵等，这类游戏能培养幼儿勇敢的个性。

(4)绘画拼图游戏：是通过让幼儿绘画或者拼图，培养其色彩辨别和空间构建能力的电脑游戏。如七巧板、动物拼图、教你涂鸦、动物添色、芭比娃娃化妆等，这类游戏能有效帮助幼儿识别色彩、了解生物形状、造型简易空间等。

(5)体育游戏：顾名思义，就是让幼儿体验体育活动的电脑游戏，有赛车类、射击类、棋牌类、球类运动等。当然，这里的体育游戏是专门针对幼儿设计的，与成人体育游戏完全不同。这类游戏可以让幼儿初步了解各类体育活动。

(6)装扮手工游戏：是让幼儿通过联想现实世界来虚拟地装扮某些物品或创设环境，以提高幼儿的动手能力的电脑游戏。如装扮果蔬、娃娃换装、我的睡房、美丽公主、校园制服、宝宝穿衣等。这类游戏不仅有助于幼儿观察自然、联系自然，还有助于幼儿创设美的兴趣，提高审美能力。

(7)行为教育游戏：是让幼儿扮演游戏角色去体验游戏中设计的一个虚拟社会活动或复演历史典故，通过社会(电脑)评价，使幼儿受到生活行为习惯和道德行为规范方面教育的电脑游戏。如小猫钓鱼、学雷锋、西游记等，目前这类游还开发得比较少。

(8)娱乐休闲游戏：就是以幼儿娱乐、休闲为主要目的的电脑游戏。如梦想农场、宠物养护、我的厨房、美味食品、趣味钓鱼、大富翁、音乐游戏等，幼儿在这类游戏中不仅能得到娱乐，还能无形中得到智力锻炼和社会体验。

(三)幼儿电脑游戏设计开发要点

由于游戏对象的特定，幼儿电脑游戏设计开发过程中需要注意如下一些要点：

(1)在内容上，它必须符合幼儿的心智发展规律。只有这样，才能得到家长、老师的接受，幼儿的欢迎。

(2)在界面设计上，要创设和谐自然的环境。首先是环境的创设和搭配上，要符合自然现象，不能给幼儿以错觉；其次是色彩选择上，要从色彩理论和幼儿心理出发，以明亮鲜艳的色彩为主，配以和谐的辅色，这样才能给人以赏心悦目的感觉，深深吸引幼儿。

(3)在角色形象上，以设计卡通人物为主。设计精妙、拟人化的卡通形象最易受幼儿欢迎。

(4)在道具设计上，既可以采用模拟实物的模拟道具，也可以创设全新的、能够让幼儿产生想象的道具。这有助于加深幼儿对现实物的认识，无形中培养幼儿的想象力、创造力。

(5)在语音和背景音乐选择上，用天真的童音配音，用淡雅、轻快的音乐作为背景音乐，这不仅会给幼儿带来愉悦感，对培养幼儿的乐感也是有益的。

【小知识】

七巧板

七巧板，也称"七巧图"、"智慧板"，是我国劳动人民发明的一种智力玩具，有着悠久的历史，原始于唐宋时期。它由一块正方形整板切割成七块组成(如图5-12所示)，而这七块板可拼成许多图形(1600种以上)。其中有些是容易拼成的，有一些却相当诡秘，还有一些则似是而非充满了矛盾。一般常见的有：三角形、平行四边形、不规则多边形等。如果在拼出后的不同形状的整板上预先画上各种人物形象、动植物、物品等(见图5-12)，玩家则可以拆后重拼，产生其乐无穷的效果。

无论在现代或古代，七巧板都是启发幼儿智力的良好伙伴。通过七巧板拼图游戏，能够直接激发幼儿对图形的兴趣，启迪幼儿的灵性，锻炼幼儿的动手、动

图 5-12　七巧板

脑能力。经常玩不同形式的七巧板，不仅有益于培养幼儿的观察能力、概括能力、创造能力，而且有益于幼儿形成科学的思想方法。

　　例如：图 5-13 的七巧板游戏，不仅可以教导小朋友辨认颜色，引导小朋友领悟图形的分割与合成，甚至可以拼成数幅七巧板图片（如房屋、猫、狗等动物），形成一幅幅连贯图画，编造出一段美妙动人的故事，就可以达到培养幼儿的想象力的目的。

图 5-13　七巧板游戏

　　通常，用七巧板拼摆出的图形应当由全部的七块板组成，且板与板之间要有连接，如点的连接、线的连接或点与线的连接；可以一个人玩，也可以几个人同时玩。

图 5-14　七巧板拼摆图形

七巧板的玩法一般有 4 种：

(1)依图成形，即从已知的图形来排出答案，例如图 5-14；

(2)见影排形，从已知的图形找出一种或一种以上的排法；

(3)自创图形，可以自己创造新的玩法、排法；

(4)数学研究，利用七巧板来求解或证明数学问题。

但是，对于有固定图案的拼图游戏，必须要先在整板上画好其图案，进行切割，制成七巧板后才能交付玩家。如果有大量的不同图案的拼图游戏，很可能先要制作众多的七巧板，这既不经济，也不方便。

现在好了，利用电脑技术，我们可以制作七巧板电脑游戏。由于电脑中可以储存、设计大量的图案，我们再也不用制作大量的不同图案的七巧板了。七巧板电脑游戏不仅提供给了我们众多的图案效果，也带来了更多的娱乐享受，更广阔的想象空间。

许多儿童电脑游戏网都在儿童小游戏栏目中就设有七巧板小游戏专栏，如"蜂蜂乐园"、007小游戏网等。这些七巧板游戏，有的简单，有的还较复杂，甚至是以故事情节出现的，如007小游戏网中的"古风七巧板"就是以"传说有一群七巧板精灵住在神秘国度中，有一天，有一只精灵无意中发现一个通往人类世界的时空洞，好奇钻了进去，结果被一个叫燕燕的女孩捉到了，要他帮助拼好很多个七巧板才肯送他回精灵世界……"这样的童话故事设计的。

二、幼儿电脑游戏的功能及作用

(一)电脑游戏对幼儿身心发展的促进作用

(1)电脑游戏是幼儿学习电脑操作最有效的一条途径。要幼儿接触电脑、熟悉电脑，靠程式化的学习是不可能的，只有设计如字母打字、数字拼图等一类的游戏，让幼儿玩乐，才能吸引幼儿上机学习电脑，从而熟悉电脑开关机、键盘、鼠标、调用软件等一些简单操作。

(2)通过一些教育学习类电脑游戏，可以提高幼儿的学习兴趣，达到"寓学于乐，乐中受教"的效果。大量为幼儿设计的教育学习类电脑游戏软件，将自然、社会、语言、道德、科学、艺术融为一体，将知识学习、艺术享乐、道德熏陶和技能操作融为一体，具有把枯燥学习变成快乐游戏的独特作用，能大大提高幼儿的学习兴趣，激发幼儿的好奇心，吸引其全身心投入。通过这类游戏，幼儿既学习了知识技能，又享受了快乐。

(3)通过电脑游戏活动，能提高幼儿的自主性、自信心，培养幼儿独立思考的能力。在电脑游戏活动中，幼儿有着自由的"玩中学、学中玩、学玩结合"的游戏环境，他们可以自由地选择游戏类别、等级和玩法，自由地感受成功与失败，在一个没有压力、没有干扰的环境中自由探索，这对锻炼幼儿的自主性是非常有益的。同时，游戏由易到难，由简单到复杂，一个一个地过关，会使幼儿感受极大的成功喜悦，带来成就感，从而获得自信心。尤其是在角色扮演类游戏中，电脑游戏为游戏参与者提供了一个虚拟的空间，从一定程度上让人可以摆脱现实世界，在另一个世界中扮演现实世界中扮演不了的角色，游戏目标的实现能大大增强幼儿的自信心。

（4）电脑游戏活动有助于培养幼儿的想象力、创造力，有助于培养他们的创新意识。幼儿电脑游戏设计新颖、玩法多样，卡通化、虚拟化、艺术化的设计和玩法及结果的多样化给了幼儿极大的想象空间，如电脑剪纸游戏、七巧板拼图游戏、梦幻场景设计游戏等，幼儿可以充分想象，甚至是乱构乱想，来源于生活和自然，又不同于生活和自然，创造性地设计各种图案。经常玩这类游戏，幼儿的想象力、创造力能得到显著提高。

（5）电脑游戏活动有助于促进幼儿社会化。幼儿玩电脑游戏，有时是一人在玩，多人观看或做参谋，游戏顺利过关了，幼儿们会欢呼雀跃，共同分享游戏带来的喜悦，没有过关，幼儿们会七嘴八舌提建议，想办法，向过关奋斗；有时则是一起玩多人游戏，在多人协作或对抗的游戏中进行社会交往。这些都有利于培养幼儿的社会性，促进幼儿的社会化发展。

（6）电脑游戏活动有助于培养幼儿手眼及肢体运动的敏捷性。由于电脑游戏一般都设置了时间限制及其他闯关或奖励条件，所以要求幼儿眼明手快，尤其是在竞技类、冒险类游戏中，幼儿必须手眼配合，快速、准确地动作，才能顺利过关。由于幼儿好动，他们在游戏过程中常常是全身运动，所以适当的电脑游戏活动对培养幼儿手眼运动的敏捷性是有益的。

另外，通过特别设计的电脑游戏，医学上还用于辅助治疗幼儿多动症，帮助瘫痪儿童进行运动恢复，甚至用于治疗儿童自闭症等。

（二）电脑游戏对幼儿身心发展的负面影响

自20世纪80年代电脑游戏在各国流行开后，其对青少年儿童产生的负面影响，也日益显现，主要是因为游戏的强大吸引力，部分少年儿童沉溺于其中而不能自拔，影响了其生活学习。电脑游戏对幼儿的负面影响主要表现在：

（1）会使个别幼儿产生电脑游戏依赖性，即对电子游戏成瘾，进而影响其生活和学习。

（2）一些内容低下、暴力倾向严重的电脑游戏会影响幼儿的心理健康成长。

（3）持续长时间玩电脑或身体姿势不对会对幼儿的身体发育带来不利影响。

三、幼儿电脑游戏的选择与控制

虽然在 20 世纪八九十年代，电脑游戏对少年儿童的不良影响受到了多方责难，但是，就像 Internet 一样，网上糟粕不少，但也只能给其精华点黑，不能淹没其光彩。在信息技术飞速发展的今天，电子游戏已深入到了几乎每个人手中（如手机游戏），人们不再对电子游戏谈虎色变，也不再拒绝儿童玩电脑游戏，毕竟电脑游戏的积极作用仍然是最主要的。只要对电脑游戏加以选择和控制，幼儿电脑游戏活动就会充分发挥其积极有效的作用，促进幼儿的身心健康发展。

(一)幼儿电脑游戏活动的选择

1. 在游戏内容选择上

首先必须是选择内容健康向上的游戏，不能让那些内容低下、宣扬暴力的游戏污染幼儿的心灵。其次是必须选择符合幼儿心智发展水平的游戏，内容超前，幼儿接受不了，不能理解，也就不能起到促进幼儿发展的作用；内容滞后，幼儿则很容易失去继续玩的兴趣。

2. 在游戏表现形式选择上

要选择那些画面优美、场景科学、布局令人赏心悦目、背景音乐轻松、卡通形象可爱、游戏动作逗趣、游戏玩法耐人寻味的游戏，这样的游戏能最大程度地吸引幼儿，激发幼儿的兴趣。尽量避免选择那些粗制滥造或场景过于恐怖的游戏。

3. 在游戏运行环境选择上

要选择运行流畅、展现逼真的电脑系统，如果游戏运行不流畅，会大大降低幼儿游戏的乐趣。还有，鼠标要小巧，便于幼儿操作。另外，电脑房的外部环境也要布局和谐，以创设幼儿愉悦的心态。

4. 在游戏类别和组织形式的选择上

幼儿心智培养宜选择益智类游戏，幼儿敏捷性训练宜选择动作冒险类游戏，幼儿社会性培养宜选择多人游戏或组织相互轮流游戏、组织小型群体游戏。另外，娱乐休闲游戏最好选择多人游戏，增加趣味性的同时又得到社会体验。

5. 在游戏时段的选择上

不要选择幼儿非常疲惫的时候，因为这时幼儿的各种能力水平较低；也不要选择幼儿睡觉前，以避免幼儿过于兴奋，影响幼儿睡眠。

(二)幼儿电脑游戏活动的控制

1. 游戏时长控制

游戏时长要根据幼儿的年龄特征确定，一般一次控制在半小时以内，每周1~2次，年龄大点的学前儿童一次玩的时间可适当长点，但一般不要超过一小时。一定要严格控制幼儿玩电脑的时间和次数，千万不能让幼儿玩电脑游戏成瘾，这在幼儿园是容易做到的，但在家里家长就要高度注意了。

2. 游戏姿势控制

幼儿不正确的电脑游戏姿势会给幼儿的身体发育带来不利影响，必须引起教师、家长的注意。首先是幼儿的电脑桌椅(大小、高度、材质、甚至边角)要根据幼儿的特点专门定做，要保证幼儿舒适、安全；其次是教导幼儿正确的坐姿，挺胸、抬头、眼睛平视等；还有就是，由于幼儿好动，坐姿常常变化，要及时提醒纠正。

另外，由于电脑游戏的吸引力，幼儿进入电脑房后会迫不及待地爬上电脑桌开机玩游戏，所以教师要及时教导幼儿遵守纪律，注意安全。

四、幼儿电脑游戏的操作技巧

要有效指导幼儿进行电脑游戏活动，除了要对电脑游戏进行内容选择和控制外，首先得自己学会怎样玩电脑游戏，并要力争成为高水平玩家。

(一)幼儿电脑游戏的操作工具

电脑游戏一般有如下几种操作形式(工具)：

1. 鼠标

在电脑游戏中，大部分游戏都可以用鼠标进行操作，由鼠标的左右键或者加上中间的滚轮来控制动作。具体赋予什么功能由游戏设计者根据游戏特点来决定。一般来讲，点击左键表示执行某种命令，相当于回车的功能；按住左键移动鼠标则可以拖动目标。右键一般用于取消某项功能或执行某种特殊功能或无功能。有时候滚轮在游戏中也有功能，如拖动、翻页等。

2. 键盘

一般电脑游戏都可以用键盘进行操作，有些则必须由键盘才能操作。一般是使用键盘中的某几个键，个别游戏用几个字母键控制左右、前后运动。频繁使用的键一般是以下几个：

(1)Enter 键：回车键。表示执行命令。

(2)Space 键：空格键。特殊动作键，如"发射"、"射击"、"开火"等。

(3)F1～F12 键：12 个功能键。作为游戏多种功能选择。

(4)Esc 键：退出键。退出游戏操作回到游戏上一级页面或标题画面。

(5)→←↑↓键：光标箭头键，用于控制游戏中主角的运行方向，或用于菜单移动选择功能。

3. 游戏杆

早期一些复杂的电脑游戏必须外接专用的游戏杆才能操作。游戏杆就是一个游戏操作盘，盘上有操纵杆和按钮。

4. 触摸屏

现在有一些适合幼儿玩的一体电脑，具有触摸控制功能，可以通过触摸目标物进行动作控制，非常方便玩一些简单游戏。

5. 重力感应器

现在的智能手机和平板电脑等手持智能电子产品，都配备有重力感应器，通过它可以利用手机的物理方位来控制手机屏幕的显现。重力感应游戏就是重力感应(手机的物理方位)来进行游戏动作的控制，一般常见于飞行类、赛车类游戏。

(二)幼儿电脑游戏玩法技巧

在开始玩游戏之前，一定要先阅读游戏介绍，了解游戏的基本玩法。在进行试玩后，可以边玩边思考，边参考"帮助"菜单或"游戏攻略"中介绍的游戏技巧，逐步成为高级玩家。

【实践活动】

体验幼儿电脑游戏

就目前来说，比较著名的儿童游戏网站有：蜂蜂乐园 http：//www. 4399. com/；3839 小游戏网 http：//www.3839.com/；小鸭子儿童乐园 http：//www. littleducks. cn/；5068 小游戏网 http：//www.5068.com/；以 Flash 游戏为主的 007 小游戏网 http：//www.yx007.com/；无敌游戏网 http：//www. wopawudi. com/等。下面是对蜂蜂乐园网站内容的介绍：

蜂蜂乐园是专为 5～12 岁的小朋友设计的儿童学习虚拟社区。在蜂蜂乐园中，通过各种有趣的游戏或任务，把孩子们应掌握的语、数、外及其他学科的知识融合在一起，让你的孩子在游戏中，学知识、长本领。

在蜂蜂乐园里，你的孩子们将变身成为一只只勤劳好学的小蜜蜂，他们可以飞到缤纷花园中去采集知识的花蜜、飞入水上乐园里体验冲浪的惊险、飞上雪顶芝士山巅探索科学的奥秘、飞进图书馆畅游书的海洋……在蜂蜂乐园里，你的孩子还能与海内外各地区的小朋友互相学习交流，成为小伙伴，好朋友。

蜂蜂乐园把学习和游戏有机地结合在一起，丰富了孩子们的课余生活，拓展了孩子们的知识面、提高了孩子们的学习兴趣。

那我们就以蜂蜂乐园为例，去体验幼儿电脑游戏吧！

①打开网址 http：//www.4399.com/，进入蜂蜂乐园网站；

②首先注册成为蜂蜂乐园的会员（不注册成为会员，很多游戏就不能玩）；

③依次进入每个游戏类别，选择适合幼儿玩的游戏，体验试玩；

④每个游戏试玩前都要先仔细阅读"操作指南"，难度大一点的游戏边试玩还得边学习"游戏攻略介绍"；

⑤通过体验，总结每个游戏的教育意义，判断各个游戏分别适合什么样的幼儿玩乐。

第五节　幼儿教师继续教育与科研

教师及其专业发展关系着教育的质量和教育事业的发展，历来是世界各国教师教育关注的重要话题。在信息时代，教师不仅应该较为系统地掌握现代教育技术的基本技能、技巧，还必须掌握教育科研的基本理论和方法，积极投身于教育科研实践，善于不断习得教育科学新知识，探索教育科学新领域，变传统的"教书匠"为具有现代教育理念的科研型、学者型教师。幼儿教育作为基础教育的重要组成部分，幼儿教师的专业成长已成为推动幼教事业发展的核心问题。充分运用现代教育技术手段搜集信息、加工与处理信息的能力为幼儿教师继续教育与科研的必备条件之一。

一、幼儿教师信息化学习支持手段

熟练掌握信息技术，恰当地利用信息技术手段为教学科研服务，正成为信息社会衡量一名合格幼儿教师的重要标准。幼儿教师必须加强学习，培养终身的信息化学习能力，不断更新观念、知识和能力，以适应不断变化的时代对幼儿教育提出的新要求。网络学习工具与资源为幼儿教师的知识更新提供了更为广阔的平台，如何尽快、有效地帮助幼儿教师掌握网络技术的操作，网络技术应用于幼儿教师继续教育与科研的方法与途径是我们关注的焦点。因此，我们将从信息检索技术和信息共享手段两个方面来阐述。

(一)信息检索技术

1. 信息检索的含义

信息检索，从广义上说是将信息按一定方式组织和存储起来，并根据信息用户的需求找出所需信息的过程，即包括"信息存储"和"信息检索"。而狭义的理解，就是信息的查找与索取。

信息检索过程主要是利用检索语言对检索提问进行标引，形成检索提问标识，再按照存储所提供的检索途径，将检索提问标识与文献特征标识进行匹配，两种标识相符或基本相符的则为命中的检索结果。

2. 信息检索的类型

(1)全文检索：指检索系统中存储的是整篇文章乃至整本书。用户根据个人的需求从中获取有关的章、段、节、句等信息，并且还可以做各种统计和分析。

(2)超文本检索：超文本结构就类似于人类的联想记忆结构，它采用了一种非线性的网状结构组织块状信息，没有固定的顺序，也不要求读者必须按照某个顺序来阅读。采用这种网状结构，各信息块很容易按照信息的原始结构或人们的"联想"关系加以组织。

(3)超媒体检索：由于把多媒体信息引入超文本，产生了多媒体超文本，也即超媒体。它是对超文本检索的补充，其存储对象超出了文本范畴，融入了静、动态图像及声音等多种媒体信息。信息存储结构从单维发展到多维，存储空间范围不断扩大。

3. 信息检索的工具

我们可以根据教学科研的需要，选择相关的检索工具，如果是利用联机、光盘检索系统或数据库检索系统，则可按提示进行操作，其检索途径和功能远比手工检索工具多得多，文献线索的输出形式也可根据需要灵活选择。一般来说，可以先利用本单位已有的信息检索工具，再选择单位以外的信息检索工具，在与信息检索主题内容对口的信息检索工具中选择高质量的信息检索工具。如研究课题所需要的文献是期刊论文，可通过中文科技期刊数据库、中国期刊全文数据库等进行检索；如检索学位论文，可查询中国优秀博硕士学位论文全文数据库，中国学位论文全文数据库，PQDD学位论文库等；其他专利文献可通过美国专利全文数据库、中国知识产权网等进行检索。

4. 信息检索的途径

每一种检索工具所提供的检索途径不是完全相同的，可根据检索工具提供的检索途径，结合课题的要求选择检索入口。归结起来有两类检索途径，一是反映信息内容特征(主题、分类)的途径，一是反映信息外部特征(著者、题名、代码等)的途径，现分别介绍如下。

(1)题名途径：利用图书、期刊资料等的题目名称对文献进行检索的途径。

(2)著者途径：用文献的著作者、编者、译者的姓名或机构团体名称编制检索特定的个人或团体所生产的文献。

(3)分类途径：以文献的内容在分类体系中的位置作为文献的检索途径，它的检索标志就是所给定的分类号码。

(4)主题途径：通过表达文献的内容实质，经过规范化的名词或词组来检索文献，检索时直接按主题词的字顺，即可查到某个特定主题的文献。

(5)序号途径：是通过已知号码(包括序号、报告号、合同号)查找文献的一种检索方法。

(6)其他途径：分子式索引、地名索引、生物属性索引等。

5. 信息检索的方法

选择检索方法是指选择实现检索计划的具体方法和手段。我们常利用文摘、题录或索引等检索工具来查找文献，而按所查文献的顺序，可分为顺查法、倒查法和抽查法三种。

(1)顺查法——由远而近,从问题发生的年代开始逐年往近查,适用于无综述性文献可参考时使用。查的文献较完整,查全率较高,但工作量大,效率不高。

(2)倒查法——由近到远,重点放在近期的文献,多用于新课题,或者技术的新发展,从新情况开始查到一定的基本资料时为止。

(3)抽查法——根据课题的特点和需要,选查发展旺盛时期的文献,可节约时间,但可能会漏检。

(二)信息共享手段

网络技术上的发展为信息的共享提供了基础环境,以网络技术为基础的社会性软件的广泛应用为信息交流提供了平台,为实现信息交流先后出现了许多社会性软件,如 BBS、论坛、博客和即时通信工具等。这些工具作为信息交流方式,具有方便、快捷、经济的特点。当然也在幼儿教师的继续教育与科研中拥有广阔的应用领域,利用它们可以收集教学科研资源、讨论教学问题等。

1.BBS 和论坛

BBS 和论坛是 Internet 提供的一种服务,伴随着信息技术的发展和 Web 的广泛应用,BBS 和论坛的功能越来越多,给人们的工作和学习提供了极大的便利,已成为人们交流、沟通和学习十分重要的平台。BBS 和论坛的主要特点是打破时空、年龄、学历、社会地位等的差异,让大家在一个平等的位置上对多种问题进行大胆的探讨;同时,版块的划分也给人们快速找到合适的话题提供了极大的便利。

BBS 和论坛被广泛集成于数字化校园平台和网络课程中,有利于加强教师之间的协作、交流及资源共享。国内的大部分 BBS 和论坛基本上都是由教育机构、研究机构或商业机构来管理的,它们按照不同的栏目来聘请版主,版主一般都具有某个方面的专业知识,并且认真负责,版主具有相对意义上的管理权。目前,全国各师范类高校已广泛开通 BBS 和论坛。

登录 BBS 和论坛非常方便,可以通过 Internet 登录,也可以以通过电话网拨号登录。BBS 站往往是由一些对某方面有共同爱好的人创建的,对所有人免费开放。

2. 博客

博客是以网络为载体,简易、迅速、便捷地发布自己的心得,及时、轻松地与他人交流，是集丰富多彩和个性化展示于一体的综合性平台。博客的灵魂是知识共享，博客是信息时代知识管理者。博客将工作、生活和学习融为一体，将日常的思想精华及时记录并发布，链接自己认为最有价值、最感兴趣的信息和资源，使更多的学习者能够零距离、零壁垒地汲取这些知识和思想。博客使人们的网络生活方式开始向个人化的精确记录方式过渡。

目前，在幼教领域已经有许多教师，特别是青年教师掌握了博客技术，开始在互联网上遨游。他们纷纷将自己的教学经验、教学反思、课件等上传发表，与各地的幼儿教师共享。教师博客的出现对幼教事业的发展是极有好处的，主要体现在以下几个方面：

第一，推进课程改革。新课程式改革要求广大教师更新观念，改变教学方法。博客为教师开创了一个前所未有的"广开言路"的网络平台，教师们可以在博客上就课改中碰到的各种问题各抒己见，其他教师则可以通过博客借鉴教学经验或针对教学方法进行切磋，无形中博客已成为教育工作者课改的思维互动舞台。

第二，方便优秀教学资源的共享。博客可突破地域的限制，共享优秀教师的教学案例、教学心得等资源，可加快缩小教育发展的地域差距，推动教育资源的均衡发展。

博客作为一种新兴的网络工具，它在促进教师专业发展中具有很大的潜力。随着信息技术应用水平的提升和教师对博客优势的认识加深，博客在教育中的应用必将得到长足的发展。

3. 微博

即微博客(MicroBlog)的简称，是一个基于用户关系的信息分享、传播以及获取平台，用户可以通过 Web、WAP 以及各种客户端组建个人社区，以 140 字左右的文字更新信息，并实现即时分享。最早也是最著名的微博是美国的 Twitter。中国最有影响的微博有"新浪微博"、"搜狐微博"等。

微博是一种非常快速的共享信息发布平台。

(三)网络通信及下载工具

网络教学及人的终身学习离不开网络通信交流工具，幼儿教师要通过网络接受继续教育或网上自学，当然需要这些工具的支持。随着网络技术的飞速发展，各种各样的网络通信工具也应运而生，为人们超时空的信息交流提供了极大方便。

1. 电子邮件

电子邮件(electronic mail，简称 E-mail，标志：@，也被大家昵称为"伊妹儿")，又称电子信箱、电子邮政，它是一种用电子手段提供信息交换的通信方式。E-mail 是 Internet 应用最广的服务之一：通过 E-mail，用户可非常快速地与世界上任何一个角落的网络用户联系，这些电子邮件可以是文字、图像、声音等形式。同时，用户可以得到大量免费的新闻、专题邮件，并实现轻松的信息搜索。

电子邮件地址的格式由三部分组成。第一部分"USER"代表用户信箱的账号；第二部分"@"是分隔符；第三部分是用户信箱的邮件接收服务器域名，用以标志其所在的位置。

电子邮件是整个网络间以至所有其他网络系统中直接面向人与人之间信息交流的系统，它的数据发送方和接收方都是人，所以极大地满足了大量存在的人与人之间的通信需求。

2. 腾讯 QQ

QQ 是深圳市腾讯计算机系统有限公司开发的一款基于 Internet 的即时通信(IM)软件。腾讯 QQ 支持在线聊天、视频电话、点对点断点续传文件、共享文件、网络硬盘、自定义面板、QQ 邮箱等多种功能。并可与移动通讯终端等多种通讯方式相连。QQ 现在的注册用户数已超过 5 亿了，在线人数超过 1 亿。是目前使用最广泛的即时通讯工具之一。

3. MSN

MSN 全称为 Microsoft Service Network(微软网络服务)，是微软公司推出的即时消息软件，可以与他人进行文字聊天、语音对话、视频会议等即时交流，还可以通过此软件来查看联系人是否联机。微软 MSN 移动互联网服务提供包括手机 MSN(即时通讯 Messenger)、必应移动搜索、手机 SNS(全球最大 Windows Live 在线社区)、中文资讯、手机娱乐等创新移动服务，满足了用户在移动互联网时代的沟通、社交、出行、娱乐等诸多需求，在国内也拥有上千万的用户群。

4. 移动学习工具

移动学习起源于美国，作为一种新型的学习方式已经有十来年的历史了。自2001 年开始，移动学习受到了全世界各个国家的极大关注，特别是欧洲，先后组织了 30 多个移动学习的项目。国内关于移动学习的主要研究方向包括家校通、校内无线网、移动图书馆、蓝牙校园网、短信以及现在时兴的微信等。

目前，实施移动学习的主要模式主要有基于短消息的移动学习和基于连接浏览的移动学习两种模式。

（1）基于短消息的移动学习模式：这种学习可以是学习者之间的、学习者与教师之间的、学习者与互联网之间的互动与交流。通过短消息学习可以实现问答学习、成绩查询、课程辅导等，还可以采用"群发"或者"短信通道"为学习管理提供服务。

（2）基于连接浏览的移动学习模式：基于连接浏览的移动学习是学习者利用移动学习终端，经过电信的网关接入互联网用户。通过 WAP 协议访问教学服务器，进行浏览、查询及实时交互，类似于普通的互联网用户。随着移动通信协议的不断改进，通信速度将大大提高，基于连接浏览方式的移动学习将得到广泛的应用。目前，最具代表性的是基于 WAP 协议的连接浏览——学习者和教师可以通过 WAP 手机或 Smart－phone 随时随地访问教学和学习资源。

5．网络资源搜索工具

网络资源浩如烟海，要在这无影无形的知识海洋中找到为我所用的信息，必须借助专用的、强大的信息搜索工具对所寻信息进行筛选、罗列。目前，用得最为广泛的网络搜索工具是百度、Google、Yahoo、SoSo、Sogou 等搜索引擎。下面仅介绍百度。

百度（Baidu）是全球最大的中文搜索引擎，2000 年 1 月由李彦宏、徐勇两人创立于北京中关村。作为全球最大的中文搜索引擎公司，百度一直致力于让网民更便捷地获取信息，找到所求。用户通过百度主页，可以瞬间找到相关的搜索结果，这些结果来自百度超过数百亿的中文网页数据库。

除网页搜索外，百度还提供 MP3、图片、视频、地图等多样化的搜索服务，给用户提供更加完善的搜索体验，满足多样化的搜索需求。

6．网络资源下载工具

要将网络资源下载到本地电脑上，除用浏览器自带的下载功能外，就必须使用专用的下载软件，下载软件很多，较著名的有迅雷、电驴、脱兔、超级旋风、快车等，它们大多支持断点续传功能。下面介绍一下迅雷。

迅雷是下载用的软件，本身不支持上传资源，它只是一个提供下载和自主上传的工具软件。迅雷的资源取决于拥有资源网站的多少，同时只要有任何一个迅雷用户使用迅雷下载过相关资源，迅雷就能有所记录。

迅雷使用的多资源超线程技术基于网格原理，能够将网络上存在的服务器和计算机资源进行有效地整合，构成独特的迅雷网络，通过迅雷网络各种数据文件能够以最快的速度进行传递。

迅雷是目前网民用得最多的下载工具软件。很多下载页面都设有专用的迅雷下载通道。

二、幼儿教师教科研资源的搜集与整理

随着社会、经济的发展，幼儿教育的质量备受人们的重视，诸如幼儿智力的发展、潜能的开发、非智力因素的培养，不仅关注幼儿身体的健康，更加关注幼儿的心理发展，使幼儿作为独立的个体生命能够优化地成长，即人们开始以人生发展的前瞻性高度重新审视幼儿教育。在这一视野下，幼儿教师不仅要具备相关的专业理论与技能、丰富的实践经验，还要拥有相应的科研意识与能力。通过不断地探索、研究幼儿的身心发展规律，为不同的幼儿提供最适宜的个性化教育。因此。科研能力是幼儿教师必备的一种能力，是促使幼儿教师具备无可限量后发优势的保障。

科研能力的培养是幼儿教师专业化发展的需求，是提高幼儿教师自身素质的需求。教师个体不断发展的历程，是教师不断接受新知识，增长专业能力的历程。教师要成为一个成熟的专业人员，需要通过不断的学习与探究历程来拓展其专业内涵、提高专业水平，从而达到专业成熟的境界。

从我国幼儿园教育的科研情况看，目前在幼儿教育一线的教师科研能力明显不足，根据对教育科研必要性的调查显示，"在湖南省 10 个地（市）30 所幼儿园的 270 位幼儿教师中，有 25.7％的幼儿教师认为根本没有必要；有 31.9％的人觉得比较必要；有 48.2％的人选择了考核、评职或完成工作"[①] 至于教育科研知识和科研能力则更是较为缺乏。另外，从不同区域间教育发展的不平衡来看，相关科研课题的研究也仅仅局限于基础条件好的发达城市的幼儿园，大多资金、设备不足的幼儿园甚至认为搞科研是一种奢求。

搜集资料是幼教科研的基础环节。在实际工作中，我们常常可以看到，有些教师有了好的选题、周密的科研计划、高昂的科研热情，但是科研工作仍难以进行下去。原因之一就是研究者没有搜集相关科研资料。要想科研工作顺利展开，

---

① 张晓辉，张传燧. 幼儿教师教育科研素养调查与思考[J]. 学前教育研究，2007(5).

研究者就应掌握搜集幼教科研资料的基本方法。简单地说，搜集资料就是借助于一定的研究手段或方法获取所需要的信息的过程。古人说，授人以鱼，不如授之以渔。获得资料的关键在于善于运用各种搜集资料的方法。资料通常可分为事实资料和文献资料。事实资料对幼教科研来说十分重要，文献资料更是必不可少。下面主要谈谈搜集文献资料的方法。

在教学科研过程中，文献资料更是必不可少。因为要想知道别人做了些什么（或者正在做什么）研究以及他们是怎样研究的，要想自己的研究建立在已有的研究基础之上，要想自己的选题具有前瞻性并避免重复，都必须查找文献。作为记载、传承人类文化知识的载体的文献，是一切科学研究的基础。文献法作为一种方法，它贯穿于幼教科研的全过程。从选题、课题设计，到课题实施、撰写论文或报告，都离不开文献的支撑和利用。然而，我们不少教师缺乏查阅文献的意识，也不知道如何查找，接下来我们介绍一下文献数据库和数字阅读工具。

(一)国内重要数据库——中国知网(CNKI)介绍

1. CNKI 简介

CNKI(China National Knowledge Infrastructure)，中国知识基础设施，简称 CNKI 工程。

CNKI 系列数据库产品，是"中国知识基础设施"工程的产物。CNKI 工程是以实现全社会知识资源传播共享与增值利用为目标的信息化建设项目，由清华大学、清华同方发起，始建于 1999 年 6 月。在党和国家领导以及教育部、中宣部、科技部、新闻出版总署、国家版权局、国家计委的大力支持下，在全国学术界、教育界、出版界、图书情报界等社会各界的密切配合和清华大学的直接领导下，CNKI 工程集团经过多年努力，采用自主开发并具有国际领先水平的数字图书馆技术，建成了世界上全文信息量规模最大的"CNKI 数字图书馆"，并启动建设《中国知识资源总库》及 CNKI 网格资源共享平台，通过产业化运作，为全社会知识资源高效共享提供最丰富的知识信息资源和最有效的知识传播与数字化学习平台。

2. CNKI 系列数据库产品 5.0 版本简介

CNKI 系列数据库产品 5.0 版包括源数据库和专业知识仓库。

源数据库指以完整收录文献原有形态，经数字化加工，多重整序而成的专类文献数据库，如《中国期刊全文数据库》、《中国优秀博硕士论文全文数据库》、《中国重要会议论文全文数据库》、《中国重要报纸全文数据库》等。专业知识仓库是指针对某一行业特殊需求，从源数据库中提取出相关文献资源，再补充本行业专有资源共同组成的、根据行业特点重新整序的专业文献数据库。如中国医院知识仓库、中国企业知识仓库、中国城建规划知识仓库、中国基础教育知识仓库等。

3. CNKI 中国期刊全文数据库简介

（1）概况：《中国期刊全文数据库》(China Journal Full-text Database)，曾用名《中国学术期刊全文数据库》，简称 CJFD，是目前世界上最大的连续动态更新的中国期刊全文数据库，目前收录 7600 多种重要期刊，内容覆盖自然科学、工程技术、农业、哲学、医学、人文社会科学等各个领域，其中核心期刊 1735 种。至 2006 年 3 月 31 日，累积期刊全文文献 1750 万篇。以下简称期刊库。

（2）收录文献的时间范围：数据库以 1994 年及以后发表的文献为主，对其中4000 多种期刊回溯至创刊，最早的回溯到 1915 年，如 1915 年创刊的《清华大学学报(自然科学版)》、《中华医学杂志》。

（3）收录文献的学科范围和学科组织方式：数据库所收录的文献覆盖了现有的所有学科，包括自然科学、工程技术、信息科学、农业、医学、社会科学等。以学科分类为基础，兼顾用户对文献的使用习惯，将数据库中的文献分为十个专辑，每个专辑下分为若干个专题，共计 168 个专题。

该系统作为一个大型的全文检索系统，读者既可以直接上机检索、阅览、选摘，也可以通过设立的各个中国学术期刊文献检索镜像站的图书情报单位获取产品化的专项文献咨询服务。

（二）中国知网 CNKI 检索方法

系统采用 Web 浏览器文件格式的全文检索系统，从 CNKI 首页(http：//www.edu.cnki.net/)(如图 5-15 所示)登录或从有授权使用中国学术期刊网的单位的镜像分站点登录，进入中国期刊全文数据库检索界面(如图 5-16 所示)。

中国期刊全文数据库提供的检索方法有：分类导航、初级检索、高级检索、专业检索、期刊导航。各种检索方法的检索功能有所差异。基本上遵循由高向低兼容的原则，即高级检索中包含初级检索的全部功能，专业检索中包括高级检索的全部功能。各种检索方法所支持的检索均需要通过几部分实现：检索项、检索词、检索范围限定。检索系统提供的检索项、检索范围限定均可任选。

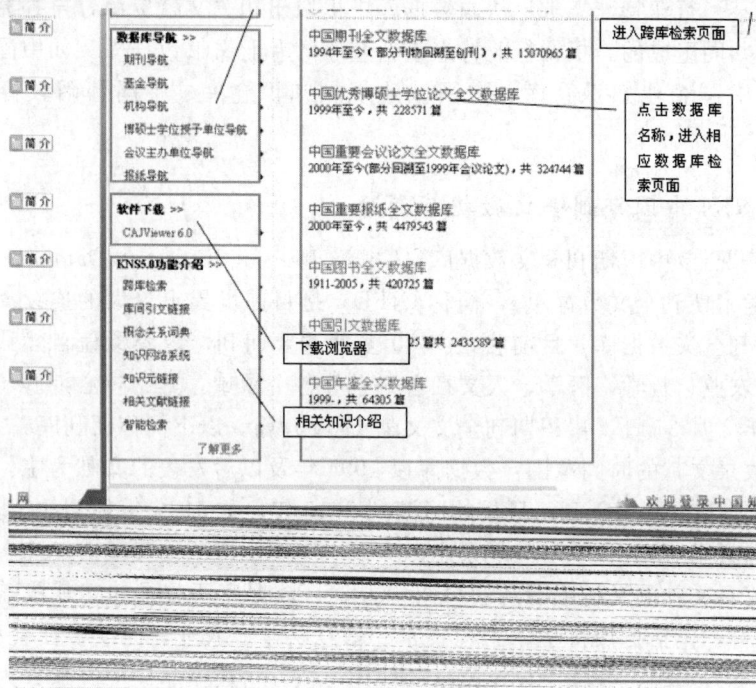

图 5-15　CNKI 首页

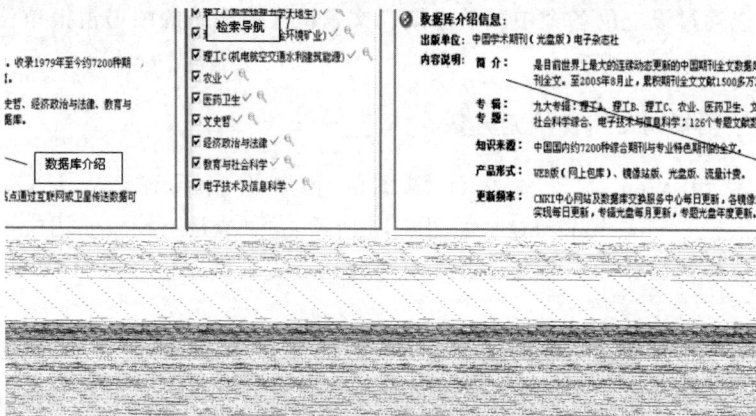

图 5-16　中国期刊全文数据库检索界面

1. 操作指南——导航图（图 5-17）

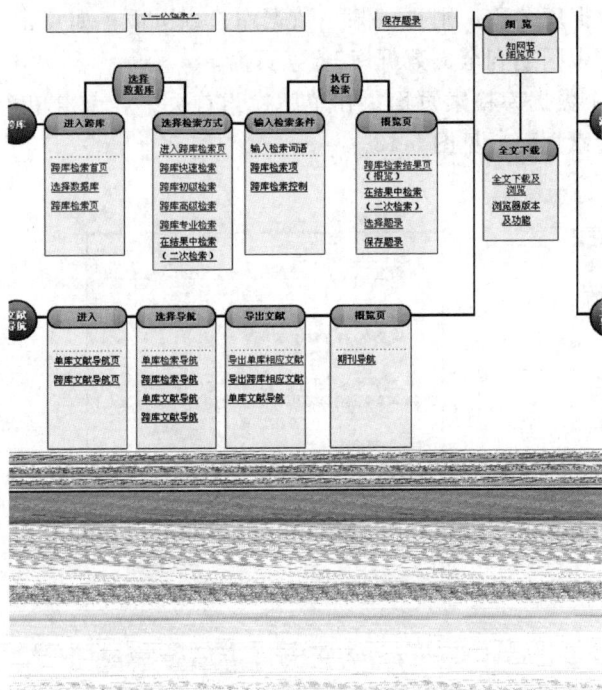

图 5-17　中国期刊全文数据库导航图

2. 检索方式

本系统提供的基本检索方式有：初级检索、高级检索、专业检索。分别体现在单库检索和跨库检索两种模式中。其中初级检索又包括了跨库快速检索。

各种检索方式的检索功能有所差异，基本上遵循由高向低兼容的原则，即高级检索中包含初级检索的全部功能，专业检索中包括高级检索的全部功能。各种检索方式所支持的检索均需通过几部分实现：检索项、检索词、检索控制。系统所提供的检索项、检索控制均可任选。在同一种检索方式下，不同的数据库设置的检索项及检索控制可能会有差异。完整的操作步骤是：选择检索项—输入检索词—词频扩展—起止年—更新—范围—匹配—排序—每页。

(1)进入各类检索页面。系统从单库和跨库两方面提供初级检索。登录后点击页面右上方的　　　　　　　和　　　　　　　　分别进入单库检索首页和跨库检索首页，在页面上可进行数据库选择、数据库跳转、文献导航、初级检索、高级检索、专业检索等项操作。

（2）进入单库检索页面。登录后，点击 _____ 进入单库检索首页后，点击某一数据库名称，则进入某一数据库检索页面，如点击"中国期刊全文数据库"则进入"中国期刊全文数据库"检索页面。

（3）进入单个数据库检索页面。在单库检索首页中，点击单个数据库名称则进入该数据库检索页面，见图5-18。

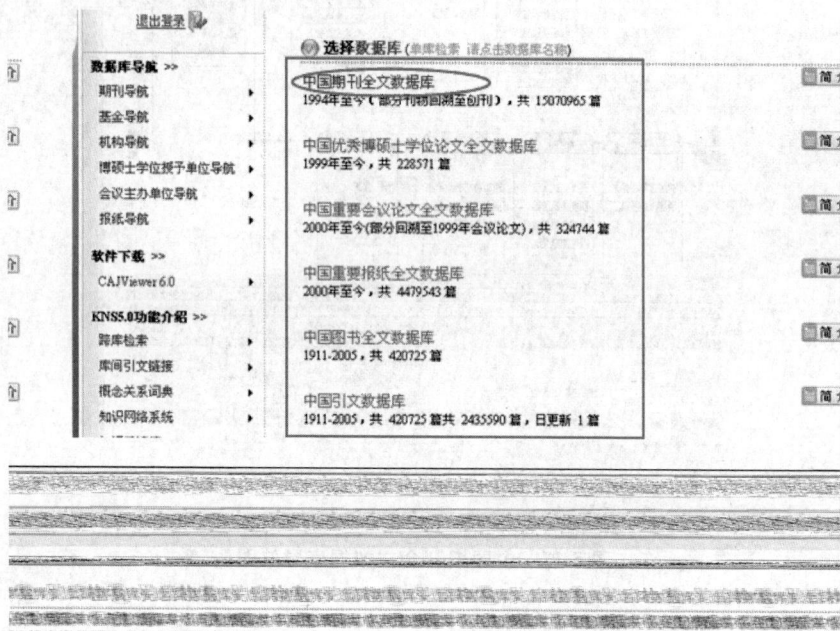

图 5-18　中国期刊全文数据库单库检索页

（4）进入单库初级、高级、专业检索页面。在此页面上可分别点击页面右上方的"初级检索"、"高级检索"、"专业检索"分别进入相应检索页面，见图5-19。

图 5-19　单库初级、高级、专业检索页面

（5）进入跨库检索页。在登录后，点击页面右上方的 _____，进入跨库检索首页。

（6）进入跨库初级、高级、专业检索页面。在进入跨库检索首页后，分别点击右侧页面中间的"初级检索"、"高级检索"、"专业检索"分别进入相应检索页面，见图5-20。

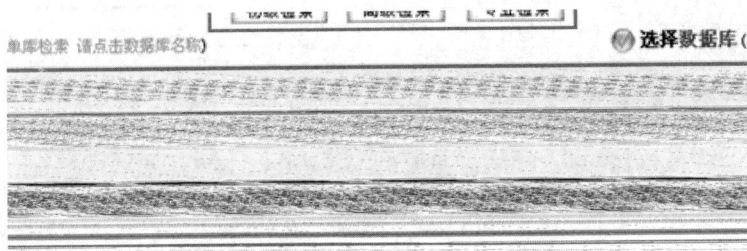

图5-20　跨库初级、高级、专业检索页面

3. 初级检索

初级检索是一种简单检索，本系统所设初级检索具有多种功能，如简单检索、多项单词逻辑组合检索、词频控制、最近词、词扩展。

多项单词逻辑组合检索：多项是指可选择多个检索项，通过点击"逻辑"下方的"＋"增加一逻辑检索行；单词是指每个检索项中只可输入一个词；逻辑是指每一检索项之间可使用逻辑与、逻辑或、逻辑非进行项间组合。

最简单的检索只需输入检索词，点击检索按钮，则系统将在默认的"主题"（题名、关键词、摘要）项内进行检索，任一项中与检索条件匹配者均为命中记录。检索项及检索控制项的具体功能，参见检索项及检索控制。

（1）单库初级检索，见图5-21。

图5-21　单库初级检索

（2）跨库初级检索，见图5-22。

（3）初级检索实例。检索有关"地理科学"的2005年期刊的全部文献，参见图5-23。

- 第一步：选择"中国期刊全文数据库"。
- 第二步：选择检索项"主题"。

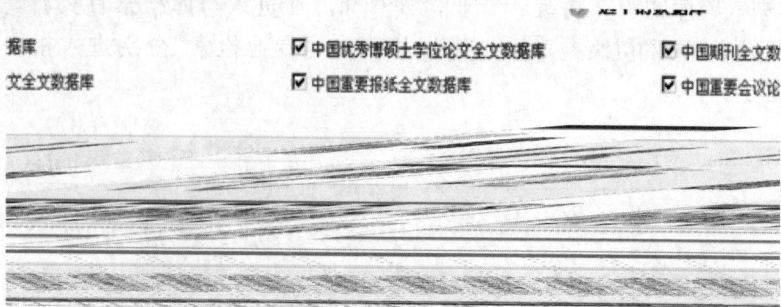

图 5-22　跨库初级检索

- 第三步：输入检索词"地理科学"。
- 第四步：选择从"2005"到"2005"。
- 第五步：选择"更新"中的"全部数据"。
- 第六步：选择"范围"中的"全部期刊"。
- 第七步：选择"匹配"中的"精确"。
- 第八步：选择"排序"中的"相关度"。
- 第九步：选择"每页"中的"50"。
- 第十步：点击"检索"。

图 5-23　初级检索实例

4. 高级检索

高级检索是一种比初级检索要复杂一些的检索方式。但也可以进行简单检索。高级检索特有功能如下：多项双词逻辑组合检索、双词频控制。多项双词逻辑组合检索：多项是指可选择多个检索项；双词是指一个检索项中可输入两个检索词（在两个输入框中输入），每个检索项中的两个词之间可进行五种组合：并且、或者、不包含、同句、同段，每个检索项中的两个检索词可分别使用词频、最近词、扩展词；逻辑是指每一检索项之间可使用逻辑与、逻辑或、逻辑非进行项间组合。

(1)单库高级检索,见图5-24。

图 5-24　单库高级检索

(2)跨库高级检索,见图5-25。

图 5-25　跨库高级检索

(3)高级检索实例。要求检索2005年发表的篇名中包含"地理科学",不要篇名中包含"进展"、"综述"、"述评"的期刊文章。操作步骤如下,如图5-26所示。

- 第一步:在专辑导航中点███。
- 第二步:使用三行逻辑检索行,每行选择检索项"篇名",输入检索词"地理科学"。
- 第三步:选择"关系"(同一检索项中另一检索词(项间检索词)的词间关系)下的"不包含"。
- 第四步:在三行中的第二检索词框中分别输入"进展"、"综述"、"述评"。
- 第五步:选择三行的项间逻辑关系(检索项之间的逻辑关系)"并且"。
- 第六步:选择检索控制条件:从2005到2005。
- 第七步:点击检索。

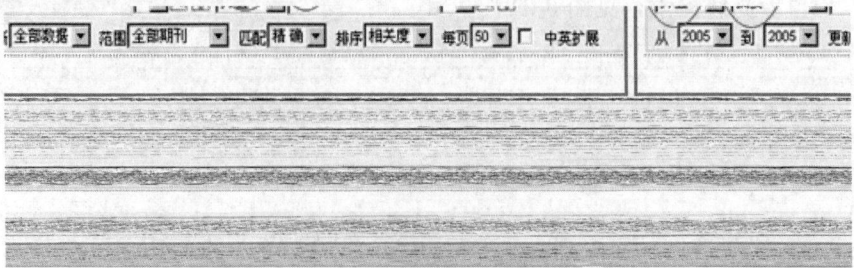

图 5-26　单库高级检索实例

5. 全文下载及浏览

只有正常登录的正式用户才可以下载保存和浏览文献全文。系统提供两种途径下载浏览全文：一是从检索结果页面（概览页），点击题名前的█下载浏览 CAJ 格式全文；二是从知网节（细览页），点击 CAJ 下载 PDF 下载，可分别下载浏览 CAJ 格式、PDF 格式全文。

（1）从检索结果页面下载，见图 5-27。

图 5-27　从检索结果页面下载图

（2）从知网节（细览页）下载，见图 5-28。

图 5-28　从知网节下载图

(三)数字图书阅览工具——超星阅读器(SSReader)

1. 超星阅读器简介

超星阅读器(SSReader)是专门针对数字图书(如超星数字图书馆)、文献的阅览、下载、打印、版权保护而研究开发的一款阅览器,可支持 PDG、PDF 等主流的电子图书格式,广泛应用于各大数字图书馆和网络出版系统。

安装好超星阅读器后,会在桌面和开始菜单的程序列表中自动建立启动快捷方式,通过这些快捷方式即可启动软件。双击打开 PDG 文件时,超星阅读器会自动启动。在软件安装完成后,直接阅读图书,超星阅读器会自动运行。

2. 超星阅读器的个性化设置

软件安装完成以后,您可以直接阅读图书,也可以进行一些设置:

• 网页

①地址:定义主页地址。

②过滤网页弹出窗口:过滤网页弹出的广告等小窗口。

• 资源

①字体:设置资源中文字的字体、大小、颜色;背景:设置资源背景颜色。

②全屏时显示:设置满屏时是否显示状态条、菜单栏。

③资源列表从远程更新:选择状态,资源列表将自动检查是否有更新。

④显示超星图书网资源列表。

• 页面显示

①背景:设置书籍阅读背景。

②前景:设置书籍中文字颜色。

注意:页面显示中的设置只对图像格式图书起作用。

• 书籍阅读

①设置放大镜的面积及放大镜的放大倍数。

②设置自动滚屏速度。

③设置图书打开时的显示比例。

④文字识别的模式:

中文优先:如果安装了文字识别模块的增强程序,选择此选项将增强对中文的识别率。

英文优先:如果安装了文字识别模块的增强程序,选择此选项将增强对英文的识别率。

3. 创建"我的图书馆"

"我的图书馆"用于存放会员下载的图书，管理本地硬盘文件。整理从远程站点复制的列表、建立个性化的专题图书馆。可以通过"个人图书馆"创建。

· 功能介绍：

①新建图书馆模板。用户通过新建"图书馆"，自己选择所需图书馆模板，或者自己创建图书馆模板方便快捷地管理资源。

在"个人图书馆"中点出"新建"，界面如图 5-29：

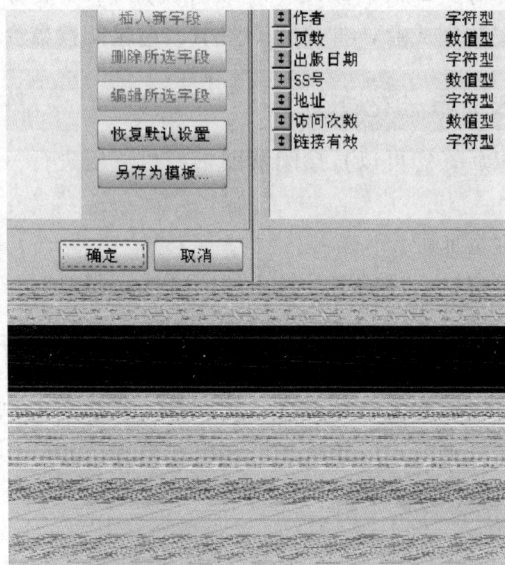

图 5-29　新建"个人图书馆"

图书馆名称：输入您要新建图书馆的名称。

目标路径：图书馆列表的存放路径，可以点击旁边的"选择路径"按钮来自定义存放路径。

模板：您可以在提供给您的模板选项中选择一个模板，也可以选择"新建模板"来自定义一个图书馆模板。

编辑所选模板：当您选择好模板后，您可以在下面的窗口中对需要做一些改动的字段做修改。

删除模板：如果对已经建好的模板需要删除，可以选择"删除模板"按钮，在弹出的窗口中选择要删除的模板。

恢复默认设置：对当前模板修改后，如果要放弃修改就选择该功能。

另存为模板：对当前模板修改后，将模板另存。

②修改图书馆结构

如果对已经建好的图书馆需要做字段的修改，可以在图书馆上点击鼠标右键选择"属性"，在属性中选择"修改图书馆结构"，然后根据提示做修改。

③新建子分类。新建子分类会新建分类下的一个子分类。

④复制、剪切、粘贴。通过复制、剪切、粘贴实现分类、图书的灵活移动。

操作：在分类、图书上点击鼠标右键选择"复制"，在我的图书馆其他分类上右键菜单选择"粘贴"或者在"上传资源站点"选择"粘贴"。

⑤导出、导入备份数据。操作：在需要备份的分类单击鼠标右键选择"导出/导入备份数据"。

导出的备份数据可以用做备份这个图书馆，也可以通过 E-mail 或其他方式发送给自己的朋友进行交流。

4. 书籍阅读

①翻页工具介绍。

快速回到目录页

快速到达指定页

上一页　　　　　下一页

浮动的翻页按钮，可以随意地移动位置

快速到达指定页码，输入页号，然后按回车即可

②缩放工具介绍

整宽显示图书　　　　　　　整高显示图书

按指定比率显示图书

③其他工具介绍

显示或者隐藏章节目录　　　　区域选择按钮

文字选择按钮（文本格式图书适用）　 文字识别按钮

图书标注按钮（图像格式图书适用）　 添加书签按钮

在阅读文本图书过程中，按鼠标右键，有一个查找文字的功能，可以帮助您快速地查找到您需要的内容。

5. 书籍下载

在已经打开的书籍阅读页面上点击鼠标右键选择"下载"（如图 5-30），会打开下载选项界面。

在下载选项界面中（如图 5-31），如果您没有注册用户名，系统会认为您是匿名用户，那么您下载的图书只能在本机阅读，如果您要把下载下来的图书拷贝到别的机器上阅读的话，需要到注册中心注册一个用户名。在这个页面中可以设置下载

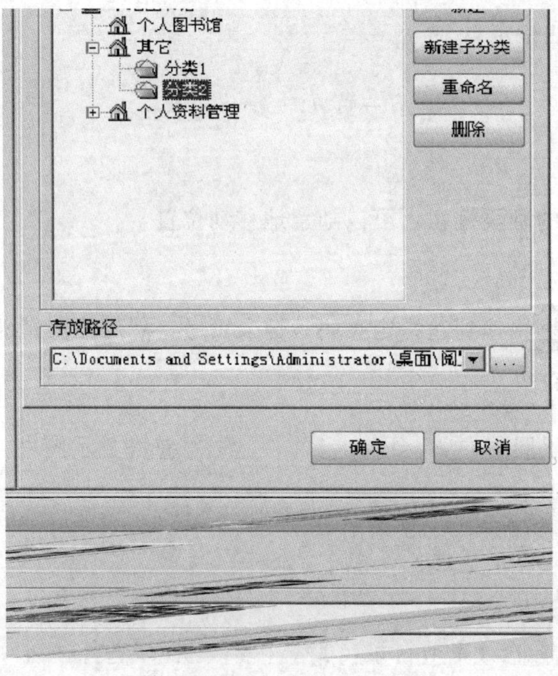

图 5-30　书籍下载

图 5-31　书籍下载选项分类界面

图书的存放位置，如果想更改图书的默认存放位置，请到阅览器菜单中的"设置→选项→下载监视"中设置默认图书存放路径，阅览器安装完成后，下载图书默认存放路径是阅览器安装目录中的 local 目录。

在下载选项中的选项界面中（如图 5-32），可以设置图书的书名，可以指定下载某些页，也可以设置代理等。

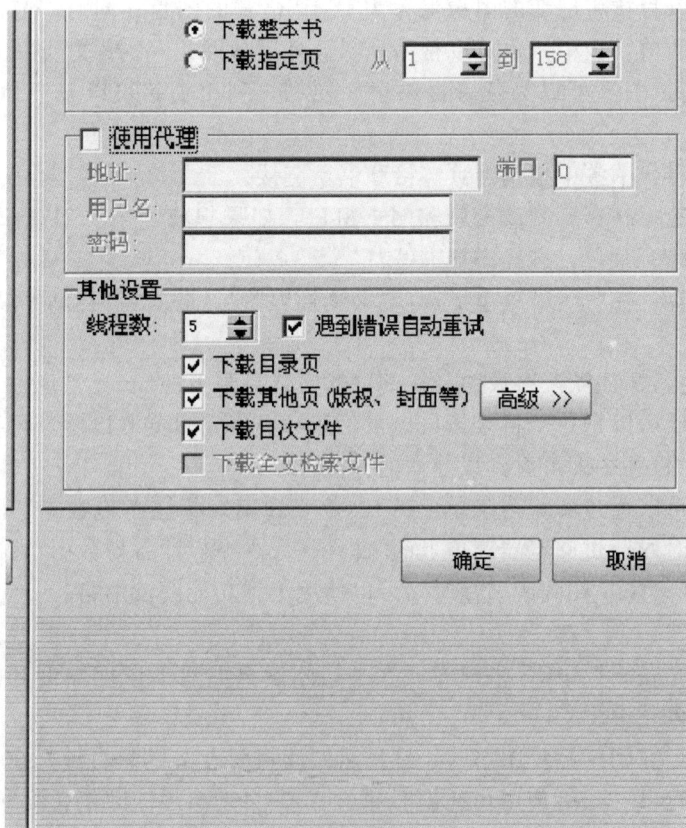

图 5-32　书籍下载选项界面

6. 超星阅读器使用技巧

（1）文字识别。阅读超星 PDG 图像格式的图书时，可以使用文字识别功能将 PDG 转换为 TXT 格式的文本保存，方便了信息资料的使用。

方法为：在阅读书籍页面点击鼠标右键选择"文字识别"，然后按住鼠标左键任意拖动一个矩形，其中的文字全部被识别，识别结果在弹出的一个面板中显示，识别结果可以直接进行编辑、导入采集窗口或者保存为 TXT 文本文件。

如果您要识别的是英文图书，可以设置为英文优先，那样英文的识别率会提高很多。

（2）剪贴图像。在阅读书籍时点击鼠标右键选择"区域选择工具"，然后按住鼠标左键画框，将所要剪贴的图像全部包围进矩形框中，松开鼠标阅览器弹出提示框，您可以直接将剪切的图像保存为 BMP 格式的图片；同时，剪切的图像被放入了系统的剪贴板中，也可以粘贴到图像处理软件或 Word 文档中保存。

（3）书签。书签可以为读者提供很大便利，利用书签可以方便地管理图书、网页。

书签内容：书签中包括网页链接和书籍链接。

添加书签：在书籍阅读窗口和网页窗口，如果想将当前页信息添加到书签，可以点击"书签"菜单，选择添加书签。

管理书签：在"书签"菜单下选择"书签管理器"，进入管理器后可以修改、删除书签。

（4）标注。标注默认存放路径在阅览器安装目录下的 anno 目录中，你如果要重装电脑的话可以把这个目录拷贝出来，然后安装完阅览器以后，再把这个目录拷贝到 anno 目录中即可看到以前做的标注。

标注也可以通过阅览器菜单上的"文件→导出→标注备份数据"来进行备份，同样恢复的时候通过阅览器菜单上的"文件→导入→标注备份数据"来进行恢复。

（5）自动滚屏。在阅读书籍时，可以使用滚屏功能阅读书籍。

操作方法：

方法一，在阅读 PDG 书籍时，在书籍阅读页面双击鼠标左键开始滚屏，单击鼠标左键停止滚屏。

方法二，在阅读超星图书时，在书籍阅读页面点击鼠标右键，在右键菜单中选择"自动滚屏"，或者使用快捷键 Ctrl＋U 来"自动滚屏"和"停止滚屏"。

如果您要调整滚屏的速度可以在设置菜单中的"书籍阅读"选项中进行设置。

（四）网上专题文库

1.百度文库

百度文库是百度公司提供给网友的在线分享文档的开放平台。在这里，用户可以在线阅读和下载各类课件、习题、考试题库、论文报告、专业资料、公文模板、法律文件、文学小说等多个领域的资料，不过要下载需要扣除相应的百度积分。平台所累积的文档，均来自热心用户上传。百度自身不编辑或修改用户上传的文档内容。用户通过上传文档，可以获得平台虚拟的积分奖励，用于下载自己需要的文档。下载文档需要登录，免费文档可以登录后下载，对于上传用户已标价了的文档，则下载时需要付出虚拟积分。

百度文库首页：http：//wenku. baidu. com/

2. 百度百科

百度百科是百度公司推出的一部内容开放、自由的网络百科全书。百度百科旨在创造一个涵盖各领域知识的中文信息收集平台。百度百科强调用户的参与和奉献精神，充分调动用户的力量，汇聚上亿用户的头脑智慧，积极进行交流和分享。同时，百度百科实现与百度搜索、百度知道的结合，从不同的层次上满足用户对信息的需求。

百度百科首页：http：//baike. baidu. com/

3. 豆丁文档

豆丁网（www. docin. com）是一个专业的社会化阅读分享平台及文档内容营销平台。目前，豆丁网拥有世界最大的中文文档库，现有文档超过 1 亿份，覆盖商业、办公、教育、财经、实用信息等各领域。在豆丁文档库中可以发现和自由分享教育资料、论文课件、学术报告、财经分析、原创文学等各种行业及类型的文档。用户可通过豆丁播放器浏览文档，或者通过下载直接取得文档。

现在，已经有成千上万的用户在豆丁上传 Word、PDF、PPT 等各种格式的文档，实现了资源共享，分享给全世界。每天都有超过数百万的用户，到豆丁文库中查找、浏览、下载文档。

4. 道客巴巴

道客巴巴是一个专注于文档在线交易的电子商务网站，用户只需上传文档，标明价格，就可以在线销售。销售的模式包括租阅和下载两种：租阅模式只允许买家在线浏览、观看，不允许复制和传播；下载模式允许买家将原文档下载到本地观看、使用。卖家不但可自行设定销售模式，而且还可以针对不同的销售模式制定相应的销售价格，这样不仅可以满足买家用户对文档不同层次的需求，还可以增加卖家产品的预期购买收益。

道客巴巴拥有丰富的文档内容，包括：电子图书，学术论文，培训资料，课件，讲义，市场调查报告，市场分析数据，各类书稿，文稿，各类翻译作品，文献，个人创意，策划等，是一个很好的学习资源库。

5. 维基百科

维基百科(英文：Wikipedia)是一个基于 Wiki 技术的全球性多语言百科全书协作计划，同时也是一部用不同语言写成的网络百科全书，其目标及宗旨是为全人类提供自由的百科全书——用他们所选择的语言来书写而成的，是一个动态的、可自由访问和编辑的全球知识体。截至 2012 年 1 月，维基百科条目数第一的英文维基百科已有 385 万个条目，而全球所有 282 种语言的独立运作版本共突破 2100 万个条目，总登记用户也超越 3200 万人，而总编辑次数更是超越 12 亿。

中文维基百科于 2002 年 10 月 24 日正式成立。截至 2012 年 1 月，中文维基百科已拥有 40 万个条目，此外尚有其他汉语系语言维基百科，包括：闽南语维基百科、粤语维基百科、文言文维基百科、吴语维基百科、闽东语维基百科、赣语维基百科及客家语维基百科等，皆是众多不同语言维基百科的成员之一。

维基百科是一个内容自由、任何人都能参与、并有多种语言的百科全书，里面丰富的学习资源值得借鉴。

需要指出的是，以上文档库中，有些是用户上传的，有些是经用户修改的，其内容的准确性没有得到权威机构的认定，在学习时只能作为借鉴和参考。

三、幼儿教师继续教育培训与现代远程教育

(一)幼儿教师接受继续教育的必要性

"教育的质量取决于教师的质量。所有试图改进教育质量或使学校工作更具活力的努力，都必须完全立足于教师能力的提高。"[①]幼儿教师的能力主要体现在个人的专业发展上，即幼儿教师从非专业人员成为专业人员且不断提升自己的专业品质的过程[②]。幼儿教师从学前教育师范专业毕业后，一般经过 1～2 年的教学实践，就会成为名符其实的专业人员。但是，若干年后，幼儿教师的专业能力会逐步减退。这主要是因为幼师的工作性质决定的，大多数幼儿教师工作任务繁重，加上幼儿园的学习条件限制，特别是在民办幼儿园和农村幼儿园，幼儿教师难以获得知识更新的条件和机会，所以必须为其创造接收继续教育的条件。

---

① Gordon Kirk. Teacher Education and Professional Development. Scottish Academic Press, Ltd, 1988, p.1.

② 顾荣芳. 论幼儿园教师专业发展的本质. 幼儿教育，2005(3).

进行中小学教师和幼儿教师职后培训，是我国教育部门长期坚持的基本政策。如2011年教育部、财政部颁发的"关于实施幼儿教师国家级培训计划的通知"中，就明确提出了要对各层级的幼教工作者(幼教管理及研究人员，幼儿园园长、骨干教师、普通教师等)进行继续教育培训。

(二)幼儿教师继续教育的内容及其组织形式

幼儿教师继续教育培训的内容一般是教育理论、科学文化方面的知识更新，幼师专业技能(主要是艺术方面的)和现代教育信息技术应用能力。

幼师继续教育培训组织单位一般是幼儿园和上级教育行政部门。幼儿园主要进行的是园本培训。上级教育行政部门一般会委托大学等教育机构组织实施，有短期集中培训、学历函授教育和远程培训教育三种形式。

(三)幼儿教师现代教育信息技术应用能力的培训内容

在科学技术飞速发展的今天，教育信息技术必然随之不断更新，所以，幼儿教师信息技术应用能力也必须不断培养提高。一般来说，会设计如下的培训目标和内容。

1. 培训目标

幼儿教师通过培训，学习和体验教育信息化的基本理念，了解信息化教学的理论和方法，能利用计算机和网络技术获取相关幼儿教育教学信息，能创造性地开发、丰富幼儿园教育资源，具有合理、灵活运用多种信息资源解决实际问题的能力。

2. 内容组织与策略

在培训内容的安排上，根据信息化素养的三个方面：信息化意识、信息化知识与技能、运用信息技术教学的能力，分别设计相应的学习模块。在培训策略的设计上根据每个学习模块的内容，再结合幼儿园的教学实际分别采取不同的培训形式与策略，如基于任务的培训策略、基于问题的培训模式等。

(1)学习模块一：信息化意识的培养。

培训内容：教育信息化重要性的认识；学习信息技术的态度；应用信息技术的热情；信息道德与安全意识。

培训策略：专题讲座；任务驱动；自修反思；小组研讨。

（2）学习模块二：信息化知识与技能的培养。

培训内容：计算机与网络基本原理；系统及常用办公软件操作；网络获取与信息交流；现代教学媒体使用；多媒体素材获取与处理。

培训策略：理论讲授；案例教学；现场指导；自主合作探究；实践操练。

（3）学习模块三：运用信息技术教学能力的培养。

培训内容：多媒体课件设计与开发；现代课件制作技术；幼儿教育课件设计实例；多媒体辅助幼儿教育活动研究。

培训策略：专题讲座；问题探究；现场指导；实践操练；研训一体。

通过以上对教育信息技术应用能力培训内容的了解，有助于我们在没有条件参加培训时，可以通过一定的自学手段获得相关教育信息技术的应用能力。

（四）幼儿教师自学及终身学习手段

幼儿教师参加继续教育培训，不仅只是为了获取知识，更重要的是提高终身学习的能力。随着网络技术和通讯技术的发展，学习手段和学习工具不断推陈出新，使得人们获取知识的途径越来越多，也越来越快捷。就目前来说，除了利用网络教学平台这一现代远程教育工具外，还可利用 QQ、MSN 在线学习，手机、上网本等各种移动学习工具，相互学习，相互交流。

【实践活动】

网络教学资源的收集与整理

请在网上搜索并下载 10 篇以上的相关文章，课后整理出一篇关于"如何帮助幼儿建立数字概念"的论文（字数不少于 3000 字，其引用或参考文不得少于 10篇）。

【本章小结】

现代教育离不开信息技术，以信息技术为核心的现代教育技术作为深化教育改革的突破口和制高点已逐渐成为人们的共识。了解信息技术在幼儿园的应用，掌握多媒体辅助教学手段，是教育教学改革对幼儿教师的必然要求。所以，在本章，我们介绍了一般教育技术教科书没有涉及的幼儿园各大信息应用系统，如幼儿园门禁、监控系统，教师考勤、幼儿安全接送系统，幼儿园园务（教学）管理系统，幼儿成长系统等；并且进一步对多媒体及其辅助教学的功能、原则和方法进行了阐述，目的就是要促进教师多媒体应用能力的提高。由于幼儿园的网站建设独具特色，我们特别用一节的篇幅对此进行了简要建设指导，虽然其内容离独立完成一个幼儿园的网站建设还有一段距离，但对普通幼儿老师来说，只要能为其网站建设出谋划策，或进行创意设计，那么，我们的目的就达到了。还有，幼儿电脑游戏是一个不可回避的幼儿现实生活活动，如何指导幼儿健康进行电脑游戏活动，还没有一本教科书对此进行探讨，我们综合各种研究，并自我探索，终成一节，期望能对教师指导幼儿学习电脑、操作电脑游戏起到积极作用。另外，学习教育技术的重要目的之一是要掌握教育教学资源的开发和应用，尤其是幼儿教育资源，为此，我们推出了湖南学前教育资源库的建设结构与内容，便于老师们有针对性地进行幼儿教育资源的建设和研究。最后，针对幼儿教师的教科研和终身学习，我们花了很大篇幅向老师们介绍各种信息化学习支持手段，教学、科研资源的收集办法，以及如何接受继续教育培训。

总之，幼儿教师教育技术素养的培养是一项系统工程，需要各方面的相互配合，协同工作。除了学习、培训，更重要的是需要教师主动实践，不断积累经验，这样才能有效提高教育技术的应用能力。教师要结合幼儿教育的多学科性及幼儿的思维特点，让多媒体教学成为"健康、语言、科学、社会、艺术"五个领域活动的常用手段，使健康教育更加生动形象，使语言教育更加富有魅力，使科学教育更加新颖奇特，使社会教育更加贴近生活，使艺术教育更加张扬个性，使幼儿成长取向教育更加落在实处，更好地达成幼儿教育的总体目标。

【思考与练习】

1. 简述多媒体教学系统的构成。
2. 简述幼儿园电脑游戏的种类。
3. 幼儿教师信息化学习支持手段有哪些？
4. 简述幼儿教师科研资源的收集方法。

参考文献

1. 黄荣怀 . 多媒体技术基础[M]. 北京：高等教育出版社，2008.
2. 张智华 . 计算机公共基础[M]. 北京：高等教育出版社，2008.
3. 陈琳 . 现代教育技术[M]. 北京：高等教育出版社，2009.
4. 美国普林斯计算机教育研究中心/北京金企鹅文化发展中心 . Photoshop CS2 精品教程[M]. 北京：北京艺术与科学电子出版社，2009.
5. 赵磊 . Photoshop CS4 图像处理[M]. 呼和浩特：远方出版社，2010.
6. 国家新课程教学策略研究组 . 多媒体世界[M]. 乌鲁木齐：新疆青少年出版社/喀什：喀什维吾尔文出版社，2007.
7. 郑明达 . 对信息技术与课程整合课堂教学设计的反思[J]. 中小学电教，2005(8).
8. 郑金燕，徐大诗 . 运用多媒体辅助教学时应遵循的几个原则[J]. 中小学教育，2011(7).
9. 高昕 . 数字化幼儿园的规划及建设研究[OB/OL]. http：//www. zgb-bvol. com/chinese/Newsznfo. asp？Action＝Ye&id＝80.
10. 师书恩 . 计算机辅助教学[M]. 北京：高等教育出版社，2001.
11. 钟大鹏，蒋红星 . 现代教育技术实用教程[M]. 北京：中国铁道出版社，2010.
12. 解月光 . 现代教育技术理论与实践[M]. 长春：东北师范大学出版社，2002.
13. 读心术[OB/OL]. http：//gb. cri. cn/9964/2006/04/10/151@993755. html.
14. 浅谈幼儿多媒体课件在幼儿园教学中的应用[OB/OL]. http：//wenku. baidu. com/view/267de46f1eb91a37f1115c46. html.
15. 浅谈幼儿园多媒体课件的设计[OB/OL]. http：//www. docin. com/p—17259610. html.

后 记

这套全国统编学前教师教育教材包括三年制高专、五年制高专、三年制中专、幼儿园教师培训 4 个系列，是由中国学前教育研究会教师发展专委会高职高专、中职中专分委会组织编写的。从 2010 年开始，历时 3 年。作者队伍来源于全国近 60 所学前师范本科和高中专院校；主审专家来源于 26 所本科院校和科研院所。全套教材编写设立编写指导委员会，分系列设立编委会。

为确保教材的科学性、先进性和时代性，全体编写人员认真学习了教育部《教师教育课程标准（试行）》《幼儿园教师专业标准（试行）》等文件精神，充分吸纳了学前教育和其他相关学科发展的最新成果，严格按照"研制人才培养方案→确定册本→研制大纲→确定体例和样章→讨论初稿→统稿→审稿"的程序进行，进行了深入而艰苦的探索。比如，坚持从研究和把握人才培养方案入手，对各系列的册本方案、各册本的教学大纲进行系统设计。严格按照人才培养目标要求，对文化、艺术、教育三类课程的教学时量进行了科学安排：三年制高专约为 2.6∶3∶4.4；五年制高专约为 4.5∶2.5∶3；三年制中专约为 2.4∶2.4∶5.2。根据学前教育科学发展的新成果，分化和加强教育类课程，如幼儿心理学中分化出了幼儿学习与发展、幼儿发展观察与评价，幼儿教育学中分化出了幼儿游戏、幼儿园课程、幼儿园教育环境创设等。

此套教材中的三年制高专系列共 34 种 38 册：由语文出版社出版的《大学语文》《幼儿文学》（两册），由高等教育出版社出版的《幼儿教师口语》《计算机应用基础》《大学体育》《美术基础》《幼儿美术赏析与创作》《大学英语》（两册），由北京师范大学出版社出版的《幼儿教育概论》《幼儿心理发展概论》《幼儿卫生保健》《幼儿健康教育》《幼儿科学教育》《幼儿社会教育》《幼儿语言教育》《幼儿美术教育》《幼儿音乐教育》《学前教育研究基础》《幼儿园管理》《幼儿园课程》《幼儿游戏》《幼儿园环境创设》《幼儿学习与发展》《现代教育技术》，由上海音乐学院出版社出版的《音乐基础理论》《声乐基础》《舞蹈基础》《音乐欣赏》《儿童歌曲钢琴即兴伴奏》《幼儿歌曲弹唱》《幼儿歌曲创编与赏析》《幼儿舞蹈创编与赏析》《钢琴基础》（两册）和《视唱练耳》（两册）。

《现代教育技术》第一章由福州幼儿师范高等专科学校吴乐勤、长沙师范学校（专科）胡兵撰写，第二章由贵阳幼儿师范学校张毅刚撰写，第三章由山西运城幼儿师范高等专科学校潘红宇撰写（覃朝晖补充），第四章由广西幼儿师范高等专科学校覃朝晖撰写，第五章由长沙师范学校（专科）马振中撰写。全书由马振中改编和统稿，天津师范大学赵放对全书编写进行了指导，由长沙理工大学李晓铭主审。在本书的编写过程中，得到了长沙师范学校（专科）教育技术中心和电信系的唐小娟、付东兵、汪伟男、任可、王民意、张博等老师的支持，他们或参与讨论，或提供素材，在此一并表示感谢。

本套教材的征订由分委会联系（联系人李家黎，电话0731—84036139）。如有印制质量问题和供书错漏，请与相关出版社联系解决。热忱欢迎广大师生和专家提供修订意见（收集邮箱为：gzzfwh@yahoo.com.cn）。

中国学前教育研究会教师发展专业委员会
高职高专、中职中专分委会
2012年6月